JN069188

ありがとうポッピーノ

田名うさこ

中学校演劇脚本集

晩成書房

ありがとうポッピーノ

田名うさこ　中学校演劇脚本集

もくじ

●イラスト……原　聡美

ありがとうポッピーノ

母親の再婚で引っ越しが決まってから、
学校に行かず、家に引きこもるようになってしまったワタル。
姉や友人たちが心配する中、
意地をはって自分の殻に閉じこもっているワタルの前に、
かつてかわいがったぬいぐるみたちが突然巨大化して現れ、
ワタルの日常が鮮やかに変わっていく……

キャスト

わたる
姉ゆり
やすお
母さよ
みえ
りり
ゆい
ポコ
ピコ

舞台全体に照明・わたるの部屋

段ボールがいくつか置いてある。本や雑誌、ぬいぐるみ、衣類が散らかっている。

わたる、ゲームに熱中している。

わたる おーやりー！　これで、とうとう8面クリア!!
あー疲れたー。（ごろごろしながら）うわーこれあった！なくしたかと思ってた！（読みながら）やっぱおもしろいや、これ。（笑って寝転がったり）あ、このぬいぐるみ!!なんだっけ、すげーなつかしい！

♪ピンポーン♪

ゆり ただいま。わたるー、わたるー!!　あたしまたすぐ出かけるけど。あんた今日も休んだの？　片付けも終わってないし。来週はトラックが来るんだからね！

わたる わかってるよー、うるさいなあ。

ゆり 何よ、その言い方。ほんとむかつくわね。

わたる うざいから、もうあっちいって。

ゆり （雑誌等を投げつけて）調子のるんじゃないわよ。何様のつもり？

わたる わかった、わかった。もうほっといてよ。（ゲームを始める）

ゆり ……わたる、ほんとはすごくヤなんでしょ？

わたる べつに、フツー。（ゲームを続ける）

ゆり 何がフツーよ。そうして一日中タラタラしてるくせに。

わたる だから、これが、オレのフツー。何でも姉ちゃんと一緒じゃないから。

ゆり お母さん、かわいそうじゃないの。これ以上迷惑かけないでよ。

わたる べつに、かけてないし。

ゆり じゃ、さっさと片づけて！　ゲームもいい加減やめなさいよ。それから、明日はちゃんと……

わたる 行くよ。気分だったらね。

ゆり わたる……なんでそんな、やな奴になっちゃったの？

わたる はーい。ごめんなさーい。

ゆり ばか。（近くのぬいぐるみを投げつける）

わたる ☆　いてっ。

ポコ声 ☆　いてっ。（わたるから一瞬遅れて）

わたる え？　何今の？

ゆり 知るかっ！　あたし塾だから。

ゆり、怒って去る。

わたる うわーこえー。自分の方が、よっぽどフツーじゃないし。……ありゃ、このぬいぐるみ、ぼろぼろになっちゃって。

♪ピンポーン♪

わたる　…………（知らんぷり）

♪ピンポーン♪

わたる　ねーちゃん！

♪ピンポーン、ピンポーン♪

わたる　ねーちゃん、出てよ！　もう塾に行ったのか？　弟をどなりつけて、即行だなー。

やすお　（口で）ぴんぽーん、ぴんぽーん　♪ぴん、ぴん、ぽ～ん♪

わたる　何なんだよ、人んちだぞ！

やすお　まあ、二百回くらいは来た、人んちだけど。うわーきったねー。

わたる　うるさいなー。

やすお　しかも、こんな古いマンガよく持ってたなあ。

わたる　さわんなよ。

やすお　あーまだこのゲームやってんの？　ヒマ人はいーよなー。

わたる　こだわりがあんだよ。

やすお　あっそ。これ、今日の宿題のプリント、あ、理科。あと、これはＰＴＡのでー、あと～美術の作品、おまえの。じゃ～ん、わーすごすぎ！　オレをこえてるし。もう理解超えたレベル☆

わたる　見んなよ、人の。

やすお　うわ、これなつかしー。（ぬいぐるみをとって）俺んちにもあったー。何て言ったけ？

わたる　なんだっけな？

やすお　ま、いいや。（ぬいぐるみを置いて）えっと、あ・し・た・は～、午前ふつう授業、午後は体育祭の予行練習！

わたる　あ、そ。

やすお　半ソデ、短パン、はい、半ソデはこのよーに中に入れて、イン！

わたる　おまえもしかして、それ言うために、そのカッコなの？

やすお　ブブーッ！　今日は予行のグランド準備で、ジャージ下校オッケーの日！

わたる　……予行って、全部やるの？

やすお　え？

わたる　や、関係ないけど。

やすお、うれしそうに。

やすお　えーっと、確か陸上競技と綱引きはやるよ。あ、あと学年種目も。
わたる　ふーん。
やすお　おまえ、足速いんだから、やればいいじゃん。
わたる　……
やすお　なあ、明日は一緒にリレー出ようよ。
わたる　んー気分。
やすお　わたる、アンカーだろ。
わたる　おまえが勝手に決めたんだろ。
やすお　「わたるくんなら、きっとキセキを起こす！」って、陸上部のエミ先輩も言ってたし。
わたる　えっ、エミ先輩が⁉
やすお　うっぴょ〜ん☆　引っかかった〜♪
わたる　ふざけんなよ。
やすお　（笑いながら）あー6時。オレ、塾の時間だ。そろそろ行くわ。
わたる　……（寝転んでゲームをはじめる）
やすお　待ってるからな。あと一週間じゃん。
わたる　……（反応しない）
やすお　また塾の帰りに寄るから。
わたる　……（あっちを向いてしまう）
やすお　わたる、明日は……
わたる　……
やすお　ま、いっか。（ため息）じゃ。

やすお、元気なく去る。
わたる、やすおの去った後、起き上がる。

わたる　どーせもうすぐいなくなるのに……バカだよな。
わたるごろごろころがって、適当に段ボールや雑誌をいじる。

わたる　この雑誌は捨てて……ぬいぐるみも、もういいか……

♪ピンポーン♪

わたる　あーめんどくせー。

♪ピンポーン♪

わたる　……

みえ　おじゃましま〜す、みえで〜す♪
りり　ドア開けっぱなしは、やばいです、りりで〜す♪
ゆい　久々のゆいで〜す♪
みえ・りり・ゆい　きったな〜い‼　やだーこの部屋！
わたる　（びっくりして起き上がって）じゃ、来んなよ。

みえ　今週初めて来たのにー、ねー！（みんなでいちいち声をあわせて　ねー！）
ゆい　感じワルー、ねえー！
りり　せっかく来たのに、ねえー！
わたる　今忙しいんだよ。（ゲームを始める）
りり　え～、ずっと学校休んで、こんなくつろいでいるのに？
わたる　人を見た目で判断するな。（ゲームを続ける）
みえ　いまどき、見た目は重要でしょ。
ゆい　あー、これポッピーノ♪
りり　なつかしいねえ。ポコとピコ！
ゆい　セットでポッピーノ♪
みえ　よく踊ったよね！
わたる　（ぽろっと）あ、そんな名前だったなぁ。
みえ・りり・ゆい　ポッピーノ、ポッピーノ、一緒に遊ぼう、ポッピーノ♪　みんななかよし、ポッピーノ♪　いつでも一緒さ、ポッピーノ♪（ダンス＆ポーズ☆）
りり　むかし、はやったよねー、みんな持ってたし。
みえ　ふわふわで、もふもふ♪（手に取る）
ゆい　あれ、これはちょっともう、ごわごわだ！
みえ　ホントだー。
りり　（受け取って）かわいがったんだね。
みえ　あたしも色違いで五匹位持ってたよ。でも捨てちゃった。
ゆい　あたしもー！
りり　わたる、よくまだ持ってたねー。
みえ　今でもそれで遊んでたりして。（笑）
ゆい　「はーい、ポコちゃ～ん、ごはんでちゅよ」（笑）
みえ　「あ～い、おいちいでちゅかあ？」（笑）
わたる　んなわけないだろ。これは捨てるんだよ。（みえ・ゆい・さくら笑う）
わたる　……予行なんだろ。
りり　あのさ、明日のことなんだけど。
りり　放課後、総合学習の打ち合わせもしないと。
わたる　何それ？　聞いてないし。
みえ　聞いてないんだよ、前に言ったのにさ。
ゆい　来月発表あるし。
わたる　あー、あれかー。
りり　あのさ、わっくん。
みえ　うわ、なつかしー呼び方。
ゆい　幼稚園以来？
りり　わっくん、大変、大変だとは思うけど……
わたる　うん、大変。だからカンベンして。
りり　でも、ちゃんと分担したとこ、やってほしいんだけど。
わたる　無理。ムリ、ムリ。（またゲームを始める）
みえ　ちょっとは考えなさいよ。
わたる　だって、来週はもうここにいないんだし。

りり　あの……できることはやって……
わたる　むりっていうか、無駄だから。
りり　……
みえ　ほら、言ったとおりでしょ、りり。
ゆい　もういいじゃん、こんなヤツ。
りり　でも……
わたる　はい、わかったら、帰ってくださーい。
りり　わっくん、ちゃんとやってよ、最後まで！
わたる　ムダなことしてないで、塾でも行けよ。
ゆい　あんたに言われたくないし。（出て行く）
みえ　帰ろ、りり。
りり　自分の文章ができたら、メールして。
わたる　……帰れよ。
みえ　もういいよ、行こ。（出て行く）
りり　ばかっ。（ぬいぐるみを投げつける）
わたる　いてっ。
ポコ・ピコ声　いてっ。（わたるより一瞬遅れて）
わたる　え？　何だ？（首をかしげる）……ったく、昔から
りりは、ねーちゃんと同じキレ方でこえー。

わたる、再びゴロゴロしながら、ゲームを再び始める。

わたる　……あれーなんだ、この面？（起き上がる）えー？
全然知らないキャラばっか……もーなんか、どーでもいい
やー。（ゲームを置く）（ぬいぐるみを手にとって）めんど
くせー。ばーーーか‼

わたる、ぬいぐるみを左右にそれぞれ思い切り投げ、また
寝転がる。

ポコ声　痛いっ！
ピコ声　最悪！　三回目だし。

巨大化したポコとピコ、投げられた方向から、それぞれ登場。

ポコ　いたあー。ただでさえ、耳のところが切れて、綿が出
そうなのに。
ピコ　こっちは、腕が折れそう、あと鼻も真っ赤。
ポコ　それはもとからでしょー。
ピコ　あーそーだったあ。（ポコピコ笑いあう）
わたる　ななな……
ポコ　あれ、パニクってる？
ピコ　しょうがないよ、久々だしね。
わたる　なんだあ、おまえら？
ピコ　何って覚えてるでしょ？
ポコ　一緒に何百回も遊んだ仲だぞ。
ピコ　なのに～、私を捨てるなんて～♪（演歌調）
ポコ　せめて思い出を～♪（演歌調）

ポコ・ピコ　夢見てねむるぅ～♪（演歌調）ぎゃっは……
わたる　オレ、頭おかしいんだ、きっと。
ポコ・ピコ　ポッピーノ、ポッピーノ、一緒に遊ぼう、ポッピーノ♪　みんななかよし、ポッピーノ♪　いつでも一緒さ、ポッピーノ♪（ダンス&ポーズ☆）
わたる　どうしよう、うちにばっかいたから、こんな妄想が。
ポコ　あのさ、いいかげん現実見ようよ。
ピコ　わっくん、昔はすごく素直でかわいかったよねー。
わたる　ヤバイ、話しかけられてるような気分。
ピコ　だって、話かけてるし。
ポコ　やっぱ十年たつと、だいぶ忘れちゃうね。
わたる　ね、ねーちゃん！　お、おかーさん！（部屋の中を動き回って叫ぶ）
ポコ　うーん、頼っているところは変わってないか。
ピコ　言い方が、えらそうだね。
ポコ　そこは直していかないと。
ピコ　じゃないといけないね。
ポコ　（わたるの腕をつかまえて）わっくん、ちょっと落ち着こうよ。
ピコ　そーそー、はい、深呼吸。

三人でじっくり深呼吸。わたる、つい真剣に深呼吸。

わたる　って、何でだよ？　ありえないし！
ポコ　うちら、わっくんを助けに来たんだ。
ピコ　そ。力になるからさ。
わたる　は？　必要ないし。
ポコ　わっくん、うちらのいうようにやってみて。で、無理ならもう一つ、選択できるから。
わたる　何の話だか……
ピコ　ま、聞いてよ。
ポコ　小さい時、うーんとぬいぐるみとか、人形を大切にしてくれた人への特典。
ピコ　スペシャルサービスだよね。
わたる　は？
ポコ　わっくん、うちらのこと、すごく大事にしてくれたから。
わたる　ますますわからない……
ポコ　うちらの言うとおりに、やり直してみるんだよ。
ピコ　きっと直せるよ。
ポコ　それでもうまくいかない時は。
ピコ　その時はもうひとつの道。
ポコ・ピコ　ま、やってみようよ！
わたる　……何で？　どうしてそうなるんだよ。
ポコ　今、本当に困っているから。
ピコ　わっくんの力になりたいんだ。
わたる　……

ポコ　毎日つまんないでしょ？
わたる　べつに、フツー。
ピコ　うそだよ。ほんとは学校行きたいし。
ポコ　引越しもイヤなんだよね。
ピコ　でも、せっかくお母さんの再婚、決まったから。
ポコ　本音は微妙だけど、祝ってあげたいんでしょ。
ピコ　新しいお父さん、悪い人じゃないし。
ポコ　ま、この年ですぐ馴染めっていうには、ムリがあるよね。
わたる　うるさいっ！　何がわかるんだよ……ぬいぐるみに。
ポコ　うちら、わっくんの思い出で生きてるんだ。
ピコ　小さい時、毎日わっくんと幸せに暮らした思い出。
ポコ　目的はひとつ。わっくんにさらに幸せになってもらいたい。
ピコ　だから、やってみよう。
わたる　な、何を？
ポコ　簡単に言うとね。
わたる　えっ。
ピコ　ちゃんとした付き合い方の勉強！
わたる　えぇー。
ポコ　さっきみたいに、
ピコ　まわりの人とトゲトゲしたり。
ポコ　自己中なのはだめだよ。

ピコ・ポコ　だ・か・ら・お勉強しよう♪
わたる　そんなもん必要ないし。
ピコ　必要なの！

　　わたる、すこしビビル。

ピコ　（やさしく）うちらがサポートするから。
ポコ　まずは、うちらが言うように、やってみよ♪
ピコ　人と話す時、ゲームは禁止だからね！。（ゲームを取り上げる）
わたる　はぁ、やだよ、なんでそんなことやんなきゃいけないわけ？　っていうか、この状況理解できないんだけど。
ポコ・ピコ　わっくん！
ピコ　わっくん、やんなきゃだめなんだよ。
ポコ　このままだと、わっくんじゃなくなっちゃうよ。
わたる　意味不明。
ポコ　うちら、わっくんの味方なんだよ。
ピコ　ね、うまくいったら楽しいからさ。
ポコ　あんまり深く考えないで、まず挑戦だよ！
わたる　挑戦？
ピコ　そ。当たって砕けろ、青春！
ポコ・ピコ　挑戦～青春～ポッピーノ♪（歌ってポーズ☆）
わたる　ますますわけわかんない。

ポコ　あ、ちなみにわっくんにしか、うちらは見えないし、
ピコ　聞こえないから。
わたる　ええっ？
ポコ　じゃ、まずはおねーちゃんとのシーンをやり直してみよう。
ピコ　きょうだいなんだから、仲良くわかりあおう。イェイ！
ポコ　おねーちゃん、わっくんのこと、すごく心配してるし。
わたる　えー怒ってばっかで、やな感じだし。
ピコ　わかってないなー。
ポコ　よーい、スタート！
わたる　まだやるって言ってないよ。

ポコが手をたたくと、もう一度姉のゆりが登場。

♪ピンポーン♪

ゆり　ただいま。わたるー、わたるー!!　あたしまたすぐ出かけるけど。あんた今日も休んだの？　片付けも終わってないし。来週はトラックがくるんだからね！
わたる　わ、同じこと言ってる！
ゆり　何言ってるの？
ポコ　「うん、わかってるよ」
わたる　うん、わかってるよ。あっ言っちゃった。
ゆり　わたる!?
ピコ　「ねーちゃん、心配かけて悪いね」
わたる　ねーちゃん、心配かけて……悪いね。
ゆり　よかった。前みたいに話せて。
わたる　え、そう？
ゆり　わたる。再婚は抵抗あるよね。
わたる　べつに、フ。
ポコ　だめだめ。「大丈夫だよ」
わたる　だ、大丈夫だよ。
ゆり　どうしたの？　どこか調子悪いの？
わたる　いや、全然フツー。
ピコ　このフツーはいいか。
ゆり　お母さんに、これ以上迷惑かけたくないのよ。お父さんが死んじゃってから、私たちのために、今までずっ～と、がんばってくれたじゃない？
わたる　ねーちゃん……
ゆり　でもあんたは、お母さんが再婚するの、やなんでしょ？　納得いかないから、学校行かないんでしょ？
わたる　……
ゆり　……あたしだっていろいろあるわよ、本当は。でも、応援してあげようよ、わたる……
ポコ　「明日は行くよ」
わたる　明日は……行くよ。

ゆり　本当!?　お母さん、すごく喜ぶよ。
わたる　そうかな？
ゆり　当たり前じゃない！　あーよかった！　じゃ、あたし、塾、行ってくるね。
わたる　あ、うん。
ピコ　「行ってらっしゃい」
わたる　い、行ってらっしゃい。（照れている）
ゆり　うん、行ってくるね♪

ゆり、手をふってうれしそうに出かける。わたるもついふり返している。

ピコ　カ〜ット！
わたる　……ねーちゃんって、あんなにニコニコする人だったんだ。
ポコ・ピコ　いーよー！（グーサイン！）
ポコ　わっくんが変わると、相手も変わるんだよ。
ピコ　なかなかいいね、まだちょっとカタイけど。
わたる　……ねーちゃんも、再婚、微妙だったんだ。
ポコ　当たり前だよ。何にも考えてないみたいふりしてたんだよ、ゆりちゃん。
わたる　ふーん。全然わかんなかった。
ピコ　そこがおねえちゃんのいいとこでしょ。
わたる　「お母さん、おめでとう！」って言って、喜んでるだけかと思ってた……えらいんだな、ねーちゃん……あ、そう言えば、途中さ、ほとんど強制的に言わせてたよね？
ポコ　さ、次いってみよう。その調子だよ。
わたる　え、まだあるの？
ピコ　今日会った人とセカンドステージやるんだよ。今度の方が、簡単だよ。
ポコ　よーい、スタート！
わたる　え、もういきなり？
やすお　（口で）ぴんぽーん、ぴんぽーん♪　ぴん、ぴん、ぽ〜ん♪
わたる　あ、そーゆーことか。
やすお　あれ、ウケたかと思ったのに。うわーきったねー。
わたる　うるさいなー。
やすお　しかも、こんな古いマンガよく持ってたなあ。
わたる　さわんなよ。
ポコ　こら、だめだよ、わっくん！
わたる　こら、だめだよ、わっくん。あ、しまった。
やすお　何言ってんの？　大丈夫か？
わたる　大丈夫じゃないけど。
やすお　ま、いっか。これ、今日の宿題のプリント、あ、理科。あと、これはＰＴＡのでー、あと〜美術の作品、おまえの。じゃ〜ん、わーすごすぎ！　オレをこえてるし。もう理解超えたレベル☆
わたる　見んなよ、人の。

ピコ　「持ってきてくれて、いつもありがとう」
わたる　それ、まじムリ。言えないって。
やすお　何言ってんの？
わたる　えー別に。
やすお　ま、いっか。えっと、あ・し・た・は～、午前ふつう授業、午後は体育祭の予行練習！
わたる　あ、そ。
ポコ　「ありがとう」
わたる　ありがとう。う、しまった。
やすお　おまえ、大丈夫か？
わたる　大丈夫、じゃないかも

ポコ・ピコ、自由に動き回っている。

やすお　明日の服装は、半ソデ、短パン、はい、半ソデはこのよーに中に入れて、イン！
わたる　今日はグランド準備で、ジャージ下校オッケーだったんだよな。
やすお　なんでわかったんだ？　どーしたんだ？
わたる　いやあの……予行って、全部やるの？
やすお　え？
わたる　や、関係ないけど。
ピコ　「出ようと思ってさ」
わたる　出ようと思ってさ。
やすお　ホントか！　やったー!!
わたる　まだ決まったわけじゃないけど。
やすお　(嬉しそうに)えーっと、確か陸上競技と綱引きはやるよ。あ、あと学年種目も。
わたる　ふーん。
やすお　おまえ、足速いんだから、やればいいじゃん。
わたる　……
やすお　なあ、明日は一緒にリレー出ようよ。
わたる　んーキブン。
ポコ　「多分」
わたる　多分。
やすお　(喜んで)よーし、アンカー決めてくれよ。
わたる　おまえが勝手に決めたんだろ。
ピコ　「でも感謝してるから」
わたる　でも……してるから。
やすお　え、何してる？
ポコ・ピコ　「か・ん・しゃ！」(叫ぶ)
わたる　か・ん・しゃ！(叫ぶ)
やすお　わたるぅ!!　うぉーテンション上がってきたぞー明日は予行でも、ぶっちぎりの一位だ。
わたる　う、うん。
やすお　(笑いながら)あー六時。オレ塾の時間だ。そろそろ行くわ。じゃあ、また塾の帰りに寄るから。
わたる　うん。

わたる　やめろよ、やっちゃん！
やすお　よっしゃー☆　じゃ、あとで、わっくん♪
わたる　ん……行くよ。
やすお　わたる、明日は……

二人笑って手をふりあう。やすお出ていく。

ピコ　カ～ット！

ポコ・ピコ、わたるに拍手する。

ポコ・ピコ　いーよー！（グーサイン♪）
ポコ　今の最後、自分の意志で言えたねー！
ピコ　すごいよ、わっくん。進歩、進歩。
わたる　なんかさー、ゲームやってる感じでおもしろくなってきた。
ポコ　どういう意味？
わたる　一回目はクリアできなかった面を、こうやり直して、2面できたっていうか。
ポコ　それは……違うんだけど、ま、いいか。
ピコ　そうだよ、いいんだよ。
わたる　えっ？
ピコ　さ、ノッテきたところで、3面もクリアしよう！
ポコ　よーい。スタート！

わたる　3面って？

♪ピンポーン♪

みえ　おじゃましま～す、みえで～す♪
りり　ドア開けっぱなしは、やばいです、りりで～す♪
ゆい　久々のゆいで～す♪
みえ・りり・ゆい　きゃ～汚い部屋！
わたる　これかよ。
みえ　今週初めて来たのにー、ねー。
ゆい　感じワルー、ねー。
りり　せっかく来たのにねー。
わたる　今忙しいんだよ。
りり　え～ずっと学校休んで、こんなくつろいでいるのに？
わたる　人を見た目で判断……
ポコ　判断するのは当然だ！
わたる　判断するのは当然だ！
みえ　ちょ～びっくり。どうしたの？
わたる　いや、べつに、フツー。
りり　それより、明日のことなんだけど。
わたる　予行なんだろ。
みえ　何で知ってるの？　ま、それもあるけど。
りり　放課後、総合学習の打ち合わせもしないと。
わたる　あー、あれね。

ゆい　めずらしい！　覚えてたの？
りり　来月発表あるし。
わたる　ま、たまには。
りり　あのさ、大変だとは思うけど……
わたる　うん、大変。
ピコ　「でも分担のとこはやるよ」
わたる　やだよ、やりたくないよ。
りり　わたる……
ポコ・ピコ　「ぶ・ん・た・ん、や・る・よ！」
わたる　ぶ・ん・た・ん、や・る・よ！
りり　あーよかった！
みえ　なんか、謎。
ゆい　不思議。
わたる　でも、どうせ来週はもうここにいないけど。
りり　あの……できることはやっていくのが、大事だから。
わたる　オレがやるのは、むりっていうか、無駄じゃないの？
りり　そんなことないよ！　わたるとの思い出になるし……
わたる　え、りり⁉

見つめあう、わたるとりり。
わたる、りり、みえ、ゆい、さくら、ストップモーション。

ポコ・ピコ　♪見つめあうと〜素直におしゃべりできない〜

♪（熱唱）
みえ　あたしたち、もしかして？
ゆい　じゃま？
ポコ　「二人にも感謝してるから」
わたる　二人にも……言えない、ムリ。
みえ・ゆい　うちら、じゃまなんだねー。（泣）
わたる　そんなことないよ、感謝してるから。ありゃ。
ゆい　わたるぅ！
みえ　まじ感動なんだけど。
りり　前のわっくんに戻ったね。
わたる　いや、なんていうか、まだ強制的っていうか。
ポコ・ピコ　余計なこといわない！
わたる　余計なこといわない！
りり　ごめん、気を悪くした？
わたる　いや、してないから。
みえ　なんかやっぱり謎。
ゆい　不思議。
りり　自分の文章考えたら、メールして。
わたる　間に合ったら、明日学校で渡すよ。
みえ　わたる、見直したよ。
ゆい　すごいよ。
りり　じゃ、明日学校で！
わたる　……うん。
みえ・ゆい・りり　（わぁっと喜んでから）バイバイ。

りり・みえ・ゆい、去る。

ピコ　カ〜ット！
ポコ・ピコ　いーよー！　３面もクリアです!!
わたる　なんか、久々にやりとげた感あるなー。
ポコ　じゃ、４面も続けて。
わたる　えっ、４面？　３面まででしょ？
ピコ　わっくん、人生は何百面も何千面もあるんだから。
わたる　どういう意味？
ポコ　いいから、やってごらん。今度は、ボスキャラの登場だよ。
わたる　ボスって？
ポコ・ピコ　もちろん、（顔を見合わせて）お母さんだよ！
わたる　えーやだよ。
ポコ　大丈夫、自分ひとりでクリアしてごらんよ。よーい、スタート！
わたる　打ち合わせとか、なし？

母登場。

さよ　ただいまー！　わたる、起きてる？
わたる　母さん……（背を向けて、ゲームを始める）
さよ　……
わたる　……
さよ　わたる、やっぱり、お母さんのせいなんでしょう？
わたる　……

ポコとピコ、もどかしそうに動く。

さよ　二学期になったら、朝、全然起きれなし、学校行かないし。
わたる　……
さよ　やめるわ……お母さん……
わたる　えっ？
さよ　その方がきっと……
わたる　待ってよ。オレのせいで再婚やめるとか言われたら、困るんだよ。
さよ　わたる……
わたる　そんなことされたら……そんなことされたら……オレだって、この先、彼女とか、つくれないだろ？
さよ　……
わたる　自信はないけど、一応、新しい家族をやる気、あるからさ。
さよ　（泣き出す）
わたる　カンベンしてよ、なんでいきなり泣くんだよ。
さよ　ありがと、ありがとね……
わたる　困るよ、こういうの。

さよ　じゃ、母さんごはんつくるね。
わたる　うん、母さん……オレ、明日から学校行くからさ。引っ越すまで、最後の一週間ちゃんと行くよ。
さよ　母さん、今日は今年で一番嬉しい日！
わたる　二番目にしときなよ。一番嬉しい日は、プロポーズされた日じゃないとまずいよ。
さよ　そうね、そうするね。

母去る。

ピコ　カ〜ット！
ポコ・ピコ　いーよー‼（グーサイン♪）
わたる　母さん……なんだかんだ幸せなんだな……
ポコ　それは、わっくんが祝福してくれたからだよ。
ピコ　もう、大丈夫。ひとりでも、十分できる。
わたる　それは……ポコとピコが……助けてくれたから。
ポコ・ピコ　そーゆー時は何ていうんだっけ？
わたる　あ、ありがとう。
ポコ・ピコ　え、聞こえないよ？
わたる　ありがとう！
ポコ　よしっ♪　じゃ、そろそろ行きますか？
わたる　え？　行くって？
ピコ　ま、正確に言うと、「戻る」かな。
ポコ　わっくんの力になりたくて、来たって、言ったよね。
ピコ　それが終わったから、戻るんだよ。
わたる　えー。せっかく、この、すごく変な環境に慣れてきたのに。
ポコ　変じゃないよ。フツーだよ。
ピコ　うん、フツーだよね。
ポコ　あのねー、とてもよくしてくれた持ち主が、人生で初めて困った時限定。
ピコ　ぬいぐるみは、一回だけ、恩返しができるんだ。
ポコ　うまくいかないこともあるけどね。
ピコ　ぬいぐるみや人形と遊んだことも忘れて、すぐ捨てちゃう人も多いけどね。
ポコ　わっくんは、捨てずにいてくれて、嬉しかった。
ピコ　ま、押し入れの奥で、暗かったけどね。
わたる　あ、ごめん。
ポコ　いいんだよ。じゃあね。
ピコ　バイバイ。
わたる　でもでも、この調子なら、あと何面でもクリアできるよ！
ピコ　わっくん、ホントに楽しそうな顔に戻ったね。
わたる　あれ、そういえば、もうひとつ選ぶ道ってあったよね？　それやろうよ！
ポコ　わっくんにはもう、必要ないよ。
ピコ　うん、必要ないよ。
わたる　言ってよ。気になるし。

ピコ　どうする？（ポコとピコ、顔を見合わせる）
ポコ　……それはね……うちらと一緒にぬいぐるみになって、誰かに可愛がってもらった思い出と生きていく道なんだよ。
わたる　えっ？
ポコ　それはそれで気楽だけど、思い出は増えないからね。
ピコ　いいなあ、わっくんは。今日も、明日も、思い出つくれちゃうから。たくさん失敗したってやり直せるし、いろんな人とも出会えるし。
ポコ　こら、そんなこと言っちゃだめだよ。
ピコ　ごめんごめん。
わたる　……考えたこともなかった。
ポコ　当たり前だよ、まだ中学生なんだから。
ピコ　わっくん、うちらのこと、忘れちゃうだろうけど、すごく楽しかったよ。
わたる　忘れないよ。ねえ、もういなくなっちゃうの？
ピコ　ううん、また、元のぬいぐるみに戻るだけだよ。
ポコ　もう投げるられるのは、イヤだよ。
わたる　わかってるよ。ゴミに出したりもしないから。
ポコ　それを聞いて安心したよー。じゃ、行くね。
わたる　ねえ、待ってよ。
ポコ　そうそう、これからが、全て本当に始まるからね。
わたる　本当に始まる？
ピコ　すぐわかるよ、じゃあね！
ポコ　わっくん、新しい思い出をありがとう。
わたる　ちょちょっと、待ってよ。
ピコ　待てないんだ。
わたる　何だよ、勝手に始めて勝手に終わんのかよ？
ポコ　もう、うちらは必要ないからね。
わたる　納得いかないよ。
ピコ　納得いく人生ばっかりじゃないから。
わたる　そんなの、ありかよ。いいじゃないか、もとからいたんだし。
ポコ　これからも、いるよ。わっくんがうちらを捨てちゃわない限り、ずっと。
ピコ　いつもすぐ近くで、応援してるからね！
ポコ・ピコ　じゃあね、バイバイ。

それぞれ出てきた方向に去る。

わたる　……な、なんだよ、なんなんだよー。

わたる、ぬいぐるみを拾いにいく。

わたる　なあ、おい、ちょっと。ねえってば！　返事しろよ。ポコ、ポコ‼　（また拾って）おい、ピコ、ピコ‼……だめか。つまんないだろ……

♪ピンポーン♪

ゆり　ただいま。わたるー、わたるー!!

わたる　えっ？（ぬいぐるみを持ったまま）

ゆり　あたしまたすぐ出かけるけど。あんた今日も休んだの？　片付けも終わってないし。来週はトラックがくるんだからね！

わたる　（ぬいぐるみに）また1面？　これが本当のはじまり？

ゆり　何言っての？　聞いてる、人の話？

わたる　うん、わかってるよ。ねーちゃん……心配かけちゃって……悪いね。

ゆり　わたる……（嬉しそうに）

わたる　オレ、明日から……学校行くよ。

ゆり　本当!?　お母さん、すごく喜ぶよ。

わたる　そうかな？

ゆり　当たり前じゃない！　あーよかった！　わたるにとって、再婚が微妙なのはわかってるから。

わたる　ねーちゃんだって、いろいろあっても努力してたのに……ごめんね。

ゆり　わたる……わかってくれるんだ。嬉しい。

わたる　うん。

ゆり　わたる、お母さんのこと。

わたる　わかってる。応援するよ。だって幸せそうだもん。

ゆり　あたし、なんだかすごく嬉しいんだけど。じゃ、そろそろ塾、行ってくるね。

わたる　あ、うん。あの……行ってらっしゃい。

ゆり　うん、行ってくるね。あー前のわたるみたい♪

ゆり、手をふってうれしそうに去る。わたるもふり返している。

わたる、ポコとピコのぬいぐるみを持って、中央に立つ。両側から再び等身大のポコとピコ、嬉しそうに寄り添うが、わたるにはもう見えないらしい。

わたる　これで……フツー。で、いいのかな。おーい、これでいいのかよー？　いーよーって言ってくれよー。

ポコ・ピコ　いーよー！（やさしく）

わたる　聞こえないよー。

ポコ・ピコ　がんばれー、わっくん！（控えめに）

わたる　聞こえないよお。（泣いてしまう）

ポコ・ピコ　そばにいるよー！

わたる　……きっと応援してくれてるよね。ありがとう！

ポコ・ピコ　ありがとう！

わたる　ポッピーノ!!

ポコ・ピコ　わ・た・る!!

ポコ・ピコ　（ささやくように）ポッピーノ、ポッピーノ、一緒に遊ぼう、ポッピーノ♪　みんななかよし、ポッピーノ♪　いつでも一緒さ、ポッピーノ♪（わたるも一緒に三人で元気よく）ポッピーノ、ポッピーノ、一緒に遊ぼう、ポッピーノ♪　みんななかよし、ポッピーノ♪　いつでも一緒さ、ポッピーノ♪

（ポーズ☆）

ピンポーン、ピンポーン♪

わたる　……やっちゃんだ！　はーい、今行きま～す！

音楽。ポコ・ピコ、笑う。

わたる、ぬいぐるみのポコとピコをそっと箱の上に置いて、玄関へ行く。

ポコ・ピコ、わたるに手をふり、音楽にのって嬉しそうに踊る。

そして人形に戻って静かに座って微笑む。

――幕――

あなたとショッピング

ショッピングチャンネルが大好きなリオとマイの姉妹。
今日も大好きなイトヨシが司会をする番組にはまっているが、
そこには一番ショッピング好きの母の姿はなく……
明るいショッピングのかけ声と共にふたりのがんばる毎日が
きっとあなたに元気を届けます！

キャスト

マイ（長女中二）
リオ（次女小五）
母ユミ
イトウ（ＴＶショッピングキャスト）
ヨシイ（ＴＶショッピングキャスト）

平日夕方の家庭のリビング。マイとリオがソファに座って、ＴＶショッピングを見ている。上手側がテレビショッピング、下手側がリビングのソファ。

イトウ　は〜い、みなさん、こんにちは！
ヨシイ　こんにちは！
マイ・リオ　こんにちは！
イトウ・ヨシイ　さわやかニコニコショッピングのお時間です！
ヨシイ　イトウさん、実は私、最近ニコニコできなくって。
イトウ　ヨシイさん、それはいけませんね。ニコニコショッピングですよ、この番組。
ヨシイ　そうなんですよね、すみません。
イトウ　どうしたんですか？
ヨシイ　はい。疲れがたまりやすくって、ダルいんです。
イトウ　ちょうどよかった！
ヨシイ　なんですって？
イトウ　そんなヨシイさんのような悩みを抱えている方、いっぱいいらっしゃるのでは？
ヨシイ　そうですよね、私と同じようにお辛い方、いませんか？
リオ　ハイハイ、私もやる気出なくて辛いです！
マイ　小学生なんか、黙ってなさい！　ハイ！　私はもうヘトヘトな中学生です！
リオ　お姉ちゃん！
イトウ　わかります、わかりますよ！
マイ・リオ　うんうん。
ヨシイ　そんな私やあなたのために、今日は何を紹介して頂けますか？
イトウ　ヨシイさん〜とっておきの商品です！
ヨシイ　え〜何ですか？
マイ・リオ　なになに？
イトウ　それは、コレ！　スペシャルパワードリンク『フコイダン』十本セット！
マイ・リオ　うわー！
ヨシイ　飲むとどうなるんですか？
イトウ　これは、夜一本飲めば、翌朝すっきり目覚め、一日中ヤル気いっぱいに‼
ヨシイ　えーホントですか！　私、ほしいです‼
マイ　ほーしーい！
リオ　リオもほしい！
ヨシイ　でも〜お高いんでしょ？
マイ・リオ　そうそう！
イトウ　そ・れ・が！

三人息をのむ。

イトウ　本当は、一本三百円、十本で三千円のところ！
マイ・リオ　やっぱりか！
ヨシイ　三千円のところ？
イトウ　今回は初回限定、初めての方限定で！
ヨシイ　あー気になる！　お値段は！？
マイ・リオ　お値段は？
イトウ　なんと、十本で九百円、十本で九百円！
ヨシイ　よし、買った！
マイ・リオ　ほしい！
イトウ　小中学生のお小遣いでも買える安さ！
リオ　えー、ちょっと高いよ！
マイ　うーギリ買える！　微妙な値段！　どうしよう？
リオ　お姉ちゃん、買って！　買って！　買ってよお！
マイ　ちょ、ちょっと待って。
ヨシイ　気になる税金や送料は？
イトウ　税込み価格で九百円、送料なしです！
ヨシイ　もう、私、買います！
マイ・リオ　いいなあ！
イトウ　ちょっと待った！
ヨシイ　何ですか？
マイ・リオ　なんなの？
イトウ　今から三十分以内にお電話くださった方、限定！
ヨシイ　よもや、よもやの!?
マイ・リオ　よもや、よもやの？

イトウ　そう、二倍入って、二十本、二十本で九百円！
ヨシイ　い、いいんですか!?
マイ・リオ　きゃ――あ！
イトウ　いいんです！
イトウ・ヨシイ　いいお品ですよ～！　あなたとショッピング！（ポーズ）
リオ　あなたとショッピング！
マイ　来た、決めゼリフ！
イトウ　そして、こちらのイトウとヨシイのキャラ、「イトヨシ」のカップもサービス！
ヨシイ　うわー！「イトヨシ」かわいい！
マイ　えっ、自分で言う？
リオ　お姉ちゃん、買って、買って!!
マイ　あ～ほしいけど……やっぱダメ！　ウチは余裕ないんだから、無駄遣いはダメ！
リオ　えー買ってよお！　ケチケチ!!
マイ　もうキリがないから、一回休憩！　パチッと。

マイ、リモコンでテレビを消す。イトウ・ヨシイ去る。

リオ　あーあ、つまんない。
マイ　あんたそんなことより、まず宿題でしょ？　あ、分担のお風呂そうじはやったの？
リオ　とっくにやりましたあ！

マイ　なら、宿題始めて！
リオ　おねーちゃんのケーチ、ケチケチ、ケーチ！
マイ　こらっ！
リオ　うわー！（部屋から出て逃げる）
マイ　まったくもう……あーでもアレ、ほしかったなあ。お母さんだったら、絶対買ってるし。あ、おばあちゃんからメール。（ポケットからスマホを出す）お母さん、相変わらずかあ。そっか。はあ。えーっと、（メールを打つ）「おばあちゃん、毎日仕事帰りに病院寄ってくれて、ご苦労さまです。こっちはリオが宿題やったら、カレーを食べる予定。気晴らしにスーパー銭湯行ってくれば？　気をつけて帰って来てね。」っと。（スマホをポケットに戻す）あーあ。

母、すっと入って来る。（マイの回想）

母ユミ　ねえ、マイ、マイ！　あの番組で紹介しているカーディガン、いいと思わない？
マイ　えー、また買うの、お母さん？　ちょっと派手じゃん。
母ユミ　だって、今日なら五〇％オフだって、イトヨシがオススメしてるし。いつまでも落ちこんでいられないし。少し明るい色を着て、元気出そうかなって。
マイ　まあ、そうだね。お母さんが元気そうな方が、お父さんも天国で安心だね。
母ユミ　そうでしょ？　もうくよくよしないからね！
マイ　おおっ、えらいね！
母ユミ　このストロベリーピンクどう？
マイ　こっちのレモンイエローにしたら？　お父さんも黄色好きだったよね！
母ユミ　そうそう！　お父さんと初めてのデート時も黄色のワンピースだったんだ。
マイ　きっと似合うよ！
母ユミ　楽しみ！　届いたら、またやっていい？
マイ　ハイハイ、「お母さんファッションショー」でしょ？
母ユミ　さすが私の娘！
マイ　でも、おばあちゃんは、怒るかも。
母ユミ　おばあちゃんには内緒！
マイ　おうおう、越後屋！　おぬしもワルよのう。
母ユミ　ヘイヘイ、お代官様！

ふたり、笑いあう。その後、母、すっと去る。

マイ　あははは！……お母さん、あんなに元気だったのになあ。なんで倒れちゃったんだろ？　やっぱり無理してたんだよね。……こんなにずっと意識不明で眠ったまんまだったら、もっとファッションショーやってあげれば良かった。リオも元気そうにしてるし、おばあちゃんが頑張ってくれてるけど……、私……しんどいよ。（マイ、泣きそう

になる）

リオ、元気よく入って来る。

リオ　やったあー！　終わったよ、宿題！

マイ　全部？（泣きそうだったのを隠して）

リオ　ほぼ。

マイ　じゃ、まだ残ってるんじゃないの？

リオ　算数あとちょっとだから、いいじゃん。気分転換させて！

マイ　もー。

リオ　だって、今日の「さわやかニコニコショッピング」は、イトヨシの生放送だから、見たい！　見たい、見たい、見たい！！

マイ　あんたも物好きだね。小5で、好きなテレビ番組は「テレビショッピング」とか、そんな人、他にいないんじゃない？

リオ　そーゆーお姉ちゃんだって、イトヨシの日は絶対観てるし。

マイ　まあ、あの人たち、おもしろいし。お母さんもファンだしね。

リオ　お母さん、早く目、さましてほしいなあ。

マイ　……じゃあ、しょうがない。気分転換にちょっとだけだよ。

リオ　やったー！　次は何だろ⁉

マイ、テレビをつける。「プチ」イトウ・ヨシイ登場。

イトウ　みなさん、お電話つながらなくって、ごめんなさい！

ヨシイ　インターネットでの申し込みも簡単ですよ！

イトウ　こちら（画面下あたりをイトヨシ指して）よく見て、オーダーください！

ヨシイ　お待ちしていまーす♪

イトウ　ヨシイさんもちょっと前にスペシャルパワードリンク飲んでから、急にキラキラですね！

ヨシイ　そうなんですよ〜も〜‼

リオ　次、次、次はなあ〜に？

マイ　リオ、うるさい！

イトウ　でもね、そんな蘇ったヨシイさんには、さらにぐっすり眠ってもらいたい！

ヨシイ　眠りたいです、私！

マイ・リオ　私も！

ヨシイ　もしかして、次は枕とかシーツとか、寝具ですか？

イトウ　いえいえ、さらに斜め四十五度から私は攻めますよ。

マイ　どういう角度だよ？

リオ　わかんないけど、早く次が知りたい！

イトウ　ぐっすりお休みする心の友、そして一緒にこの「さわやかニコニコテレビショッピング」を観る時も隣にいてくれる心の友！
ヨシイ　え〜誰ですか⁉
マイ・リオ　だれ？　何？
イトウ　それは、コレ！　シュタイテン社のくまちゃん！
ヨシイ　うわー、かわいい！
リオ　かわいい！　ほしい‼
マイ　うーん、これはいいかも。
イトウ　シュタイテン社はご存知、ドイツのくまのぬいぐるみの専門メーカーです！
ヨシイ　うわー、テディベア専門店ですね！
マイ　有名なところだ。
リオ　お姉ちゃん、知ってるの？
マイ　うん。お母さんが好きなんだよね。
ヨシイ　でも、イトウさん、そういうブランドならお高いんでしょ？
イトウ　それがね、ヨシイさん！　今日だけスペシャルです！
マイ・リオ　来たースペシャル‼
イトウ　世界中にファンの多い、ドイツのシュタイテン社のくまのぬいぐるみ！
ヨシイ　小さなお子さんから、おじいちゃままで、みーんなその魅力に釘付けです！
イトウ　ね、かわいいですよね！
マイ・リオ　かわいい？
ヨシイ　さっき、スペシャルって、言いましたね？
イトウ　言いましたよ！　いつもでしたら、一万円でもお安いくらいのくまちゃん！
リオ　い、いちまんえん⁉
マイ　うわームリ。
イトウ　今日は、ほんとっに、スペシャルで！
ヨシイ　もうじらさないでくださいよ！
リオ　早く言え！　言えよ、ゴラッ‼
マイ　リオ、乱暴！
リオ　ごめん、だってえ。
ヨシイ　気になるお値段は⁉
マイ・リオ　発表して！
イトウ　はい、通常一万円のところ、なんと、半額の五千円で！
ヨシイ　は、半額〜？　安い！
マイ　えーまだ高いよ！
リオ　うわーん、買ってもらえない！
イトウ　あ、ちょっと待って！　この番組を観たあなたにだけ、特典です！
マイ・リオ　来た来た、特典♪
マイ　オペレーター増員か？
イトウ　今から三十分以内だけ、オペレーターを増員します！

マイ　やっぱり！

イトウ　なあ――――んとさらに五〇％オフ、二千五百円‼

マイ　ちょっと、買えちゃう！

リオ　お姉ちゃん！

マイ　あー今度こそ迷う！

リオ　ねえねえ、買って、買って！　くまちゃん！

マイ　落ち着け、落ち着こう、マイ。ここは冷静に。

リオ　くまくまくまくま～‼

マイ　うるさい！

ヨシイ　うわージャンジャンお電話頂いています！

イトウ　いや～やはり、モノがいいですから！

ヨシイ　原材料、縫製も、全てドイツです。

イトウ　私も今回は自分で買っちゃおうかと。

ヨシイ　イトウさんもですか？　私もですよ！

イトウ・ヨシイ　いいお品ですよ～！　あなたとショッピング‼（ポーズ）

マイ　出た、イトヨシのポーズ！　視聴者をあおるなあ！

リオ　ねえねえねえ、くまくまくま！

マイ　（はっとして）リオ、落ち着いて。プチ。（テレビを消す）

リオ　お姉ちゃん！（怒って）

マイ　リオ、休憩終わり。算数の続き、やっといで。

リオ　えー――。

マイ　お姉ちゃんもここで、明日の予習してるから。

リオ　ちぇー、もう！　くーまーあ！（出ていく）

マイ　はぁーあ。

　母ユミ、すっと入って来る。マイの回想。

マイ　お母さんも、あのクマのぬいぐるみ、好きだったよね？

母ユミ　そうよ！　だってお父さんと新婚旅行でヨーロッパに行った時、ドイツで売ってて。でもすごく高くてね。

マイ　記念に買えばよかったのに。

母ユミ　旅行に行くだけで、お金、精一杯だったからねえ。でもお父さんが結婚十周年にプレゼントするって、約束してくれて。嬉しかったなあ。

マイ　お父さん、あと一年がんばって生きてたら、十周年だったのにね。

母ユミ　ホントよー。だから、いつか自分で買おうと思ってね。

マイ　じゃあさ、私、買ってあげるよ、高校生になったら。アルバイトして、プレゼントするね。

母ユミ　ホント？　マイが買ってくれるの？　でも高いから、いいわよ。

マイ　お母さん、高校生のバイト、なめちゃだめだよ。先輩とか、めっちゃ稼いでるよ。

母ユミ　そうお？　じゃ、楽しみにしちゃおうかな？
マイ　うん、そうして！

ふたり、嬉しそうに笑う。母、去る。

マイ　お母さん、あたし、あと二年で高校生だよ？　早く目を覚まして！　あ、おばあちゃん！（スマホをとる）
マイ　（電話）もしもし、うん、まだリオは宿題やってる。あと三十分くらいしたら、カレー食べるね。えっと、リオはいちご味、ルト？　あーなかったかも。え？　ヨーグは何でもいいよ。はーい。そっちこそ、気をつけてね、おばあちゃん。
マイ　お母さん、無理しすぎて頭の中、出血しちゃった。お父さんがいなくなっても、私たち、ずっと明るくやってたのにな。

母ユミ再び登場（マイの幻想）マイとは目をあわせず、並行して立つ。

母ユミ　マイ、ごめんね。
マイ　別に平気。おばあちゃんもいるし。
母ユミ　マイがしっかりしてくれて、ホント安心。
マイ　お母さん、入院しててていいから、目を覚ましてよ。
母ユミ　ああ、また眠たくなっちゃった。
マイ　お母さん！
母ユミ　リオのこと、頼んだわよ。
マイ　目を覚ましてよ！
母ユミ　もうこのまま目覚めなかったら、お父さんに会えるかしら？
マイ　やめて！　私たちがいるんだよ？
母ユミ　マイ、ごめんね。お母さん疲れちゃった。

母、去る。

マイ　ヤダヤダ！　行かないで！　ひどいよ、お母さん！（ソファに突っ伏す）

リオ、登場。

リオ　お姉ちゃん！　泣いてた⁉　ヤバッ！（ジタバタして自分を落ち着かせ）大丈夫？
マイ　あ、リオ？（目を覚ます）
リオ　こんなところでうたた寝してたら、風邪ひくよ。
マイ　リオに注意されるとは、不覚！
リオ　えっへん！　算数も終了です！（シャキン）
マイ　ご苦労！　では、テレビを許可する！　プチ。（テレビをつける）
リオ　やったあ！

マイ　はぁーあ。（リオは気づかない）

テレビショッピングが再び始まる。

イトウ　さあて、途中から見ている方に、もう一度お知らせします！
ヨシイ　元気いっぱいのヨシイも、もう一回言っちゃいますよ！
イトウ　昨日と今日の二日間だけ、目玉商品はこちら！
ヨシイ　うわー何度見ても、見た目はちょっと地味な箱ですねえ。
イトウ　ヨシイさん、見た目だけで判断しないでください。
マイ・リオ　そうだ、そうだ！
イトウ　なんと言っても、このスーパーオルゴールの音！
ヨシイ　音色が最高ですね！
イトウ　スマホなどと同様の極小サイズのコンピュータ機能が入ってるんです！
ヨシイ　だから、選曲も、千曲以上！
リオ　せんきょくがせんきょく？
マイ　たくさん聞けるってこと。
リオ　へえー、すごい。
イトウ　ご自分でカスタマイズもできますよ！
ヨシイ　もちろん昔から人気の名曲もたくさん！
イトウ　お子さんやお母さんも大好きな、ディズニーのナンバーも入ってます！
イトウ　試しにこの曲なんか、どうですか？

ディズニーナンバーが流れる。

ヨシイ　テンション上がりますね！
リオ　あ、これ！
マイ　お父さんとお母さんの思い出の曲だ。
リオ　これをＢＧＭに、お父さんプロポーズしたんでしょ？
マイ　ちょっと子どもとしては、恥ずかしいけど、二人にはロマンチックなんじゃない。
リオ　マロンチック？
マイ　もういいから！
イトウ　ヨシイさんはアメリカ育ちだから、ディズニーナンバーは子守歌でしょ？
ヨシイ　もちろんです。なつかしいですね！
イトウ　じゃあ、ちょっと英語でご紹介を！
ヨシイ　えーまたですかあ？
マイ・リオ　出た！　イトヨシの英語コーナー！
ヨシイ　OK! Hello, ladies and gentlmen, and Kids! We show you this wonderful small box.
Yes, it's orijinal. You can enjoy more than 1000 songs with high quality sounds.

It's No 1 today! Please get this for your house!

イトウ サンキュー、サンキュー、ヨシイ！

ヨシイ You're welcome! Call this number now!(下を指す)

リオ コール、ディスナンバーナウ♪

マイ 勉強になるわー、イトヨシ！

イトウ さあて、今回も特別価格でご提供します！

ヨシイ 内側には熟練の職人による彫刻もしっかり入ったこちら、メーカー希望価格は？

マイ・リオ いくら？ いくら？

イトウ ズバリ、三万円！

マイ・リオ さ、さんまんえん？

マイ 高すぎ！

リオ わーん、ほしいいよお。

ヨシイ イトウさん、何かプランがありますね？

イトウ もちろんです！ 昨日と今日のイトヨシの目玉商品ですから！

ヨシイ 思いきって、おいくらで？

マイ・リオ おいくらで？

イトウ 三分の一のお値段、一万円ちょうどで！

マイ・リオ 高い！ でもほしい☆

イトウ おかげさまで、昨日の分は完売しました！ 今日も残りわずかです。

ヨシイ 熟練の職人による小箱の中には、最新鋭のオルゴールが入っています！

イトウ・ヨシイ いいお品ですよ〜！ あなたとショッピング♪ (ポーズ)

マイ また出た、イトヨシのポーズ！ ああ、もう！ プチ。(テレビを消す)

リオ お姉ちゃん……

マイ わかってるよ、リオ。

リオ これ聞いたら、もしかしたら、お母さん、目を覚ますかな？

マイ まあ、可能性はゼロじゃないだろうけど。

リオ あたし、お年玉の残り…………二千五百円ある！ 全部出すから買って！

マイ リオ……私も五千円くらいあるけど。

リオ ねえ、ダメかな？ おばあちゃんに、足りない分、相談しようよ！

マイ リオ……

リオ お母さん、これ大好きな曲でいつも聞いてた。

マイ お父さんがシンデレラ城の前でプロポーズした時、流れてたんだって。

回想の母登場。途中からふたりの妄想に。

母ユミ 人もたくさんいて、混んでたのよ。クリスマス前だったし。

マイ　お父さん、目立つのキライなのに、よくやったね。
母ユミ　そうね。断られないよう、必死だったのかも。
リオ　それって「愛」なの？
母ユミ　そうよ！　私、短い間だったけど、お父さんと結婚して、すごく幸せだった。マイとリオも生まれて、本当に。
マイ　お父さん、急に死んじゃうなんてね。
リオ　リオ、五歳くらいであんまり覚えてない。
マイ　いっぱい遊んでくれたんだよ。
リオ　そうなの？
母ユミ　ふたりのこと、大好きだったわよ、お父さん。
マイ　お父さんいなくても、ウチらには、お母さんとおばあちゃんもいるから大丈夫！
リオ　そうそう、明るいファミリーだよね！　でも、どうしてお母さんは眠ったままなの？
マイ　手術はうまくいったんだけど。頭の中、たくさん出血しちゃって。もう半年くらい、目を覚まさないね。
リオ　お母さん、オルゴールの音聞いたら、びっくりして目を開ける？
母ユミ　ごめんね、リオ。ごめんね、マイ。
マイ　やだ、あやまんないで！
リオ　お母さん、ちゃんと目を開けて！「リオ、おはよう！」って言って！
母ユミ　ごめんね、リオ。

母、去る。

リオ　ヤダヤダヤダ！　お母さん、お母さん、お母さん……
マイ　リオ……（ソファのリオを慰める）
（ソファに突っ伏す）
リオ　あれ？　お姉ちゃん？
マイ　落ち着いた？　寝ながら泣いてたよ。
リオ　もう大丈夫だよ。
マイ　リオも私も、がんばってたから、ちょっと疲れたよね。
リオ　お姉ちゃん……
マイ　おなかすいたでしょ？　おばあちゃんのカレー、食べようか？
リオ　うん！

ピンポーン♪

マイ　あれ？　はーい。（マイ下手に去る）
リオ　おばあちゃん？　おとなりの奥村さんかな？　えー、だれ!?

マイ、戻ってきて。

マイ　宅急便だったよ、なんだろ、コレ？

リオ　あけてあけて！
マイ　ダメだよ、おばあちゃん宛てのだから。
リオ　えー見たい！　気になる〜！
マイ　確かにちょっと気になるけど。うーん。おばあちゃんにことわらないと。
リオ　電話して、オッケーもらったら、あけてあけて！
マイ　うるさいよ、リオ。（マイ、電話する）
マイ　（電話）あ、おばあちゃん？　あのさ、今、宅急便が届いたんだけど。うん、ついさっき。リオがさあ、中身気にしちゃって、見たいって言うんだけど。
リオ　お姉ちゃんだって、見たいくせに！
マイ　（電話）うるさい！　あ、ごめん、リオに言ったの。え？　開けてもいいの？　わかった、そうっと開けるから。うん、ありがと、また電話するね、おばあちゃん！（電話を切る）
リオ　やったあ！　オープン、オープン！
マイ　はいはい。（箱を開ける）
リオ　何が出るかな？　何が出るかな？
マイ　リオ、これって……
リオ　なあに？
マイ　イトヨシの……
マイ・リオ　オルゴールだ！
マイ　おばあちゃんも、おんなじこと、思って、買ってくれてた……

リオ　これ聞いたら、お母さん喜ぶね！
マイ　きっと、喜ぶよ！

マイ、早速選曲してみる。
思い出のディズニーナンバーが流れる。

マイ　そうだ、箱開けたら、おばあちゃんに電話してって、言われてた。
マイ　（電話）もしもしおばあちゃん、イトヨシのオルゴール、買ってくれてありがとう！
リオ　（電話に）おばあちゃんー、リオだよー、ありがとう
♪
マイ　え？　何？　じゃあ、かけるね。
リオ　なんて？
マイ　眠っているお母さんの耳元で聞かせるから、電話で流してって。
リオ　おお、そうきたか！

マイ、スマホをオルゴールに近づける。曲が流れる。

リオ　どうかな？　聞こえたかな、お母さん。
マイ　たぶんね。あれ、おばあちゃんが、何か言ってる？（マイ、電話を耳にあてて）
マイ　どう？　おばあちゃん？　聞こえた？　お母さん、気

持ちよさそう？　え？　何？　なんて言ったの？

リオ　お母さんに届いたかな？

マイ　え、なに？　どうしたの……？

リオ　おばあちゃんもディズニー好きだよね♪

マイ　なんで泣いてるの？……えーっ!?……リオ……

リオ　ん？　どうしたの？

マイ　リオ、リオ！……お母さん……お母さん……目を開けたって……

リオ　……ホント？　ホントにホントに？　やったあ！

マイ　よかった、よかった！　ありがとう、おばあちゃん！うん、これからリオとそっち行くね！

リオ　イトヨシにもお礼言う！　プチ。（テレビをつける）ありがとう、イトヨシ！

イトヨシ登場。

マイ　そうだね、イトヨシのおかげもあるね！　ありがとう、イトヨシ！

イトウ　あなたと誰かのご褒美に！

ヨシイ　楽しくすてきなひとときに！

イトウ・ヨシイ　あなたとショッピング♪

マイ・リオ　あなたとショッピング♪

マイ　さあ、急いで病院行くよ！

リオ　うん！

マイ・リオ、急いで部屋を出る。

イトウ・ヨシイ　また来週!!

イトヨシ、嬉しそうに手を振っている。

音楽高まって。

――幕――

妄想ケイコさんの華麗な一日

スーパーおばあちゃんケイコに毎日の学校の様子を伝えるトモ。
うまく自分の気持ちを伝えられないトモのために
ケイコのスパルタな再現練習は繰り返されていく。
でも、実はトモにもケイコにも、お互い言えない秘密があった。
ふたりのこれからはどうなる!?

キャスト

トモ（中学2年生）
ケイコ（トモの祖母）
ナオ（トモの親友）

ミキ（学級委員）
ケンジ（学級委員）

アヤ（クラスメイト）
アツシ（クラスメイト）
マミ（クラスメイト）
ユウキ（クラスメイト）

リカ（クラスメイト）
ユイ（クラスメイト）
ヒロ（クラスメイト）
ヤヨイ（クラスメイト）

マコ（部活の先輩）
リリコ（部活の先輩）
ナミ（部活の先輩）
スズカ（部活の先輩）
ユキ（部活の先輩）

舞台下手前で、トモがナオを待っている。
舞台上手前のテーブルで、ケイコがノートにメモをしている。

ナオ　トモー、ほら、これとこれ。もう、ホントに。（プリントを渡す）
トモ　ごめんね。助かるう！
ナオ　こっちはあさって提出だから、忘れないでよ。
トモ　わかった。あ、体育祭の種目は、結局？
ナオ　残念。うちらふたりとも、四百メートルリレー。
トモ　えーそんなあ。（がっかり）
ナオ　あと、部活の方も、ブルーなニュース。
トモ　やっぱ、ダメだった？
ナオ　今回はついてなかったね。
トモ　そっか。がんばってくれたのに、悪いね。
ナオ　ま、しょうがない。あとで詳しい事情はメールしとくね。
トモ　わかった。
ナオ　じゃあ、もう塾だから、行くね。
トモ　うん。ありがと。また明日！
ナオ　バイバイ。
トモ　さんきゅー、ナオ！

トモ　トモ、ナオに手を振ってから去る。ケイコがノートのメモを読む。

ケイコ　えっと、今日は十月十九日、天気は晴れのち曇り。朝ちょっと寒かったと。……昨日の続きがどうなるのか、気になる。カッコ、それはテレビのドラマじゃないよって、カッコとじ。っと。う〜ん。
トモ　ただいま……
ケイコ　お！　お帰り‼（ノートを閉じる）お茶飲むかい？
トモ　ううん、いい……ふう。
ケイコ　何それ？
トモ　今日もいろいろあってさぁ。（テーブルにぐったり）
ケイコ　前にも言っただろ？　ため息すると幸せが逃げちゃうんだ。だから、出そうになったら、こう、息吸って！
トモ　ふーう。（一応吸う）もともと幸せないから、変わんないよ。
ケイコ　何だって⁉
トモ　あ、しまった！
ケイコ　ちょっと、ちょっと。聞き捨てならないねえ。あん、トモ？
トモ　ねねね、気にしないでよ。今のは軽いジョーク。
ケイコ　いんや、だめだね。あたしは耳はいいんだよ。
トモ　はいはい、すみませんでした。っていうか、勘弁してよ、ケイコさん。
ケイコ　孫がおかしな様子で、しかも後ろ向きなことを言うなんて、我慢できないね。
トモ　だからさ、いろいろあったわけだよ、これが。
ケイコ　何が？
トモ　これが。
ケイコ　だからこれって。
トモ　いやいやいや、あれ、かなあ。
ケイコ　まさかあんた、これって、ディス・イズ・ア・ペン！のディスじゃないだろ？
トモ　今時はディス・イズ・マイ・カントリーだよ。
ケイコ　いいから！
トモ　ねえ、今日はもう疲れちゃって。
ケイコ　問答無用！　とっとと、言いなさい。
トモ　えー――またあ？
ケイコ　今日の反省会。
トモ　うわ、面倒。
ケイコ　今日はいくつ？
トモ　……二つ……
ケイコ　二つね。（ケイコ、メモをする）はい、一つめは？
トモ　わかったよお。今日は体育祭の種目決めがあって。
ケイコ　ふんふん。
トモ　で、あたしはケイコさんに似て、やっぱ足が遅いじゃん？
ケイコ　余計なDNA情報は削除。
トモ　都合いいなあ。
ケイコ　で？　で？
トモ　だから、私としては、リレーは避けたいわけですよ。
ケイコ　ふうん。
トモ　だいたいさ、足速いのにリレー出てくんないのもひどくない？
ケイコ　そう言ってやったの？
トモ　それは無理。ケイコさんじゃあるまいし。
ケイコ　何でそのDNAはないかな。
トモ　あたしは、ムカデ競争とか、綱引きをねらってたのにさ。
ケイコ　ふんふん。
トモ　足が速い人も、そういう走らない種目のをねらっちゃっててさ。
ケイコ　速いなら、走ればいいんだろ？
トモ　部活の大会でもないのに、ギシギシ本気モードやなんじゃない？
ケイコ　そんなバナナにパイナップル？　おかしいだろ、それ？
トモ　だって、そういう世の中なんだよ。
ケイコ　ふつう、どうやって決めるわけ？
トモ　まあ、希望を言い合って、あとはくじとかじゃんけん。
ケイコ　それなら、いいんじゃない？
トモ　だめだよ、アタシみたいのが、くじで負けて。（テー

ブルに突っ伏す）

ケイコ　なったんだ、リレー選手。
トモ　もお、最悪。
ケイコ　よおし、わかった！　じゃまず再現からだね。
トモ　だから、今日はもうやめようって。
ケイコ　何言ってんだ!?　だからこそ、やるんだよ。
トモ　マックス最悪！
ケイコ　何それ？
トモ　ものすごーく最悪ってこと。
ケイコ　へえ～。まっくすっと。（メモる）で、誰さ、足が速いのは？
トモ　……陸上部のリカ。
ケイコ　オッケー！　リカ～、カモン!!

リカが下手から出てくる。

ケイコ　この子は足が速くて？
トモ　頭もいいし、はきはきしてるんだ。仕切り屋だけど。
ケイコ　こんな感じかな？　ねえねえ、体育祭はさあ。（リカのポーズ）
リカ　ねえねえ、体育祭はさ、勝つことも大事だけど、やっぱ楽しまなくちゃね。

リカ、ストップモーション。

ケイコ　なるほど。で、あとは？
トモ　学級委員のまじめなミキ。リカに流されがちなんだよね。
ケイコ　ミキ～、カモン!!

ミキも登場。ケイコ、ミキの立ち位置や手の角度を決める。

ミキ　でも、クラスとしては、優勝を目指そうよ。
リカ　勝ち負けにこだわっているだけの体育祭でいいの、ミキは？
ミキ　え？　でも……
リカ　やっぱさ、わあ～って楽しく盛り上がろうよ。それって大事じゃない？
ミキ　う、うん。確かにそうだけど。

ふたり、ストップモーション。

ケイコ　あ、流されている！
トモ　いつもそう。リカの強気にみんな負けちゃうんだ。
ケイコ　あんたは？
トモ　私？　もっとムリ。
ケイコ　情けないねえ。
トモ　ケイコさんのＤＮＡはどうでもいいとこしかあたしに

影響してないし。

ケイコ　ほら、次々！

トモ　リカの取り巻き的なユイとヒロとヤヨイ。いつもお付きの人たち。

ケイコ　ユイ〜、ヒロ〜、ヤヨイ〜カモン！！

ユイ・ヒロ・ヤヨイ登場。ケイコ、それぞれ身振りを決める。前の二人も動き出す。

リカ　ねねね、やっぱさあ、体育祭は盛り上がって楽しむのが一番だよね！

ユイ　そりゃ、そうよ！　楽しい思い出つくらなきゃ！

ヒロ　うちら四人でさ、二人三脚に出ない？

ヤヨイ　いいよね！　おもしろそう！

ミキ　でも、四人とも運動部で足が速いんだから、リレーに出てよ。

ユイ　やぁだあ、ミキ。あたしらに自由ないわけ？

ヒロ　そうだよ、ミキも二人三脚出ない？

ヤヨイ　出ようよぉ。いいよねぇ。

ケイコ　話をきりかえている！

リカ　あ、それいいね！　五人でおそろいのピンクのシュシュもつけよう！

ユイ・ヒロ・ヤヨイ　いいね、いいね！

ミキ　え、そんな勝手なこと、ダメだよ。

ユイ　いーじゃん。中2の思い出だよ！

五人ともストップモーション。

ケイコ　何、しゅーしゅーって？

トモ　シュシュ。ほら、こういう髪をまとめて留める布ゴム。うちの学校じゃ黒とか茶色の目立たないのじゃないといけないんだけど。

ケイコ　じゃなんで、あの子たちはおそろいでピンク？

トモ　うちのクラス、体育祭でピンクブロックになったから。

ケイコ　クラスみんなでつけるのかい？

トモ　まさかあ。あのリカのグループが目立ちたくてやるんだよ。

ケイコ　何だって？

トモ　あちゃ。

ケイコ　おかしいじゃないか⁉

トモ　だってそうなんだからさ。

ケイコ　あんたは？　トモは何て言ったんだい？

トモ　え……あたしは……

ケイコ　トモ、レッツゴー‼

トモ、四人のところへ入る。全員動き出す。

トモ　あのさ、私とか、足すっごく遅いし、リレーは厳しいんだけど。
ケイコ　そうだ！　もっと言え!!
ユイ　やあだぁ、絶対ムリとか言わないでぇ。
ヒロ　クラスで決めるんだから、公平にくじかじゃんけんしようよ。
ミキ　でも、走れる人がいるなら……
リカ　誰でも走れるよね？　今ケガしてる人いないよね？
ヤヨイ　そうそう。
トモ　そうじゃなくて。
ヒロ　トモもさ、たまにはチャレンジ大事じゃない？
ユイ　新しい自分を発見！
リカ　トモ、苦手なことから逃げてばっかりもダメじゃない？
ヤヨイ　トモだって運動部だよねえ。
ミキ　トモは文化祭のクラスのポスターとか、やってくれたじゃない？　逃げてなんてないよ。
トモ　ミキ……
リカ　それはそれ。これはこれでしょ。ワールド広げないと。
ユイ・ヒロ・ヤヨイ　ワールド広げないと!!（笑）

五人、ストップモーション。

ケイコ　ちょっと、選手交代。
トモ　ケイコさん、こういう人たちは聞く耳もたないっていうか。
ケイコ　いーんや、そうじゃないね。

ケイコ、トモのところへ。

ケイコ　ハイ、選手交代。（トモ・ケイコ、ハイタッチ）じゃ、最初から、スタート！

五人、動き出す。

リカ　ねえねえ、体育祭はさ、勝つことも大事だけど、やっぱ楽しまなくちゃね。
ミキ　でも、クラスとしては、優勝を目指そうよ。
リカ　勝ち負けにこだわっているだけの体育祭でいいの、ミキは？
ミキ　え？　でも……
リカ　やっぱさ、わあ～って楽しく盛り上がろうよ。それって大事じゃない？
ミキ　う、うん。確かにそうだけど。
リカ　（ユイ・ヒロ・ヤヨイへ）ねねね、やっぱさあ、体育祭は盛り上がって楽しむのが一番だよね！
ユイ　そりゃ、そうよ！　楽しい思い出つくらなきゃ！

ヒロ　うちら四人でさ、二人三脚に出ない？

ヤヨイ　出よー出よー！

リカ　いいね！　おもしろそう！

ミキ　でも、四人とも運動部で足が速いんだから、リレーに出てよ。

ユイ　やだあ、ミキ。あたしらに自由ないわけ？

ヒロ　そうだよ、ミキも一緒に二人三脚出ない？

リカ　あ、それいいね！　五人でおそろいのピンクのシュシュもつけよう！

ユイ・ヒロ・ヤヨイ　いいね、いいね！

ミキ　え、そんな勝手なこと、ダメだよ。

ユイ　いーじゃん。中2の思い出だよ！

トモ(ケイコ)　しゅーしゅーはクラス全員おそろいだよね？

ユイ　やだあ、何言ってんの、トモ。

トモ(ケイコ)　みんなでしゅーしゅーしないと意味ないし。

ヒロ　でもさあ、ピンク似合わない人もいるしさあ。

トモ(ケイコ)　いんや、違うね。アタシも男の子たちも、担任の先生も、みんなでピンクのしゅーしゅーをつけよう。

リカ　頭、おかしくない？

ユイ　だいたい、マサキとか野球部の坊主頭にシュシュつけるわけ？

トモ(ケイコ)　もちろん。

ユイ　はあ？　マジで言ってんの？

トモ(ケイコ)　マックス、マジ！

トモ　わ、応用早！

ヒロ　ねえねえ、担任の吉岡先生、かなりオジサンじゃん。シュシュ一番ムリ。

リカ　だってねえ、まず髪がさあ。（ミキ以外の四人笑う）

トモ(ケイコ)　担任バカにしてんの？

ユイ　そうじゃなくて、トモがおかしなこと言うから想像しちゃって。ねえ？

ヤヨイ　やめてよもう。

トモ(ケイコ)　クラスでやるなら、全員で！　やらないなら、みんなやらないんだ！

リカ　トモ、やっぱおかしいよ。

トモ(ケイコ)　おかしいのはあんたたち！　自分勝手なことばかり言って、周りが全く見えていない。

ユイ　ちょっと、それどういう意味？

トモ(ケイコ)　あんたら、クラスのみんなから嫌われているの、わかってる？

リカ　はあ？　ケンカ売ってんの？

トモ(ケイコ)　事実を言ってんの！

ミキ　トモ、どうしちゃったの？

トモ(ケイコ)　ミキはいつも正しい。もっと自信持って！

ミキ　トモ……

ユイ　バッカじゃないの。

トモ(ケイコ)　あんたたち、ミキ以外で、最近クラスの誰かと話した？

ヒロ　えっ？
リカ　……
ユイ　そりゃ、たまには。
トモ(ケイコ)　じゃ、誰と？
ユイ　……
トモ(ケイコ)　いい？　四人だけのクラスじゃないよ。三十六人とか、みんなでやってんだ。
リカ　そんなの言われなくてもわかっているわよ。
トモ(ケイコ)　わかってないから、どんどん暴走してるよ。お互い得意不得意あるんだから、助け合わないと。
ヒロ　うちらのこと、誰も助けるわけないじゃん。
トモ(ケイコ)　そんなことない。あたしは助けるし、ミキもきっと。でもお互いさまだから、あたしたちが困った時は助けて。
ユイ　助けるって？
トモ(ケイコ)　あのさ、私、足遅いし、リレーに出るのは辛いんだよね。
リカ　誰だって辛いこと位あるよ。
トモ(ケイコ)　できないのに選手で走るのはビリで走るってこと。どんなに練習してもね。
ミキ　トモ……
トモ(ケイコ)　だから、もっとお互い歩みよろうよ。
リカ・ユイ・ヒロ・ヤヨイ　…………うん。
ケイコ　はい、ここまで！　みんなお疲れ！

五人、去る。

ケイコ　トモ、どう？
トモ　そんなうまく言えるわけないじゃん。
ケイコ　何事も練習、練習。あー疲れた。メモメモ。(ノートへ記入する)
トモ　なんであたし、ケイコさんの孫なのに、こうゆう図太いとこ、似なかったかな。
ケイコ　ほら、あの子、リンコだっけ？　きついねえ。
トモ　リカでしょ？
ケイコ　あれ、そうだっけ？
トモ　すぐ忘れるよね。
ケイコ　はいはい、で、二つ目は？
トモ　そっちは忘れないんだ。
ケイコ　そ。メモっておいたからねえ。ホント、気をつけないと。あれ？　ノートは!?（あわてる）あれ？　あ、あった!!　で、で？
トモ　部活のこと。
ケイコ　そっちはうまくいってたんだろ？
トモ　昨日まではね……なんか先輩がさあ。
ケイコ　だって夏で引退したんじゃないの？
トモ　でも、もっとバドミントン続けたいって、言い出して。

ケイコ　熱意あるじゃない！
トモ　っていうか、勉強に集中できなくて。気分転換にまた始めたみたい。
ケイコ　悪くないでしょ？
トモ　来月の市民選手権に、急に出たいって言い出して。
ケイコ　出たらいいじゃない？
トモ　はあ。（ため息）
ケイコ　こら、幸せが逃げる！　息吸って！
トモ　ふーう。（一応、吸う）学校から代表で出られるのは六ペアまでなんだよ？
ケイコ　トモもがんばったんでしょ？
トモ　先輩がもどって来なきゃ、あたしだって出場の可能性はあったけど。
ケイコ　チャレンジ精神はどうした⁉
トモ　だって、先輩とあたしたち二年生で、あわせると四十人もいて、どんなにがんばっても、私とナオのペアが六ペア以内には入れないもん。
ケイコ　そういう時もあるだろうけどねえ。
トモ　ケイコさんはそういう経験ないからピンと来ないんだよ。
ケイコ　年寄りをナメたらいかんぜよ。（決めポーズ）
トモ　元ネタがわかんないよ。
ケイコ　あとで、ＤＶＤ見なさい。
トモ　いいよお、もう。
ケイコ　で、本題に移ろうか？　誰が登場人物？
トモ　マコ先輩とリリコ先輩とナミ先輩。あとスズカ先輩とユキ先輩のグループが最初に言い出して。
ケイコ　マコせんぱ〜い、リリコせんぱ〜い、ナミせんぱ〜い、スズカせんぱ〜い、ユキせんぱ〜い、カモン！
トモ　ええ〜やるの？

マコ・リリコ・ナミ・スズカ・ユキ登場。
ケイコ、ポーズをそれぞれ考える。

ケイコ　受験、受験って、やっぱしんどいよね。
マコ　受験、受験って、やっぱしんどいよね。
リリコ　毎日それぱっかだと、息が止まりそう。
ケイコ　息、してますけど、何か？
トモ　そこ、つっこまなくても。
ユキ　楽しいことないよね。
マコ　何かさあ、こうパアっと気晴らししない？
スズカ　カラオケとか？
ナミ　映画行く？
リリコ　私、お金ないもん。
スズカ　ジャニーズのＣＤ買い込んじゃったからねえ。
リリコ　いーじゃないの！
ユキ　ＣＤで発散できるなら、いいよね、リリコ。
マコ　ねえねえ、またバドミントン、やらない？

スズカ　え？　だってうちらもう引退したし。
ナミ　ラケット片付けちゃった。
リリコ　どっか外の公園とかでやるってこと？
マコ　違うよ、また部活でバドミントンやりたいなあって。
スズカ　でも引退のお別れ試合までやったのに？
ユキ　一・二年から、色紙も、もらっちゃったのに？
マコ　でもさ、先生に言って、あと一回だけ、来月の市民選手権に出してもらわない？
リリコ　そりゃ、うちらは市の大会でベスト４にも入ったことあるけど。
マコ　今の二年生じゃ、ムリでしょ。
ナミ　でも、いいのかな？
スズカ　二年生中心の大会じゃない？
マコ　そうかな。去年の先輩も一ペア出たし、十二月と二月にも、地区大会もあるんだから、二年生もチャンスあるし。
リリコ　まあ、あの地区大会は、確かに私たちがシード権を取ってあげたんだよね。
ナミ　そう言えばそうだよね。
ユキ　あと一回くらい、いっか。
スズカ　じゃあ、来月の大会までは出ちゃう!?
リリコ　この前、ミユキやユカ、あとアズサやリョウもやりたがってたよ。
マコ　みんなで出ちゃう権利はあるよね!?
スズカ・リリコ・ナミ・ユキ　あるあるある～♪

五人、ストップモーション。

ケイコ　これはいわゆる、肉食系だね！
トモ　感心してる場合じゃないって。
ケイコ　あんたはどうしたいわけ？
トモ　どうって。
ケイコ　はっきり言いなさい。
トモ　だって、先輩が出たいって言ってるのに、断れないもん。
ケイコ　でも、迷惑なんだろ？
トモ　そりゃそうだけど。
ケイコ　何か弱気過ぎるよ。
トモ　ケイコさんとは違うから。
ケイコ　これから、世間の荒波をくぐって、もぐって、いかなきゃあ、ならんのだよ。
トモ　なんか日本語変じゃない？
ケイコ　これも、試練。
トモ　え？
ケイコ　さっ！　挑戦してみなさい。
トモ　だって、私関係ないじゃない、この会話に。
ケイコ　切り込んで行く力もつけないと。
トモ　無茶ぶりでしょ？

ケイコ　いんんや、やってみるもんだよ。
トモ　え〜。
ケイコ　当たって砕けろ。
トモ　砕けちゃうわけ？
ケイコ　いいから、はい、スタート！

五人、もう一度話し始める。

マコ　受験、受験って、やっぱしんどいよね。
リリコ　毎日そればっかだと、息が止まりそう。
ユキ　楽しいことないよね。
マコ　何かさあ、こうパアっと気晴らししない？
スズカ　カラオケとか？
ナミ　映画行く？
リリコ　私、お金ないもん。
スズカ　ジャニーズのＣＤ買い込んじゃったからねえ。
リリコ　いーじゃないの！
ユキ　ＣＤで発散できるなら、いいよね、リリコ。
マコ　ねえねえ、またバドミントン、やらない？
スズカ　え？　だってうちらもう引退したし。
ナミ　ラケット片付けちゃった。
リリコ　どっか外の公園とかでやるってこと？
マコ　違うよ、また部活でバドミントンやりたいなあって。
トモ　あ、あの先輩方、お久しぶりです！
スズカ　あー、トモ、上達した？
トモ　いや〜まだまだです。
リリコ　練習はどうなの？
トモ　まあ、ぼちぼちで。
ケイコ　また気弱なこと言って。
マコ　私たちね、今の一・二年生がやっぱり心配で、先生にお願いして、来月の市民選手権まで関わろうと思っているのよ。
トモ　えっ？
リリコ　うちらは市の大会でベスト４にも入ってたし、いろいろ教えてあげたいしね。
マコ　今の二年生じゃ、結果出すのは厳しいから、手伝いたいなって。
スズカ　もちろん、二年生中心の大会なのは……。
ナミ　わかってるからね。
マコ　ほら、去年の先輩も一ペア出たし、十二月と二月にも、地区大会もあるんだから、二年生もまだまだチャンスあるし。
ユキ　うちらも、あと一回くらいいいかなって。
トモ　はあ。
ケイコ　ダメだ、完全に相手のペースだ。
リリコ　まあ、あの地区大会は、確かに私たちがシード権を取ってあげたんだよね。
マコ　トモ、私たちも、出る権利はあるよね⁉

トモ　あ、あります。
リリコ・スズカ・ナミ・ユキ　だよね～♪
ケイコ　はい、カッ～ト！

マコ・リリコ・スズカ・ナミ・ユキ、ストップモーション。

ケイコ　トモ、修行が足りない！
トモ　だってムリ。先輩になんか、言えない。
ケイコ　失礼じゃないように、でも筋を通して言っていかないと。
トモ　ケイコさんだって、自分の先輩だったら、ムリだよ。
ケイコ　んんなあ、ことはないっ！　世の中出たら、言うべきことを言えないと、自分が苦しい思いをするんだから。
トモ　いつかは言えるもん、たぶん。
ケイコ　練習してこなければ、いつかは来ないんだ。
トモ　辛いよ。
ケイコ　あたしは事実を言ってるんだ。
トモ　だって……
ケイコ　見ててごらん。はい、選手交代！　よーい、スタート‼

五人動き出す。

トモ(ケイコ)　あ、あの先輩方、お久しぶりです！
スズカ　あー、トモ、上達した？
トモ(ケイコ)　はい、少しは。
リリコ　練習はどうなの？
トモ(ケイコ)　がんばってます！
トモ　うわ、強気だ。
マコ　私達ね、今の一・二年生がやっぱり心配で、先生にお願いして、来月の市民選手権まで関わろうと思っているのよ。
トモ(ケイコ)　わあ、応援に来てくれるんですか？　嬉しいです！

五人顔を見合わせる

リリコ　ま、まあ、それもあるけど、一緒に試合に出ようかなって。うちらは市の大会でベスト４にも入ってたし、いろいろ教えてあげたいしね。
マコ　今の二年生じゃ、結果出すのは厳しいから手伝いたいなって。
スズカ　もちろん、二年生中心の大会なのは……
ナミ　わかってるから。
トモ(ケイコ)　ありがとうございます！　私たち後輩の心配をしてくださって。
マコ　ただ、去年の先輩も一ペア出たし、十二月と二月にも、地区大会もあるんだから、二年生もまだまだチャンスあるし。

トモ(ケイコ)　じゃあ、先輩方も代表で一ペアとか出るんですか?

ユキ　それはまだ決まってないけど。

トモ(ケイコ)　じゃ、私の方から、みんなと顧問の先生に伝えておきます!　先輩方が、受験で大変なのに、私たちのために手伝いに来てくれるって。

リリコ　あのさ、地区大会は、確かに私たちがシード権を取ってあげたんだよね。

トモ(ケイコ)　はい、もう感謝感謝です。私たち、人数多いから、来月の市民選手権も、地区大会も、どのペアも出たくて、ずっと練習してきました。

マコ　トモ、私たちも、出る権利はーー

トモ(ケイコ)　先輩方と七月にお別れ試合をしてから、もう三ヶ月たちました。先輩たちが入試のためにかけた同じ時間、私たちも来月の市民選手権のために暑い夏休みの練習もがんばってきたんです。どうか、私たちが少しでも勝てるよう、教えてください。シード権を取ってもらった恩返しを試合で出したいんです!

リリコ・マコ・スズカ・ナミ・ユキ　だよね〜。

ケイコ　はい、みなさん、お疲れ!

五人去る。

トモ　(拍手)ケイコさん、押し切ったねえ。あたし、とてもムリ。

ケイコ　ま、ちょっとずうずうしいくらいの路線だけどね。

トモ　あーあ。

ケイコ　ちゃんと、次は先輩に実践するんだよ。メモメモ。

(ノートに書く)

トモ　ケイコさんの半分も言えればいいのになあ。

ケイコ　できるよ、必ず!　絶対。

トモ　そんなあ。

ケイコ　アタシの孫なんだから、大丈夫。えっと、今の子たちは、ヨウコ、カズヨ、ミチコ、ヨシエっと。(メモ)

トモ　え〜やだ何言ってるの?

ケイコ　えっ?

トモ　それって、ケイコさんの友達なんじゃないの?

ケイコ　あれ〜うっかりしたなあ。

トモ　マコ先輩、リリコ先輩、ナミ先輩、スズカ先輩、あとユキ先輩でしょ。

ケイコ　まいったなあ〜あはは。(メモする)

♪ピンポーン♪

トモ　あれ、誰かな?　はーい。

トモ、下手へ走っていく。

ケイコ、ため息をつきそうになるが、息を吸ってとどめ、ノートへ何か書く。
下手前で。玄関先。

トモ　あ～ナオ、どうしたの？
ナオ　うん、今、塾の帰り。
トモ　何か、あった？
ナオ　ちょっと、言い忘れてた。
トモ　何？
ナオ　トモ、明日、席替えするんだ。
トモ　……そっか。
ナオ　ねえ、五時間目は席替えに参加しようよ。
トモ　……できたら。
ナオ　来年のさ、修学旅行の準備も、その新しい班から始まるしさ。
トモ　そうなんだ。
ナオ　だからさ……
トモ　知らせに来てくれてありがと。
ナオ　トモ？
トモ　メールでもよかったのに、わざわざごめんね。
ナオ　あ、ううん。何か、明日は参加してほしくて言いにきちゃった。迷惑だったよね？
トモ　いやいや全然。感謝してま～す！
ナオ　じゃ、考えといて。
トモ　うん、わかった。
ナオ　バイバイ。
トモ　また明日！

ナオ、去る。トモ、一旦下手に出てから、またケイコの所へ戻る。

トモ　あーあ、明日またちょっと憂鬱なことが増えちゃった。
ケイコ　どうしたの？
トモ　この前の学活の時、調子悪かったから、保健室へ逃げてたんだ。
ケイコ　サボりかい？
トモ　違うよ。でも明日は席替えだから、ちゃんと参加しなって。
ケイコ　親切だねえ、ナオちゃん。
トモ　うん、助かってるんだ。
ケイコ　感謝しないとね。逃げるあんたもおかしいねえ。
トモ　だって、面倒なんだもん。
ケイコ　うっし!!　じゃあ、それやってみますか！
トモ　ええ？　だって明日のことだよ？
ケイコ　だから、予行練習！
トモ　反省会じゃないの？
ケイコ　たまにはこういうのもやっときましょ！

トモ　さらに鬱なんですけど。
ケイコ　若者がそれでどーする！？
トモ　だってえ。
ケイコ　予想される登場人物は？　ほら！
トモ　まあ、学活だけど、司会は学級委員のミキとケンジ。あと絶対リカが発言する。
ケイコ　リカが言えば、きっと応援で何か言うはず。
トモ　さっきのユイ・ヒロ・ヤヨイは？
ケイコ　あとは？
トモ　う〜ん、たぶん積極的でまじめなアヤとアツシ、あとアタシよりネガティブなマミもいろいろ反対したがると思う。
ケイコ　そのくらい？
トモ　あ、ユウキくんも。
ケイコ　ユウキくん？　初めて聞く名前だねえ？
トモ　そ、そうかな？
ケイコ　どんな子？
トモ　どんなって、やさしい人。もの静かだけど、言う時はバシッと言うみたいな。
ケイコ　あんたのカレシ？
トモ　違うよ、もお。
ケイコ　じゃ、つきあってないけど、好きなんだ。
トモ　そんなこと、言ってないでしょ！
ケイコ　顔に書いてあったからわかるわ。
トモ　もおおお。
ケイコ　ま、いいや。じゃ始めようか。
トモ　本当にやるの？
ケイコ　そ。未来予想で。
トモ　あーあ。
ケイコ　じゃ、新顔さんから。あ、教室だからイスもあった方がいいね。
トモ　ケイコさん……これ、やりにくいよ。
ケイコ　ぐだぐだ言わない。えっと、ケンジ、アヤ、アツシ、マミ、ユウキくん、まとめてカモン！

ケンジ、アヤ、アツシ、マミ、ユウキ机とイスを運びながら登場。

ケイコ、配置を考えて、指示している。

トモ　何か、やってないことやるのってヤダなあ。
ケイコ　往生際が悪いよ。ささ、残りのみんなもカモン！

ミキ、リカ、ユイ、ヒロ、ヤヨイ登場。

トモ　あ、ナオも。
ケイコ　ナオちゃん、カモン！

みんな、ケイコの指示で席を整列して着席。前にミキとケンジが立っている。

ケイコ　さ、トモも参加して。
トモ　えー最初から？
ケイコ　いーから、いーから。

トモも着席する。

ケイコ　はい、スタート！
ミキ　では、今日の学活は席替えをします！

みんな、やったあ～など、一部を除いて喜ぶ。

ケンジ　先生はちょっと遅れるそうですが、まず、席替えのやり方で、意見を出してください。
ミキ　あ、先生から、「好きな人どうし、はダメ」っていう条件出てます。

みんな、えー残念、なんでーなど。

リカ　はーい。
ケンジ　リカさん。
リカ　私は「お見合い」がいいでーす！

ユイたち、わー賛成など。

ケイコ　えー、お見合いって何？
トモ　中学生用語でさ、男女別に話し合ってグループ決めて、座席を選んでマッチさせるシステム。
ケイコ　あーびっくりした!!　結婚を前提で、班替えするのかと思った！
トモ　んなわけないよ。
ユイ　はーぁい。
ミキ　ユイさん。
ユイ　お見合いに賛成でぇーす。いいと思いまぁーす。
ヒロ　私も賛成でぇーす。
ケンジ　指名されてから、発言してください。
ヒロ　ごめーんなさぁーい。

リカ・ユイ・ヤヨイ笑う。他はしらけている。

ミキ　他の意見はどうですか？
アヤ　はい。
ミキ　アヤさん。
アヤ　私は、くじ引きの方が、公平でいいと思います。
リカ　えーお見合いじゃダメ？
アヤ　そうは言ってないけど。
ヤヨイ　別にお見合いでも、ねー。

ケンジ　そこ、勝手にやりとりしないでください。
ミキ　他はどうですか？
マミ　はい。
ミキ　マミさん。
マミ　あたしは、別にこれっていうのはないけど、お見合いは好きな人どうしなんじゃないかと思うので反対です。
ユイ　えーなんで？
ヤヨイ　いーじゃんよ、ねえ。
ケンジ　静かにしてください。
ミキ　マミさん、もう少し詳しく言ってください。
マミ　なんかさ、一部の人に振り回されたくないっていうのもあります。
ヒロ　ちょっと、それどういう意味よ？
ケンジ　勝手にしゃべらないでください。
マミ　あたし、席替えはどこに座ったって同じだと思ってるから、くじで十分です。
ミキ　他はどうですか？
ケイコ　ほら、トモ、手を挙げて！
トモ　は、はい。
ケンジ　はい、トモさん。
トモ　あ、あの、班長はやる気のある人にやってもらうために、最初に立候補してもらって、あとはくじ引きがいいと思います。
アツシ　あ、それいいね！
アヤ　あたしもいいと思う。
リカ　なんで、トモも賛成してくれないの？
ユイ　ひどいよ、トモ。
トモ　ごめん。
ユウキ　あやまる必要ないよ。
トモ　えっ？
ケンジ　はいはい、勝手にしゃべらないでください！
ミキ　他はどうですか？
ケンジ　じゃ、今まで出た中から選ぶってことでいいですか？

みんな、いいでーす、えーなんか不利、など。

ミキ　では、「お見合い」と「くじ」と「班長決めてからくじ」の三つでいいですか？
アヤ　はい。
ミキ　アヤさん。
アヤ　私が出した「くじ」はやめます。トモの「班長決めてからくじ」にします。

リカたち、なにそれ、意味わかんない、等。

トモ　な、なんで？
アツシ　その方がいいよな。

ケイコ　トモ、いい風吹いてきたよ！
トモ　びっくりした。
ユウキ　自信持てよ。
トモ　うん。ありがと。
ユイ　ちょっと待ってください。班長にやる気があっても、気のあわない人ばっかだとまとまらないと思います。
ヒロ　トモはどうしてそのやり方がいいわけ？
ヤヨイ　そうよ。なんでいいの？
ケンジ　ちょっと、勝手に発言しないでください。
ミキ　トモさん、もう少し説明してくれますか。
トモ　はい……あの、あんまり関係ないことかもしれないけど。それにみんなは楽しみかもしれないけど、私……私は、席替えは怖いんです。

みんな驚く。

ケンジ　なぜですか？
トモ　せっかく今の班の人に慣れたのに、次の人とうまくできるのか、心配で。なんか、前はうまくいったけど、今度は表面的に話するだけとかだったら、どうしようって。
ナオ　トモ……
トモ　私が考え過ぎでおかしいんだと思うけど。やっぱり不安で。だから、やる気のある人が班長で先になってくれたら、どの班も良い雰囲気になるのかなって思って、提案しました。
ユウキ　同じクラスの中なんだから、あんまり心配しすぎなくても大丈夫だと思います。
トモ　そうしたいけど……
ユウキ　気にしないで、いろんなやつと話、してみなよ。
ナオ　大丈夫だよ、トモ。
トモ　ナオ。
ケンジ　じゃ、そろそろ席替えのやり方を決めたいんですが。
ナオ　はい。
ケンジ　ナオさん。
ナオ　それなら、二つしかないんだから、もう多数決でもいいと思います。
ケンジ　他の人はどうですか？　ないようなら、それでいいですか？

みんな、いいでーす、なんかがっかりなど。

ミキ　では、多数決で。
ケンジ　お見合いがいい人は？

リカ・ユイ・ヒロ・ヤヨイ、手を挙げる。

ミキ　班長を決めてからくじ引きがいい人は？

リカたち以外全員が手を挙げる。

ケンジ　では、トモさんの出した案で決定します。

みんな、拍手をする。

トモ　わ、決まった。うそみたい。あ、うそか。

みんな、ストップモーション。

ケイコ　うそじゃなくて、未来予想だよ。はい、みんなお疲れ！

みんな、イスを持って去る。

ケイコ　トモ、言えたじゃないか！　自分の力で！

トモ　ケイコさん、やったあ！

ケイコ・トモ、ハイタッチ。

トモ　うそでも嬉しいや。でも、あたし本当の場面でも言えるかな？

ケイコ　言えるに決まっているだろ!?　練習の成果だよ。

トモ　今はなんか、たまたまできた。賛成してくれる人もいたし。

ケイコ　人生敵ばっかりじゃないって。

トモ　アツシとか、アヤも、ユウキくんもナオもマミも賛成してくれた。

ケイコ　きっと明日もうまくいくさ。

トモ　……ほんとにそうかな、やっぱりできないかもしれない。

ケイコ　トモ、できないって思うから、できるに近づかないんだ。

トモ　えっ？

ケイコ　誰だって、最初からできる人なんていないよ。でも、あきらめないで続けるから、少しずつできるようになる。

トモ　能力とか、才能もあるよ。

ケイコ　確かに。でも、それだけじゃない。

トモ　ケイコさんはできるけど。だってケイコさんはスーパーおばあちゃんだもん。

ケイコ　そんなことない。フツーのおばあちゃんだよ。

トモ　仕事で海外を転々とするママの代わりに私を育ててくれてるし。

ケイコ　人はみんな、なにかしら事情があるよ。

トモ　私って、ママみたいに、将来仕事もバリバリできそうにないし。ケイコさんみたいにあれこれ人ともやりあえないし。ふたりのＤＮＡ、入ってないんだよ。

ケイコ　さっき言えただろ。

トモ　あれはたまたま。

ケイコ　親や姉妹だって、人は違う生き物だ。でも共通点もある。

トモ　かなわないなあ。

ケイコ　誰かと比較しないで、自分がどうしたいか、考えてほしいね。

トモ　なんで、そんなこと今日はたくさん言うの？

ケイコ　最近、忘れっぽくてね。思いついた時、言わないと。

トモ　ふうん。弱気発言だね。

ケイコ　そ。トモにもいつ突然お別れするか、わからないから。

トモ　何、言ってんの？

ケイコ　去年から毎日、できるだけ、これ、やってきたよね。

トモ　うん、妄想ごっこ。ちょうど一年前くらいからだよね。

ケイコ　……トモは気をつかって、なかなか本当の事を言わないから。

トモ　何それ？　毎日報告してるよ。

ケイコ　それ、本当の本当？

トモ　そ、そうだよ。今日だって。

ケイコ　本当にトモが経験したこと？

トモ　……

ケイコ　トモは。どこにいるの？　毎日？

トモ　……が、学校。

ケイコ　ん？

トモ　学校……学校の保健室か……一番端の建物の小さな会議室。

ケイコ　去年の今頃からだね。

トモ　何かね、教室入れなくなっちゃって。月に一回か二回くらい、ナオに言われた時は行くけど。あ、でも部活は結構出てるよ。

ケイコ　毎日夕方、家の近くの公園で、ナオちゃんと会ってるよね。

トモ　知ってたの⁉

ケイコ　ナオちゃんから、クラスの様子、聞いてたんだろ？

トモ　お見通しだったんだ。

ケイコ　そりゃ、スーパーおばあちゃんだから。

トモ　何よ！　ずっと、知ってて、知らんぷりしてたわけ⁉

ケイコ　トモが話せる時になったら、って待ってたんだけど、もう時間がなくてね。

トモ　ケイコさん……

ケイコ　あたしだって、うまくいかないこと、千個以上はあったんだ。

トモ　信じらんない。

ケイコ　最初から、おばあちゃんじゃないし。

トモ　あ、そうか。

ケイコ　いっぱい失敗したし、楽しいこともあった。だから、後悔してない。
トモ　すごいなあ。
ケイコ　違うよ。すごいんじゃなくて、自分に責任を持ったんだ。
トモ　え？
ケイコ　いつか誰かが、やってくれるわけじゃないから、自分で自分の人生を変えたかった。
トモ　…………
ケイコ　五年前、トモのお母さんから、海外勤務になったからトモの面倒をみてほしいって、頼まれた時、これは私の最後のチャンスだと思った。
トモ　最後のチャンス？
ケイコ　あたしもね、変わりたくても、変われなかったから。
トモ　じゃ、五年前から変わったってこと？
ケイコ　そう。トモのおかげ。
トモ　……
ケイコ　トモのスーパーおばあちゃんになりたかった。
トモ　もう、じゅうぶん、なってるよ。
ケイコ　じゃ、このまま覚えておいて。
トモ　どういう意味？
ケイコ　もう、スーパーじゃなくなる。
トモ　さっきからちょっと変。
ケイコ　悪いね。
トモ　なんか、あったの？
ケイコ　もうすぐいなくなるからさ。
トモ　ええぇ？
ケイコ　明日、お母さんが帰国する。
トモ　えっ？　ママが？　お正月でもないのに？
ケイコ　これからは一緒に暮らせるよ。
トモ　なんで急に？　ケイコさん？
ケイコ　私はね、もうそろそろ、一緒にはいられないんだ。
トモ　ちょちょっと、どういうこと？
ケイコ　いろんなこと、どんどん忘れちゃって。時々危ないんだよ。だから、今のうちに次の手を考えた。
トモ　いやだよ、そんなの。いつもずっといるって、5年前に約束してくれたじゃないか！
ケイコ　まあ、急にどうとかじゃないだろうけどね。でも、もう、ケイコさんでなくなるから、言えることはトモに伝えときたかった。
トモ　ケイコさんはケイコさんでしょ？
ケイコ　トモが誰かも、自分が誰かも、わかんなくなるよ、きっと。
トモ　いいじゃん、それでもずっと一緒にいようよ。
ケイコ　ありがとう。その気持ちで十分。
トモ　ケイコさん……やだあ……
ケイコ　だから、そういう後ろ向きなことはダメ。

トモ　ねえ、もう言わないから、いてよ。
ケイコ　うん。いるよ、ずっと。トモのここにね。
トモ　ケイコさん……
ケイコ　今日は、もしかしたら、ケイコさんとして最後の一日かもしれないね。
トモ　やだよぉ。
ケイコ　みんな、順番なんだよ。順番に年をとるんだ。
トモ　やだ、やだ、やだ！

暗転。音楽。

トモ、上着を着て、舞台中央にケイコのノートを持って立っている。

トモ　あれから、もう五年。私は今、地元の大学に通っています。もちろんケイコさんも元気です。ケイコさ〜ん、カモン！
ケイコ　私のこと、呼んだ？（ふたり、ハイタッチ）
トモ　ケイコさん、中学時代は本当に、お世話になりました！
ケイコ　いえいえ、どういたしまして！
トモ　あの後、少しずつ、教室にも入れるようになったし、ケイコさんにもらったパワーを使って、人並みの生活以上の生活ができてます！
ケイコ　何の話？
トモ　大学では友達もたくさんできたし。ま、正直まだ、人の中に入っていくのは、自信はないけど。
ケイコ　弱気は損気って言っただろ？
トモ　うん、その通り。
ケイコ　あたしがついてるんだから、大丈夫！
トモ　うん。すごくたくましい応援団長だよね。
ケイコ　誰が？
トモ　ケイコさんが。
ケイコ　そうかい？
トモ　そ。さっき、大学の友達にもその話してたんだ。
ケイコ　あれ、中学でしょ？
トモ　あ……そうだったね。
ケイコ　言いたいことはっきり言った？
トモ　もちろん。
ケイコ　ちゃんとバドミントン部の先輩にも？
トモ　言ってるよ、安心して。
ケイコ　あーよかった！
トモ　ケイコさん、ありがとう。
ケイコ　やだ〜、板橋さん、ケイコって誰？
トモ　えっ!?　えっと……私が一番好きな人！
ケイコ　そう、よかったねえ。
トモ　うん。ケイコさんのおかげで幸せ。
ケイコ　その人、いい人なんだね。

トモ　とってもね！

ケイコ　マックスってことでしょ、それ？

トモ　そう、よく覚えてるんだね！　嬉しい！……ねえ、散歩に行こうか？

ケイコ　あら、板橋さんも、忙しいんじゃないの？

トモ　はあ。(ため息をしそうになるが、やめて息を吸って)ふーう。全然かまいませんよ。私も楽しいから！

ケイコ　そう？　ありがたいねぇ。

トモ　さあ、行きましょう。

ふたり、腕を取って、微笑みあって歩き出す。音楽。

――幕――

～オクリモノ～

生きることに無意味さを感じていたなつ。母親の負担になるだけなら、
生まれない方が良かったのかもしれない、ともつい考えてしまう。
ふとしたことから、自分のこれまでを振り返ってみることに。
そこで、なつは新しい自分を見つけて、次のステップへ進んでいくことに……

キャスト

なつ（なっつ）
マキ
よしみ（母）

ハル
アキ
フユ

こども①
こども②
こども③
こども④
こども⑤

小4①
小4②
小4③
小4④
小4⑤

さっちゃん

プロローグ

音楽そして幕開け。
舞台上手にベッド。そのそばに、マキとよしみが座っている。

ナツ あれ？　ここはどこ？（あたりを見回して）あ、お母さん、マキ⁉　えっ、何言ってるの？　お母さん、お母さんってば！　マキ、マキ、こっちむいてよ‼　このベッドに寝ているのは……あたし⁇　うそ、なんで⁉
ハル こんにちは。
なつ えっ？
アキ こんにちは。
なつ ……
フユ こんにちは。
なつ ……こ、こんにちは。あの……あなたたちは……
ハル ようこそ、この世界へ。
なつ ここって、どこなんですか？
アキ そんなことより、あなたの具合は？
フユ 気分はどう？
なつ あの、なんか、ふわふわして変な感じで。
フユ いいんだよ、それで。
なつ なんで、私、寝ているんですか？
ハル あれ、覚えてないの？
なつ えっ？
アキ ここに来る前のことですよ？
なつ 私……何も覚えてない。
フユ じゃ、ちょっと思い出してみましょうね
なつ 思い出すって？
ハル 思い出すのがいいこともあるし。
アキ 思い出さない方がいいことも。
フユ でも、思い出と一緒に生きていかなきゃ。
ハル さあ、いきますよ。

音楽。暗転

第1場

舞台全体に照明・朝の登校途中の道端

よしみ なつ、ちょっと待って。（追いかけてくる）
なつ うるさいなーもう。
よしみ 今日先生に進路カード、出す日なの？　今、隣の佐藤さんに聞いたけど。
なつ じゃ、「未定」って書いとく。
よしみ 未定って、話しあってもないでしょ！
なつ だって、お母さん、忙しいし、話すヒマなかったし。

よしみ　せめて進路カードのことくらい、なつが早めに……
なつ　もう、わかったよ。だから、とりあえず未定。
よしみ　それじゃ、話にならないわよ。
なつ　行ってきます。お母さんも早く仕事行きなよ。
よしみ　なつ、なつ!!　もう、本当に……

なつ、そのまま歩き去り、よしみ戻る。
他にも登校中の生徒が何人か通り過ぎ（途中も通り過ぎる）、マキが走ってくる。

なつ　進路とか、どうでもいいし。
マキ　なーっつー!!
なつ　あ、うるさいの２号。
マキ　なーっつーってば！　おっはー！
なつ　おはよ。
マキ　テンション低。やあだあ。
なつ　人のテンションに文句言わない。
マキ　だってさー、なっつが朝からそういう時はさー。
なつ　え？
マキ　お母さんとなんかあったでしょ？
なつ　別に。
マキ　いやあ、絶対なんかあったね。
なつ　ほっといてよ。
マキ　わかった！　宿題やるの忘れた？
なつ　……
マキ　この前の小テスト、ボロボロだったことを言った？
なつ　……
マキ　あれえ？　あ～進路カード、まだちゃんと渡してないんだ。
なつ　ちょ、ちょっとマキ。
マキ　やっぱ、あたり！　ダメじゃん、なっつ。
なつ　お母さん、忙しくて、話できなかった。
マキ　相模川高校一緒に行こうよぉ！
なつ　もーとにかく今は未定。
マキ　進路カードだけはちゃんと話し合って出さなきゃって、昨日も言ったのに。
なつ　うるさいな、ほっといてよ。
マキ　中３、二学期の最重要アイテムなのにさ。
なつ　はーぁ。
マキ　元気出しなよ～なつなつなつ、ここなっつ！　ほら、なっつのテーマソング！　なっつのお父さんが好きだった歌でしょ♪
なつ　……あたし、やっぱ進路とか、どうでもいいし。
マキ　いきなり何言ってんの？
なつ　あんまさ、今楽しいこと、ないし。
マキ　この前、カラオケ楽しかったじゃん。
なつ　うん。その時はね。でも、マキみたいに、ずっと楽しくできない。

マキ　あんた、朝から何なのその展開？
なつ　あたし、別にいつ消えてもいいかなって。お母さんも楽になるし。
マキ　悲しむに決まってるよ！　この前も言ったじゃん。
なつ　そうかな。仕事して、ひとりで子育てしてクタクタだし。
マキ　それがおばさんの生き甲斐でしょ！
なつ　高校にも全然、楽しみとか、期待とか、わかない。
マキ　おかしいよ、なっつ。ふつうさ、高校って言ったら、こうバラ色の展開でさ。あっ、すみません。ええ大丈夫です。えっお礼にマックでも？　いや～そんなあ～きゃあ～出会いとときめきが～もう～!!
なつ　わかない。
マキ　あんた、幼なじみだと思ってたけど、もしかして四十五歳？
なつ　八十歳かもしれない。
マキ　重傷だわ。
なつ　……だからさ、マキみたいに周りを明るくする人は長生きしてさ、悪いことする人とか、あたしみたいなやる気ない人は消えればいいわけだよ。
マキ　なっつ!!
なつ　死んじゃおうかなって、時々思うけど。
マキ　そんなこと言ったら、許さない。
なつ　え、誰が？
マキ　あたしが、許さない！
なつ　なんで朝からそんなに熱いの？
マキ　うるさいっ。根性たたきのめしてやる！（なつの腕をつかむ）
なつ　ちょ、ちょっと、やめてよ。
マキ　そんなこと言う人は、バチがあたるんだからね。
なつ　だから、いいよ、バチがあたっても。
マキ　ふざけるな、こら、なっつ。
なつ　あたしに本気で何か言うとか、時間の無駄だよ、マキ。
マキ　まだ言うかーこの――。

なつ、ふりきって逃げる、一旦二人とも下手へ去る。

救急車の音。

なつ　なんでこんなことに。あ、マキ、危ない!!（なつ、下手へ戻る）
マキ　（声のみ）なっつ、なっつ!!　しっかりして！　いやだあー!!

暗転

第2場

舞台全体に明るい照明

なつ　思い出した……そうだ……マキがぶつかりそうになって、私……

フユ　えらいねえ。友達をかばって代わりにぶつかるなんて。

なつ　別に……消えてもいいやって思ってたから。

ハル　珍しいねえ。ふつうはもっと生きていたい、とか言うのに。

なつ　私……死んだ……んですか？

アキ　正確に言うと、まだ生きてますよ、一応。

なつ　一応？

フユ　でも、時間の問題かな。

なつ　もうすぐ死ぬ、ってこと？

ハル　どうでしょうね。

なつ　そうか……消えるんだ。

アキ　あれ、消えるのやっぱり残念？

なつ　そういうわけじゃないけど。

フユ　なんか、思い残したり、言いたかったこと、ある？

なつ　別に。

ハル　あなたって、クールでドライねえ。

なつ　えっ。

アキ　ですが、ここにいる間にあなたはやることがあるんです。

なつ　やること？

フユ　そう。あなたはちょうど命のボーダーラインにいるんです。

ハル　ここは、そういう子どもたちの休憩所なので。

アキ　次をどう生きていくのか、考えてもらう場所なんです。

なつ　どう生きる？

フユ　それを自分で考えて、次のステップへ行ってもらいます。

ハル　まあ、元の生活に戻るのか、どう次の人生を選ぶのか。まず本人が判断してから、私たちも採決します。

アキ　ちょっと人生の振り返りを！

フユ　人生の見直しを！

ハル　いいことも悪いことも！

ハル・アキ・フユ　それが～人生♪　人生♪　じーんーせーいー♪

なつ　あの、意味がよくわからないんですけど。

ハル　まあ、まずは私と一緒に行きましょう。（アキ・フユ去る）

なつ　行くって、どこへ？

ハル　いいからついて来て。

暗転

第3場

上手側でこどもたちが公園で遊んでいる。明るい春の昼下がり。

下手側になつとハル。

こども1 ねえ、それお城？
こども2 ちがうよ、すいか。（こどもたち笑う）
こども3 えーー私、ビーチボールかと思った。
こども4 ビーチボールって何？
こども5 ビーチボール知らないの？
こども1 海とかで遊ぶときのビニールのボール。
こども2 知ってる！うちに青いのがある！
こども3 うちにもある！
こども5 うちのは白いよ！
こども4 うちにはない。
こども1 だって、海行かないから。
こども2 海行かないとか、ないよね。
こども3 なくても、いいじゃん。
こども1 あるのがふつう。
こども4 うち、ふつうじゃないの？
こども2 ふつうじゃないよ。
こども5 ふつうじゃないね。
こども1 お母さんしか、いないでしょ。
こども3 でも、お母さん、やさしいよね。
こども4 うん、やさしい。
こども1 だけど、お父さんいないよね。
こども2 なんでいないの？
こども4 わかんない。
こども1 うちのママが言ってたけどさー。
こども3 ねえねえねえ、大きなお城をみんなでつくろう。
こども1・2・4・5 うん！（みんな夢中になってつくり始める）
ハル すごい会話だよねー、あの子たち。
なつ えっ、聞こえちゃう！
ハル あ、大丈夫。私たちの姿は見えないし、声も聞こえないから、安心して。
なつ そうなの？
ハル 私たち、空気みたいな感じ。
なつ ふうん。子どもってあんなブラックな会話するんだっけ？
ハル ある意味、ストレートだからね。
なつ あの端の子、意地悪な感じ。
ハル なんか、思い出す？

なつ　え!?
ハル　あれ、あなたの五歳の時のこと。あの中のひとりがなつさん。
なつ　私？　どの子だろ？　でもそんなこと、あったかなあ？
ハル　じゃあ、もうちょっと見てみて。
こども1　わーい、できた!!
こども2　すごーい！（みんな拍手）
こども3　先が尖っていて、かっこいい。
こども4　ここもかっこいい。
こども5　なんか似てる！
こども1　シンデレラ城みたい。
こども2　あたし、もう五回もディズニーランドに行ったよ！
こども3　すごーい。まだ二回しか行ったことがない。
こども1　あたしも、二回だけ。
こども5　あたしなんか、一回だけ。
こども4　……私、一回もない。
こども1・2・3・5　えーっ！
こども1　それって、ありえないよ。
こども2　ふつう、行くでしょ。
なつ　出た、意地悪攻撃。
ハル　子どもってコワイですね。
こども1　一回以上、ディズニーに行ったことがある人？
こども1・2・3・5　はーい。
こども1　一回もない人？
こども4　……はい……（泣き出す）
なつ　ひどい、ひどすぎるよ、こんなの！
ハル　なつさん？
なつ　やだ、あたし、こんなの見たくない！
こども3　ねえねえ、来年幼稚園のお別れ遠足で、みんなでディズニーに行くよ！　みんな知ってた？
こども1・2・5　知らなかった！
こども3　だから、来年、一緒に行こうね。（手をつなぐ）
こども4　うん。（微笑む）（こどもたち、去る）
なつ　……あれが、私だ。海にも、ディズニーにも連れて行ってくれないって、うちに帰ってから泣いた気がする。
ハル　他に思い出すことはある？
なつ　ううん。でも、かばってくれた子もいたんだなって、今わかった。
ハル　そう、よかった。じゃあ、次に行こう。

暗転

第4場

明るい秋の夕方。小学校のグラウンド。

なつ　なつかしい。ここ小学校のグラウンド。
アキ　今度は私が担当しますよ。
なつ　あ、どうも。でも、どうしてこんなこと？
アキ　ちゃんと自分の過去を振り返ってから、次のステップに行ってもらうんで。
なつ　ふうん。そうなんだ。

子どもたちが走ってくる。

小４①　ねえねえ、今度私のお誕生会やるから、みんなで来て！
小４②・③・④・⑤　わーい。うれしい。等々。
小４②　プレゼントは何がいい？
小４①　なんでもいいよ。あ、かわいいペンとかポーチがいいな。
小４③　じゃあ、キャラクターとかリクエストある？
小４①　うーん、キティとかディズニーのかわいいのが好き。
小４④　リラックマは？
小４①　ちょっと幼いかな。
なつ　小学生のくせに、えらそう。
小４⑤　じゃ、ミッフィ？
小４①　それ、妹とかぶるから、パス。あ、さっちゃん！
さっちゃん　え、なあに？
小４①　今度私のお誕生会やるから、来てくれる？
さっちゃん　うん。いつ？

ふたり話しこんでいく。

小４②　好み、結構厳しいよね。
小４③　みんなでお金出し合って、あげる？
小４④　それいいかも。
小４⑤　でも、あの子、ほとんど持ってるから、新作ねらわないと。
小４②～⑤　そうだよね～。
なつ　会話だけ聞いてると、中学生みたい。ませた小学生！
アキ　あなたもいますけどね。
なつ　え、いるの？　全然覚えてない。
アキ　十歳の小学校四年生の時のあなたですよ。
なつ　え～っ。
小４②　じゃ、今度の土曜日に買いに行かない？
小４③　うん。いくらにする？
小４④　百円ずつでどう？
小４⑤　安すぎでしょ？
小４②　もうちょっと出さない？
小４③　思い切って五百円！

小４④　えーそんなに？
小４⑤　だってパーティだし、ご馳走になるんだからさ。
小４②　お母さんに言えば、出してくれるかな。
小４③　あそこの家、リッチだもんね。
小４④　五百円は……ちょっと無理。
小４⑤　えーなんで？　なんとかしてよ。
小４④　じゃ、私、行かないから。
なつ　これ、もしかして私？
小４②　じゃあさ、二百円ずつにしない？
小４③　安くない？
小４⑤　四人で八百円だよ。
小４②　それなら、キティの新型のペンケースが買えるよ、この前見たけど。
小４④　そうなの？
小４③　あたしはいいよ。
小４⑤　新作なら、いっか。
小４④　二百円なら……なんとかなる。
小４②　じゃ、決まり！　土曜に二百円ずつ持って、一時に駅に集合！
小４②〜⑤　オッケー！（こどもたち、去る）
なつ　なんか、解決能力高い人が、ひとりいると違う。
アキ　なつかしい？
なつ　それが……全然思い出せない。なんでだろ。
アキ　誕生パーティは？
なつ　ご馳走だったのは、覚えてる。キティのペンケースも何となく。
アキ　まあ、子どもの時の記憶って、そんなものだから。
なつ　五百円なら行かないって、言ったのが、やっぱり私かな。
アキ　そんな気がする？
なつ　うち、お金ないから、お母さんに負担かけたくなかったし。
アキ　そう。
なつ　私を助けてくれたのは、マキ？
アキ　さあ、それは私にはよくわかりませんが。
なつ　いつつも、かばってくれてたんだ……マキ……
アキ　じゃあ、最後のステップに行きましょう。
なつ　もう最後？
アキ　そう、今、十五歳の、あなたの世界へ。

暗転

第5場

事故前日の下校途中。なつとマキが話しながら、歩いている。

マキ　なっつ、もう進路カード出したの？

なつ　……まだ。
マキ　はぁーん。
なつ　何？
なつ　その言い方だと、まだおばさんにも見せてないでしょ。
マキ　そ、そんなことないよ。
なつ　なっつ、私はお見通しだからね！
マキ　あーもーうるさい、うるさい。
なつ　……あたしは、近場の相模川高校にしようかなって。
マキ　え、相模川高校？
なつ　うん。先輩もいいって言ってたし。部活やバイトも近いとやりやすいしね。
マキ　マキ、バイトするの？
なつ　そりゃあね。うちさ、下に弟・妹って続くしさ。
マキ　ふうん。ちゃんといろいろ考えているんだね。
なつ　当たり前でしょ。なっつが考えなさ過ぎなの！
マキ　あーあ、やっぱもう消えちゃおうかな。
なつ　こら、何言っての、もう！
マキ　えらいよなあ～マキ。
なつ　あとさあ、高校に入ったら、軽音部に入ろうかなって。
マキ　け、軽音部？
なつ　うん。ギターとかやってみたいし。
マキ　ギター持ってないのに？
なつ　だから、バイト代で買うんだ。
マキ　へえ。
なつ　もうバイトもばりばりがんばって、部活と両立！　そして家計も助けるんだ！
マキ　マキってちゃんと考えてるんだねえ。
なつ　ねえ、なっつも歌うまいしさ、一緒に軽音部入ろ。
マキ　そんな、急に。
なつ　なつなつなつ、ここなっつ♪
マキ　あたし、高校だってまだ決まってないって。
なつ　いいじゃん、相模川高校で♪
マキ　私、無理じゃない？　成績足りないし。
なつ　今からがんばろうよ。
マキ　マキ……。
なつ　なっつぅ。うちら、一緒の方がパワー炸裂だよ！
マキ　……。
なつ　ねえ、今日帰ったら、絶対おばさんと話しなきゃ。
マキ　マキ、あたし、マキと同じ高校は行けないと思う。
なつ　そんなの、まだ今は決めないでよ、なっつ。でも行きたくないの？
マキ　……そりゃあ、行けるなら……行きたいけど。
なつ　じゃ、十二月に成績出るまで、とにかくやるだけやってみようよ。
マキ　……。
なつ　あたしが、なっつと一緒に、同じ高校行きたいんだ。
マキ　マキ？

マキ　なっつがいないと調子出ないし。
なつ　マキなんか、あたしよりたーくさん、友達もいるじゃん。
マキ　たくさんいりゃー、いーってもんじゃないよ。
なつ　何それ？
マキ　一番大事な友達とずっと一緒にいたいんだよ、あたしは。
なつ　マキ……
マキ　なっつと私。相模川高校でも最強のペアになろうよ。
なつ　……自信ないな。
マキ　もうっ、マイナス思考禁止だからね！
なつ　あーやっぱ消えちゃおう、うるさいマキから。
マキ　こら、なっつ！　いい加減にしろ！
なつ　ぐーでなぐらないでよ！
マキ　お仕置きだー！

ふたり、笑ったあと、マキ、そのまま病室のイスへ。

なつ　そうだ、忘れてた。あの時、事故の前の日だ。初めて、私、マキと同じ高校にすごく行きたいって思った。
フユ　どうして？（さりげなく登場）
なつ　マキが、マキが私を必要としてくれたから。
フユ　思い出したんだね、なっつ。
なつ　えっ？
フユ　あっちも見てごらん。

病室に照明。ベッドで寝ているなつを、よしみとマキが見守っている。

よしみ　なつ、なつ、目をさまして。
マキ　おばさん、私のせいで、なっつが……ごめんなさい。
なつ　マキ……
フユ　あなたはこの三日間、意識が戻らないままなんです。
よしみ　大丈夫よ、マキちゃん。もうそれは言わないでね
マキ　でも……あの時私がかっとしたから、こんなことに。
よしみ　マキちゃんがなつのために言ってくれたの、わかってるから。
マキ　おばさん、せめて私にも、もう少し看病させてください。
よしみ　ありがとう、マキちゃん。でも、もう遅いから、帰らなくちゃね。
なつ　マキ……お母さん……
よしみ　あら、やだ。（携帯のメールを見る）マキちゃん、悪いんだけど、ちょっとナツをお願いしていい？
マキ　あ、はい、大丈夫です。
よしみ　ごめんなさいね、仕事先に連絡しなくちゃいけなくて。すぐそこのソファにいるから。
マキ　何かあったら、マッハで知らせます。

よしみ　ありがとう。じゃ、ちょっとだけ、お願いね。
マキ　はい、まかせてください。

よしみ、病室を出る。

マキ　……なっつ、絶対だめだからね。
なつ　マキ……
マキ　絶対になっつの思い通りになんか、させないから。
なつ　え、なんのこと？
マキ　そう簡単に消えたりできないんだから。
なつ　ああ。
フユ　マキさんて、いい人だねえ。
なつ　うん……すごくいい友だちなのに……私、わかってなかった。
フユ　え？　何が？
なつ　私、すごく幸せだったのに、何もわかってないかった。
マキ　なっつ、元気になったら、私が根性鍛え直してやる！
なつ　マキ……
マキ　あと、いつも宿題ぎりぎりにしかやらないとか、高校生活に夢を持てないとか、そういう、なっつの後ろ向きのところをがっつり直してやる！
なつ　うん……
マキ　死んじゃいやだ、絶対いやだ。なんで口うるさい私をかばったの？
なつ　マキが大切だから。
マキ　返事してよ、なっつ！
なつ　マキには絶対死んでほしくなかったから。（泣く）
フユ　なつさん？
なつ　いつもいつも、マキだった。砂場でも、誕生日プレゼントの時も、それ以外でも。マキが私をずっと助けてくれた。（泣く）
フユ　あのね、ひとつ誤解しているよ。
なつ　えっ？
フユ　誕生日プレゼントの時、かばっていた方が、なっつだよ。
なつ　そんな？
フユ　パーティに行かないって、言ったのが、マキさん。
なつ　てっきり私かと思った。
フユ　うん。人ってさ、やったことは忘れちゃうけど、やられたこととか、やってもらったことって、忘れないんだよね。
なつ　私が……マキを庇ったの？
フユ　そう。マキさんは、今でもなっつにずっと感謝しているよ。だから、いつもなっつの味方なんじゃないかな。
マキ　なっつ、なっつ……
なつ　マキ、ごめんね。あたし。あんなことしか言わないのに……ずっと支えてくれてた……全然わかってなくて。ご

めんね。（マキの肩に手をかける）

マキ　え、なっつ？

よしみ、戻って来る。

よしみ　マキちゃん、ありがとう。

マキ　あ、おばさん。今、なっつがうなずいた気がしました。

よしみ　そう!?　意識、戻るわね、きっと。すっかり暗くなってしまって。こんな時間までありがとうね、マキちゃん。

マキ　また、明日も学校の帰りによります。

よしみ　無理しないでね。

マキ　大丈夫です。おばさんこそ、無理しないでくださいね。

マキ、よしみにあいさつをして病室を出る。

なつ　お母さん。

よしみ　……なつ、目を覚まして。もし、眠っていたいのなら、もう少し寝ていてもいいのよ。でも、絶対に死んではいや。

なつ　……お母さん……

よしみ　ごめんね、お母さん、仕事で忙しくて、なつの話、ちゃんと聞いてなかった。

なつ　違うよ、いいんだよ、私が悪かったんだから。

よしみ　なつが生まれてすぐ、お父さんが死んでしまって。本当に苦しかった。でも、がんばれたのはなつのおかげ。

なつ　お母さん、私、ちっともいい子じゃなかったのに。

よしみ　なつは神様からの贈り物……なつがいなくなったら、お母さんどうしていいかわからない。

なつ　……

よしみ　神様！　どうかこの子を私から取らないで!!

なつ　……

よしみ　私の命は差し上げますから。代わりにこの子を助けてください。でも、でも、待ってください。あと五年、この子が二十歳に成人して、ひとり立ちするまで、なつを育てさせてください。二十歳になったら、すぐ私の命を取ってください。だから、なつを連れていかないで！　お願い!!!

なつ　お母さん、お母さん……私、死にたくない。

フユ　え!?　今なんて？

なつ　私、死にたくない。お母さんの子どもで迷惑かけるけど、生きていたい。

フユ　消えてもかまわないって、言ってたけど？

なつ　いやだ！　あたしマキと一緒に高校生になって、軽音部に入るんだ！

フユ　他にやりたいことは？

なつ　ある！　お母さんとマキに言いたい。ううん、言わなきゃ。

フユ　何て？

なつ　今まで、ごめんね……、って。あ、あと、ありがとう、も！

フユ　そう……

なつ　お母さん……マキ……

暗転

第6場

明るい世界。なつ、ハル、アキ、フユがいる

ハル　では、なつさん、自分を振り返って、どうでした？

なつ　たくさんわかりました。

アキ　たとえば？

なつ　私はすごく幸せで、お母さんも友達にも恵まれていて。

フユ　他には？

なつ　あの人たちと、一緒に生きていきたいです。

ハル　消えてもいいって言ってましたね？

なつ　私、わかってなかった。間違ってました。

アキ　やる気ないんでしょ？

なつ　今は違います。マキほど前向きにはなれないかもしれないけど、きっと変われると思います。

ハル　自信があるのですね？

なつ　はい。私、自分なんかどうでもいいと思ったけど、私にはすごく大切な人がいて、そんな人たちを悲しませたくないし、一緒に生きていきたいんです。

アキ　それがわかったのはよかったです。

フユ　でも、生きていたら、きっとまたいやなことやつらいことがあるよ。

ハル　面倒くさくて、逃げたくなるし。

アキ　また消えたくなるかもしれませんよ。

なつ　私、勇気をもらったから、逃げません。

フユ　本当に？

なつ　絶対に。

ハル・アキ・フユ　……

なつ　お願いです。私を元の世界に戻してください。

ハル　では、決める前に、あなたに一つだけ、先に言っておきます。

なつ　はい。

ハル　交通事故のせいで、一命をとりとめても、あなたには、重い障害が残ります。前と全く同じ生活はできないのですよ。

なつ　えっ？　どんな？

アキ　私たちにも詳しくはわかりません。

フユ　それでも、やっぱり戻りたい？

なつ　あたし……どうしよう……

フユ　断って、しばらくここにいて、次の人生を選んでもいいんだよ。

なつ　そんな……

アキ　今なら決められるから。

なつ　えっ？

フユ　そうだよ。戻らなくても、きっとよしみ、いやお母さんはわかってくれるさ。

なつ　私……

アキ　前と同じじゃないんですよ。

ハル　なつさん、冷静によく考えて。

なつ　どうしよう。戻りたいけど。私がいることで、お母さんやマキがもっと辛くなったら⁇

幻のこどもたち登場。楽しそうに遊びながら。

こども①　ねえねえ、また遊ぼうよ。

なつ　えっ⁇

こども②　でも、なっちゃんとミッキーの話はあわないよね。

こども③　そうそう、だって知らないからさあ。

こども④　でもなっちゃん、やさしいよ。

こども①　うん、やさしいね。

なつ　誰が？　あたしが？

こども②　この前。お絵かき手伝ってくれた！

こども③　あたしがジュースこぼした時、すぐにふいてくれた！

こども④　なっちゃん、やさしいね！

なつ　そんなことしたっけ？

こども①　誕生日プレゼントの時、あたし助けてもらったの。

こども②・③・④　へえーそうなの？

なつ　それって、マキなの？

こども①　うん、私がね、参加できるように言ってくれたの。

こども②　なっちゃん、すごいね。

こども③　マキちゃんも、嬉しかったね！

こども①　うん、すごくうれしかった！

なつ　やっぱり、マキなんだ。

こども④　なっちゃん、いつも自分のことを後回しだね。

こども②　そんなに遠慮しなくていいんだよ。

なつ　あたし、遠慮なんかしてないよ。

こども①　自分らしく、我慢しないでね、なっつ。

なつ　マキ……

こども②　そうそう、好きなこと、しなきゃ。

こども③　お母さんにも、気をつかい過ぎ！

こども④　そうそう、我慢しすぎ。

なつ　そんなことないよ！
こども①　お母さん、嬉しいよね！
こども②　そうそう。なっちゃんが走っても、転んでも。
こども③　泣いても。笑っても。
こども④　こどもがいるだけで、親ってうれしいんだよ。
こども①　なっつ。誰にも遠慮しないで。
こども②　我慢しないで。
こども③　自分の道なんだから。
こども④　好きに選んでいいんだよ！
こども①　なっつ！
こども②・③・④　なっつ！
こども①　また遊んでね！
こども②・③・④　またね！　バイバイ！

こどもたち、去っていく。

なつ　私……私……
ハル　なつさん、どうしますか？
なつ　きっと、お母さんとマキは、私を待っていてくれる
……
フユ　なっつ、よく考えるんだ。
なつ　たぶんお母さんやマキに、もっともっと迷惑かけちゃう……でも……自分の体が前とちがっていても、やっぱり私、あそこに戻りたい！
アキ　どうして？
なつ　よくわからないけど。だけど、いいこともつらいことも、どこに行ったたって、きっとあるのなら……それなら、私はあのふたりがいる所がいい。
フユ　よく言った、さすが私の……
ハル　では、みなさん、最後は私たちの採決です。なつさんを戻したい人は彼女の肩に手を置いて。

ハル・アキ・フユ、なつの肩に手を置く。

ハル　あなたには、ここに残ってもらいたかったな。次に来る人に、学んだことを伝えてほしかったんだけれど。しょうがないですね。
アキ　あなたにそういう気持ちがあるなら、大切な人がこれからも増えるはずです。
フユ　なつなつなつ、ここなっつ♪　さようなら、なっつ。
なつ　えっ？（フユ微笑む。フユとなつ、見つめ合う）
ハル　では、あなただけの人生を！

音楽。明転。なつ、出て行く。

よしみ　なつ、なつ!!
マキ　おばさん、なっつが目を覚ました!!

よしみ・マキ泣いている。

なつ　お母さん……マキ……ごめんね、あと、ありがとう。

暗転

エピローグ

明るい世界再び。ハル、アキ、フユがいる。音楽そのまま。

ハル　今回のボーダーラインの子はたくましく成長したわね。

アキ　誰かが自分のことを思ってくれているってわかると違うね。それにあの子なら、ハンディを乗り越えられるよ。

ハル　あなた、危なかったわよ。ルールはルールなんだからね！

フユ　ごめんごめん。つい嬉しくて。

ハル　まあ、どうせここでのことはすぐ忘れちゃうだろうけど。

フユ　なっつ。なんていい子に育ったんだ。よしみ、ありがとう。

ハル　さあ、まもなく次のボーダーラインの子どもが来るわよ。

アキ　今度は自殺未遂ね。

フユ　よぉし、生きてることの素晴らしさを教えてやるぞ！

ハル　だめよ、本人に気がつかせないと。

アキ　まあ、それを言うなら、生きて元気な時に気がついてもらいたいわね！

フユ　全くだよ。どうして近くの大人が教えてやらないのかな。

アキ　だから、私たちの仕事があるのかしらね？

ハル　さあさあ、お仕事の準備よ‼

アキ・フユ　はいっ！

音楽盛り上がって。三人楽しそうに打ち合わせをしている中、車椅子のなつをマキが押しながら登場。軽音部の一員として明るく歌いながら。

――幕――

タカシとチヒロの夏休み

夏祭りはタカシとチヒロの姉弟にとって、とても楽しみな１日。
いつもお腹を壊すほど食べ過ぎてしまったり、大好きな射的を練習したり、
タカシは一生懸命に夏祭りに行けるようチヒロに頼み込む。
姉としては立派なチヒロだが、
友人からは、ある時から、嘘つきと呼ばれるようになっていた……
それはタカシとの悲しい思い出が原因だった……

キャスト

チヒロ
タカシ
ワタル

ヤヨイ
サキ
カンナ
ナミ
リカ
アイ
マサミ

マユ
ネネ
ミミ
ユカ
リコ

ケン
ユウジ
ハヤト
アツシ
タロー
リリ
サヨ
ユリ
マイ
カヨ
ナミ
リョウ

ユミ

プロローグ

舞台全体明るく　音楽とともに

夏祭りのアトラクションで踊っている二人。

たくさんのこどもたちが盛り上がって見ている。

チヒロとタカシ、中央奥で話している。

他の子どもたちが去るとこれから出かける子どもたちが前へ。

リリ　ねえねえ、次はくじ引き行こう！

サヨ　え——私、輪投げやりたい！

ユリ　焼きそば食べないの？

マイ　私、全部やりたい！

カヨ　私、全部食べたい！

ナミ　私も！

リョウ　私も！

子どもたち七人、「よくばり〜」「やだ〜」と笑いながら去る。

チヒロ　あーあ。今年も食べ過ぎちゃいそう。

タカシ　ねーちゃん、ねーちゃん！　何言っての？

チヒロ　あんたがいつも食べ過ぎるから心配。

タカシ　そんなことないよお。

チヒロ　よく言うよ。

タカシ　ねーちゃんだって、僕の三倍食べてるよお。

チヒロ　なわけないじゃん。

タカシ　だってえ。

チヒロ　ほら、綿アメ、いらないの？

タカシ　いるいるいる！

チヒロ　じゃ、行くよ！

タカシ、走り出す。

チヒロ　あっ、ちょっと待ってよ、タカシ！

ふたり、下手へ走り去る。

音楽大きくなる。

明転

第1場

舞台全体に照明

七月末の境内近くのベンチ。お祭りのお囃子の練習へ出かけるの途中のヤヨイたち。
塾へあわてて行くチヒロと出会う。

ヤヨイ　チヒロ、ちょっと。
チヒロ　え、何？
サキ　なんでヤヨイのこと犯人扱いしたわけ？
カンナ　「おもしろいから、やったんだー」なんて言ってないし。
チヒロ　ああ、あれ。
ナミ　ああ、あれ、じゃないよ。ヤヨイに謝んなさいよ。
チヒロ　そんなつもりで言ったんじゃないんだ。
リカ　じゃ、どういうつもり？
チヒロ　ゴメンゴメン。
ヤヨイ　いっつも、そう。その場しのぎのウソばっか、言って。
チヒロ　あやまったから、もういい？　塾におくれちゃうんだ。
サキ　そういう態度が気にくわないのよ。
チヒロ　おもしろいからやった、って言ったら怒る？
七人　はあ？
チヒロ　悪気はないからさ、勘弁して。
ヤヨイ　本気で言ってんの？
サキ　ユウタとか、みんなダマされて信じちゃって、ラインでも1組中の噂だし。
チヒロ　へえ、すごいね、ラインって。
カンナ　ちょっと、どういうつもり？（チヒロの肩を押す）
ナミ　やめなよ。また話を大きくされるよ。
チヒロ　じゃ、もう私に関わらないで。
リカ　何様のつもり？
ヤヨイ　なんなの、チヒロ。小学校の時とは別人だよ。
チヒロ　私は前からこうだよ、ヤヨイ。
ヤヨイ　……
リカ　あ、先輩。
アイ　みんな、どうしたの？　なんかちょっとイヤな雰囲気なんだけど。
ヤヨイ　何でもないです。
アイ　これから、お囃子の合同練習でしょ？
カンナ　はい、今行くところです。
ヤヨイ　じゃお先に失礼します。みんな、行こ。
サキ　いいの、これで、ヤヨイ？
ヤヨイ　（チヒロを見て）もういいよ。

五人の生徒たち、離れる。

アイ　チヒロ。
チヒロ　あ、はい。
アイ　今度は、ヤヨイたちとトラブったの？
チヒロ　あーいえー。
アイ　みんな小学生の時は仲良しだったじゃない？
チヒロ　先輩にみんなで太鼓教えてもらいました。

アイ　先月はミドリ区のヤスアキたちともめてたし。大丈夫なの？
チヒロ　何がですか？
アイ　人ともめるって、エネルギー要ることじゃない。
チヒロ　はあ。
アイ　私だったら、疲れちゃうな。
チヒロ　先輩、心配は無用です。
アイ　そう？
チヒロ　あたしがつい、ペロってウソ言っちゃうから。
アイ　うーん。
チヒロ　まあ、相手も調子に乗ったこと言うんで、つい。へへへ。
アイ　笑い事じゃないわよ。
チヒロ　心配しすぎですよ。ありがとうございます。
アイ　……
チヒロ　本人が、大丈夫って、言ってますから。
アイ　なんで、ウソが出るかな、すぐ、こう、ペロって。
チヒロ　まあ、私のゆがんだ性格ですかね？
アイ　それはないでしょ、絶対。
チヒロ　エキサイトした方がすっきりするし。
アイ　えっ？
チヒロ　私、調子に乗ったこと言ってくると、ガマンできないんです。
アイ　チヒロ。
チヒロ　とりあえず、相手にあわせようかな～とか思うんですけど。
アイ　うん。
チヒロ　でも、やっぱ思ったことをはっきり言いたくなるし。
アイ　ふーん。
チヒロ　さらにタチが悪いことに、話、盛りたくなっちゃって。
アイ　だからって、ウソはダメでしょ。
チヒロ　ちょっと笑えるのは良くないですか？
アイ　「私の先祖は織田信長とチンギスハン」、とか言う？
チヒロ　あれは、ちょうど社会でやったばかりで、つまり旬のネタだから。
アイ　誰だって、おかしいって思うでしょ。
チヒロ　でも先月のは、すごくよくないですか？
アイ　え、どれ？　たくさん聞いてるから、わかんないよ。
チヒロ　カンガルーを家で飼ってる話。
アイ　あれか！
チヒロ　すんごく飛びはねるから天井に穴が三つ空いちゃったっていう。
アイ　チヒロ、想像力の使い方変えないと。
チヒロ　ムリですよ、先輩。でも、先輩が通りかかってくれて、助かりました。
アイ　ケンカになるとこだったんでしょ。

チヒロ　いえいえ、私、さらに盛りたくなってたから。
アイ　はー。
チヒロ　じゃ、これで失礼します。

マサミ、走って来る。

マサミ　アイさん、太鼓の中学生、もう全員集まってますよ。
アイ　あ、すみません。じゃ、気をつけるのよ。
チヒロ　先輩、さようなら。

チヒロ、去る。

マサミ　周りを巻き込むトラブルメーカー、あの子でしょ。
アイ　でも、いろいろあったんだよね……
マサミ　そうは言っても、学校一番のウソつきで、この地域で有名ですよね。
アイ　あ、いけない！　練習！

二人、去る。明転

第2場

舞台中央前に照明

境内近くのベンチ。タカシとチヒロが話している。
七人の女生徒が通りかかって話している。

リリ　明日何着ていく？
サヨ　あたし、甚平！
ユリ　あたしも、甚平！
マイ　えー暑くない？
カヨ　みんなで甚平で行こうよ！
ナミ　えーどうしよう？
リョウ　甚平、着ちゃう？
6人　うん！

楽しそうに去る。

タカシ　ねーちゃん、ねーちゃん見て見て！（変なポーズ）
チヒロ　ん？　何？（問題集を読んでいる）
タカシ　ほら僕、これ出来るようになったんだよお。
チヒロ　（見ないで）あー、すごいねー。（感動なく）
タカシ　ちょっとお、ちゃんと見てよぉ。
チヒロ　はい、見た。（すぐに問題集へ）
タカシ　ちゃんと見てないって。ねーちゃん、ねーちゃん！
チヒロ　（問題集を閉じて）はい、よくできました。終了。
タカシ　なんだよ、人が真剣に言ってんのに。

チヒロ　あたしも真剣に今夜の塾のテスト勉強してんの！
タカシ　なんでー？　だって明日お祭りだよ？
チヒロ　その流れ、よくわかんない。
タカシ　だってだって、明日はいよいよお祭りなんだから。
チヒロ　で？
タカシ　今夜は早く寝なくちゃ。塾はお休みだよう。
チヒロ　受験生なんだから、ムリ。
タカシ　何だよ、すぐ受験生って。受験生って、えらい人なの？
チヒロ　まあ、大変な人かな。
タカシ　何する人？
チヒロ　高校に入るためにテストを受ける人。
タカシ　え〜！　僕、小学校入る時、テスト受けなかったよ。
チヒロ　地元の公立の小学校でしょ。
タカシ　ジモトのコウリツ？
チヒロ　家の近くの学校ってこと。
タカシ　ねーちゃんもそうなんでしょ？
チヒロ　まあ、あたしの希望校も近所の公立高校だけど。
タカシ　僕、わかったあ!!
チヒロ　なんだ、そのテンション？
タカシ　ねーちゃん、僕みたくいい子じゃなくてウソつきだから!!
チヒロ　は？
タカシ　ジモトなのにコウリツのテスト受けなきゃいけないんだ!!
チヒロ　違うって。
タカシ　ねーちゃん、かわいそうだね。
チヒロ　だから、みんなそうなの！
タカシ　僕、応援するからね！
チヒロ　タカシ、人の話はちゃんと……
タカシ　ねーちゃんも僕みたいに正直だったら、よかったのにね。
チヒロ　いやいやいや、そうじゃなくて。
タカシ　この前だって、宿題終わってないくせに、終わったってお母さんに言ってたし。
チヒロ　あれは、ほぼ終わってたの！
タカシ　やっぱりウソつきは、テスト受けないといけないんだねえ。
チヒロ　勝手なワールドつくんないでよ。
タカシ　じゃ、今夜は塾仕方ないけど、明日のために、絶対早く寝てよ！
チヒロ　どんだけ祭り命なんだよ。
タカシ　ねえ、祭りって英語で何て言うの？
チヒロ　うーんと、フェスティバル、かな。
タカシ　へすてぃばる？
チヒロ　フェス、エフはね、こう下の唇をかんで。エフ！
タカシ　えふ！
チヒロ　そうそう、フェスティバル！

タカシ　へすてぃばるう！
チヒロ　なに、その言い方。
タカシ　だってえ、夏休みなんだよ！
チヒロ　知ってる。
タカシ　祭りは最高！　へすてぃばるう♪　すごーく楽しみ♪
チヒロ　きっとまたお腹こわすね。
タカシ　ねーちゃんだって、前にグルグルピーって。
チヒロ　うるさい！　明日連れて行かないよ！
タカシ　やだあー、鬼だー、鬼のグルグルピーだ！
チヒロ　こらっ！　待て！
タカシ　中学生のくせに幼い弟にギャクタイだー!!
チヒロ　ったくそんな時だけ、そういうこと言って。
タカシ　やーい、チヒロのグルグルピー！
チヒロ　マジで怒るよ！

タカシ、下手へ逃げていく。追いかけるチヒロ。
上手から、ワタル登場。

ワタル　いたいた、チヒロ。
チヒロ　あ、ワタル。
ワタル　もしかして、またタカシと？
チヒロ　そ。今、あっちへ逃げてった。
ワタル　へえ。
チヒロ　ホント、あいつ、調子にのっててさ。
ワタル　まあ、いいじゃん、かわいい弟なんだろ？
チヒロ　今はムカつく弟。
ワタル　塾のテスト勉強おわった？
チヒロ　今やってたとこ。タカシに邪魔されてた。
ワタル　お、ちょうど良かった。聞きたいとこあんだけど。
チヒロ　ワタルの方があたしよりできるじゃん。
ワタル　まあそれはそうなんだけどさあ。
チヒロ　うわ、殺意がくるわ。
ワタル　英語だけはチヒロの方が得意だしさ。
チヒロ　あたし、自分のことで一杯一杯です！
ワタル　そう言わずにさー、幼なじみなんだしさぁ。
チヒロ　タカシと似てるねえ、ずるいとこ。
ワタル　オレ、数学教えるから、英語頼むよ。
チヒロ　何か、必死。
ワタル　このテストの結果が悪いと、親がお盆明けの試合、出ないで引退しろって。
チヒロ　最後の陸上の大会なんでしょ？
ワタル　そう。だから、どうしても出たいんだよね。
チヒロ　ふーん。
ワタル　なあ、頼むよ、チヒロ。
チヒロ　めんどくさいなあ。
ワタル　数学は責任もつからさあ。
チヒロ　しょうがないなあ、もう。
ワタル　おお、助かった！　じゃ早速だけど、ここさ。

ふたり勉強し始める。そこへ別の幼なじみたちが通りかかる。

ネネ　ラブラブですか～お二人さん！
チヒロ　あーマユ！　久しぶり！
マユ　ちーちゃん、ワタルー元気？

他の生徒たちも冷やかして笑う。

チヒロ　そんなんじゃないって。
ユミ　ひよこ組から一緒だから、長いつきあいだよね～、ふたり。
ワタル　今夜の塾のテスト、オレの引退がかかってんだよ！
ミミ　よく言うよ。ワタルなんか成績優秀なのにさ。
ワタル　英語だけはチヒロの方が上だから。
ユカ　それだけはそうだねえ。
チヒロ　また殺意が。
リコ　わ、チヒロ、こわーい。
マユ　まあしょうがないよ。
チヒロ　あ、タカシ見なかった？
ネネ　え、だれ？
チヒロ　弟のタカシ。生意気な小3。
ミミ　タカシくん？
ユミ　チヒロ。
ユカ　ちーちゃん、あのさ……
ワタル　神社のメイン会場、下見に行ったんだろ。
マユ　そうだよ、きっと。お祭りの準備してたから。
チヒロ　あの子、ホントに祭り好きなんだよね。
マユ　ねえ、ちーちゃん、明日、うちらと一緒にお祭り行かない？
チヒロ　ごめん。今年もタカシと約束しちゃってて。
マユ　あ、あ、そっか。そうだよね。
ネネ　なーんだ、ワタルと行くのかと思ってた。
チヒロ　だから違うって。
ワタル　でもオレは協力してるよな、毎年。
チヒロ　そう、タカシの射的の師匠なんだよ。
ミミ　何、それ。
リコ　えーだって。
ユカ　でも、ワタル……
ワタル　そういうこと。じゃ、勉強必死なんで。
マユ　わかった。あのさ、チヒロ。
チヒロ　ん？
マユ　ヤヨイたちと、もめたんでしょ、この前。
チヒロ　忘れちゃった。
マユ　明日、ヤヨイたちも来るよ、きっと。
ユカ　気まずくない？
チヒロ　平気、平気。あたし、鈍感だから。
ユカ　なんで意地張って、悪化させるかな。

チヒロ　バカだからかな？　よくわかんない。
ミミ　うちらには、やさしいのに。
ネネ　チヒロと幼稚園から一緒だもんね。
ユミ　チヒロとワタルと、あとヤヨイもひよこ組だったね。
ユカ　で、うちらはみんなアヒル組。
リコ　お泊まり会も一緒だったね。
チヒロ　みんなとトラブったら、おねしょしたことバラされるから、こわくって。

みんな、笑う。

マユ　じゃ、明日、お祭りで会おうね。
ミミ　金魚すくい、一緒にやらない？
チヒロ　んーできれば。たぶん綿アメか射的のところにずっといるよ。
ネネ　なんで？
チヒロ　タカシがすごく好きなんだよねー、もう。
ユカ　ちーちゃん……
リコ　あのさ……
マユ　邪魔してごめんね。ほら、行こう。じゃ、またね。

みんな去っていく。

チヒロ　あたしも、今年は金魚すくいくらいやりたいなあ。
ワタル　やればいいじゃん。
チヒロ　でもタカシがさあ。射的オタクだしね。
ワタル　オレ、タカシと射的やってるから、金魚ゲットして来いよ。
チヒロ　本当？　じゃ行ってこようかな。
ワタル　うん。

タカシ、走ってくる。

タカシ　ねーちゃん、何やってんだよ。
チヒロ　何って、ここでそのまま勉強してるよ。
タカシ　僕、神社の中まで行ってたのに、何で来ないの？
チヒロ　だから、勉強中。
タカシ　待ち伏せしてたのに。ここ、もうすぐ飾り付けするみたい。
チヒロ　そうなんだ。あ、あんた、明日世話になる師匠にちゃんと挨拶しとかないと。
ワタル　よう、オレの一番弟子！　元気か？
タカシ　師匠、ご無沙汰しております。
チヒロ　わあ、ちゃんとお辞儀しちゃって。
ワタル　そうか、そうか。明日はがんばれよ。
タカシ　はーい、がんばりま～す。
チヒロ　調子いいんだから。
タカシ　イエーイ♪（変なポーズ）

チヒロ　あたしまだ勉強あるから、先に帰ってて。
タカシ　了解！　でも早く寝るのだ！

タカシ、ご機嫌で走り去る。

チヒロ　全くもう。
ワタル　あれ、最後さ、なんて言ってた？
チヒロ　祭りに向けて、今夜は早く寝ろってうるさいんだ。
ワタル　塾もあるからなあ。
チヒロ　そ。まずは今夜のテストをなんとかしなくちゃ。
ワタル　そうだった。お頼み申し上げます。
チヒロ　倍返しでよろしく。

二人、和やかに勉強を始める。
男子生徒がやってくる。

ケン　おお、ワタル！　さっき連絡したんだぞ。
ワタル　何だよ、忙しいんだよ、こっちは。
ケン　チヒロと何を忙しいんだよお、この！
チヒロ　やめてよ、おバカのケン。
ケン　おバカって言うなよ。
ワタル　何やってんだよ、おまえ。
ケン　だから、カラオケ！　境内のベンチで待ち合わせ！
ワタル　は、誰と？
ケン　ほら、来た来た。

四人、ふざけてじゃれあいながら、登場。

四人　ブーーーン！
ユウジ　おっとお、噂の二人があ♪
ハヤト　ベンチで愛を語るぅう♪
アツシ・タロー　語るぅううううう♪
ワタル　うぜーよ。
チヒロ　出た。そろっておバカ組。
ケン　だからおバカ組じゃねーし。
ユウジ　何真剣にやってんの？
ワタル　お前たちもこれから塾のテストだろ？
ユウジ　えっ、そうなの？
ハヤト　忘れてた。
アツシ　え、オレ、聞いてないし。
ワタル　聞いてないんだよ、言われたのに。
アツシ　マジで？
タロウ　ヤバイんじゃね？
ケン　ワタル、その勉強してんの？
ワタル　そ。オレ英語苦手だし。
ユウジ　あー英語だけはチヒロできるよな。
ハヤト・アツシ・タロー　英語だけはできるのよ〜♪
チヒロ　うわ、本日三度目の最も強い殺意が！

ワタル　やめとけ。あいつらの世界にのまれるな。それより勉強だ。
ユウジ　ワタル、オレにも教えてくれよ。
ワタル　ムリ。オレは部活の引退がかかってるんだ。
チヒロ　あんたたちは、忘れちゃう程度のテストなんでしょ。
ケン　チヒロもその程度じゃないの？
チヒロ　あたしは、明日気持ちよくお祭り行きたいから。
ハヤト　ラブラブで？
チヒロ　違うよ、うるさい弟と行くの！
アツシ　えっ、弟？
チヒロ　そ。射的オタク。
タロー　えーだって……
ワタル　タロー、テストヤバイんだろ？
タロー　あーそうだった。どうしよう。
ケン　しょうがない。とりあえず帰るか。
ユウジ　今夜塾があることも、忘れきってた。
ハヤト　あーあ、これからカラオケ行こうかと思ってたのに。
アツシ　マックも行きてー。
ハヤト　チキンナゲットおおお！
男子五人　チキンナゲットおお♪
ケン　しょうがない、塾行くか。
ユウジ　じゃ、またな。
ワタル　おう。
チヒロ　バイバイ。
ユウジ　さよーなら。
ハヤト・アツシ・タロー　さよーなら、チキンナゲットおお!!

五人去る。

ワタル　騒がしいやつら。
チヒロ　でも、なんか憎めないんだよね。
ワタル　ずれてハモってるし。

二人、笑う。タカシ、走って戻ってくる。

タカシ　ねーちゃん、ねーちゃん。
チヒロ　あれ、どうしたの、タカシ？
タカシ　なんかさー、テレビ面白くないんだもん。
チヒロ　この時間はアニメとかやってないか。
タカシ　もう勉強終わった？
チヒロ　まだまだ、これから。
タカシ　さぼってんの？
チヒロ　いろいろあったの！
ワタル　あのさ、タカシ。（正面を向いて）
タカシ　はい、師匠！
ワタル　明日に向けて、特訓しないといけないよ。
タカシ・チヒロ　特訓!?
ワタル　そ。狙いを定めて、撃つ練習。

チヒロ　どうやって？
ワタル　ぬいぐるみを置いて、狙いを定めるんだよ。
タカシ　おおお、やります！
チヒロ　ワタル、面倒じゃない？
ワタル　なんで？
タカシ　ねーちゃん、ぬいぐるみ貸して。
チヒロ　やだ。絶対ムリ。
タカシ　ヤダヤダ、貸してよお！
ワタル　タカシ、どうしたの？
チヒロ　ぬいぐるみ、前はあったんだけど。
タカシ　僕、持ってないよ。
チヒロ　あれ、なんでだっけ？
ワタル　あーじゃあ、わかった。オレの使ってないのを貸すよ。
タカシ　やった――ありがとう、師匠！
ワタル　えっと、じゃ家に行って持ってくるよ。
チヒロ　いいよ、わざわざそんな。
ワタル　その方が弟子も集中できるだろうし。
チヒロ　時間あんまりないのに、大丈夫？
ワタル　陸上部のダッシュをなめんなよ！

ワタル、ダッシュで去る。

チヒロ　ワタルもタカシに甘いんだから。
タカシ　やった―明日の練習、練習♪
チヒロ　もうしょうがないなあ、ホント。
タカシ　ねーちゃん、僕のぬいぐるみ、どこ行っちゃったのかな？
チヒロ　そう言えば、そうだよね。
タカシ　大事にしてたのになあ。
チヒロ　でも投げたりして、ボロボロのも多かったから。
タカシ　捨てられちゃったの？
チヒロ　うーん。どーなんだろ？
タカシ　でも、おもちゃとかボールはあるよ。
チヒロ　そうだよね。
タカシ　ああ、早く練習したい！　早く明日になあれ!!
チヒロ　やっぱり、射的をたくさんやりたい？
タカシ　もちろん！
チヒロ　あのさ、金魚すくいもさ、やってみない？
タカシ　えーだって、僕すぐにアミを破っちゃうし。
チヒロ　一緒に挑戦しようよ。
タカシ　でも、射的、一番がいい！
チヒロ　いいよ。
タカシ　綿アメも食べたい。
チヒロ　うん。食べよう。
タカシ　たこ焼きと焼きそば、あとリンゴ飴と焼きトウモロコシも！
チヒロ　ねえ、全部はやめとこ。

タカシ　やだやだ、食べるう。
チヒロ　お腹こわすよ、また。
タカシ　ねーちゃんもグルグルピーになろうよ。
チヒロ　あんた、体弱いんだから、ムリしないの。
タカシ　うるさいなーもー。あー師匠、早い!!
ワタル　ダッシュ一発さ。ほら、これここで並べてこう。

ワタル、ぬいぐるみを置く。

ワタル　さあ、これで準備できたっと。
タカシ　やったー！　やるやる！
チヒロ　師匠にお礼は？
タカシ　師匠、ありがとうございます。
ワタル　まあ、がんばれ、タカシ。
チヒロ　ワタル、ありがと。
ワタル　おう。

タカシ、銃で狙いをつけるふりで、「バン！」などと練習している。

チヒロ　タカシ、嬉しそう。
ワタル　そうか、良かった。
チヒロ　ねえ、なんでタカシのぬいぐるみがないんだろう。
ワタル　……別にいいじゃん、どうだって。
チヒロ　なんか、引っかかるんだよね。
ワタル　気にすんなって。それよりさ、マユが言ってたこと。
チヒロ　あーもう一ヶ月近く経ってるから、ホント忘れてた。
ワタル　オレのとこにもラインで噂がきてた。
チヒロ　へえ、さすがだねえ。
ワタル　いきあたりばったりで、ウソはやめろよ。
チヒロ　うん……そうだよね。
ワタル　ヤヨイとだって、仲良かったよな。
チヒロ　まあ、十年でいろいろ変わるでしょ。
ワタル　なんだかんだ、マユたちくらいだろ、今のつきあい。
チヒロ　たくさんの薄い友より、少しの濃い友って。
ワタル　誰の言葉？
チヒロ　あたし。
ワタル　なんだよ、もういいよ。あ、テスト！
チヒロ　えっとね、さっきの問題だけど。
ワタル　うん。

ふたり、再び勉強に入り、教えあう。
タカシ、「バン！　バン！」と練習中。　明転

第３場

祭りの夜。　舞台全体に明るく

リリ、サヨ、ユリ、マイ、カヨ、ナミ、リコ登場。

リリ　よーし！　金魚ゲット！

六人　おー！

リリ　目標、ひとり三匹！

六人　おー！

七人去る。

人々が行き交う祭りの会場。

タカシ　お祭り、お祭り♪　ねーちゃん、ねーちゃん。

チヒロ　うわー、すごい人。今年は混んでるなあ。

タカシ　あ、とうもろこし！　あ、綿アメ！　たこ焼き!!

チヒロ　タカシ、看板大声で読み上げないでよ、もう。

タカシ　あった――――射的射的！

チヒロ　まず、そこ行く？

タカシ　うん！

タカシ、走りだす。

チヒロ　ちょっと、人混みなんだから危ない！　待ってよ！

ヤヨイ　あ、チヒロ。

チヒロ　ヤヨイ！

ヤヨイ　……

チヒロ　えっと、あの元気？

ヤヨイ　うん。

チヒロ　だいぶ経っちゃったけど。

ヤヨイ　うん。

チヒロ　あの時……

ヤヨイ　うん。

チヒロ　えっと。

ヤヨイ　ひとりなの？

チヒロ　いや、弟と。

ヤヨイ　えっ？

チヒロ　この前は……この前はごめんね。

ヤヨイ　……もういいよ。

チヒロ　ヤヨイなら許してくれるかなって、甘えてた。ごめん。

ヤヨイ　あたし、待ちあわせしたんだけど。

チヒロ　うん。

ヤヨイ　なんか、わくわくして早く来ちゃった。

チヒロ　よく一緒にお祭り来たよね。

ヤヨイ　小学生の時は毎年じゃない？　タカシくんも。

チヒロ　そう、あいつはもれなく付いてくるオマケだから。

ふたり、笑う。

ヤヨイ　ちーちゃん、あれからだよね。

チヒロ　え、何が？
ヤヨイ　ウソつくようになった。
チヒロ　前からだよ。
ヤヨイ　ううん、違うよ！

花火が上がる。

チヒロ　あ、花火。
ヤヨイ　ちーちゃんのせいじゃないんだから。
チヒロ　タカシ、音にびっくりしたかも。
ヤヨイ　ちーちゃん！
チヒロ　ごめん、タカシが待ってるから、射的に行くね。

チヒロ、去る。花火がもう一度上がる。

ヤヨイ　タカシくん、どこにいるの……？

ワタル、通りかかる。

ワタル　お、ヤヨイ！　久しぶり！
ヤヨイ　ワタル。やっぱりチヒロ、おかしいよ。
ワタル　何だよ、急に。
ヤヨイ　私、あんなチヒロ、イヤだ。前のチヒロに戻ってほしい。
ワタル　……時間がかかるんだよ。
ヤヨイ　違うよ。ワタル、それでいいの？
ワタル　……
ヤヨイ　私はきれい事言って、つきあえない。
ワタル　そんなつもりじゃ。
ヤヨイ　チヒロの目、覚ましてよ。ワタルしかいないよ！

花火。ヤヨイ、去る。
チヒロ、走って来る。

チヒロ　あ、ワタル！
ワタル　おう。
チヒロ　タカシがいないんだけど。射的に走ってたのに。
ワタル　今年は混んでるからなあ。
チヒロ　そんなのんきなこと言わないで。

救急車の音。

チヒロ　タカシ！　タカシかもしれない！　どうしよう!?
（急にあわてる）
ワタル　おい、落ち着けよ。
チヒロ　どうしよう、迷子になったかも。
ワタル　大丈夫だよ。
チヒロ　なんでそんなに落ち着いて言えるわけ??

ワタル　チヒロ……
チヒロ　あいつ、バカだから、看板とか見てあちこち走り回って。
ワタル　もう、やめろ。
チヒロ　どうしよう、道に飛び出したりしたら。

救急車の音。ふたり、はっとして見つめあう。
花火。
タカシ、走ってくる。

タカシ　ねーちゃん！
チヒロ　タカシ！
タカシ　もう、どこ行ってたの、ねーちゃん。
チヒロ　ばか。あんたこそ、ふらふらしないでよ。
タカシ　人が多すぎて、まだ射的ができないし、お腹すいたよお。
チヒロ　もう！
タカシ　たこ焼きから食べたい！
チヒロ　ホントにもう……
タカシ　ねーえ、たこ焼きたこ焼き！
チヒロ　わかった。じゃたこ焼き買ってくるから、ワタルとここで待ってて。
タカシ　うん。師匠と待ってる。
ワタル　チヒロ。
チヒロ　ごめん、ちょっとタカシと一緒にいて。
ワタル　……わかった。

チヒロ、去る。

ワタル　なあ、タカシ。
タカシ　はい、師匠！
ワタル　祭りだな。
タカシ　はいっ、わくわくです！
ワタル　花火も見ただろ？
タカシ　今年もきれいでーす！
ワタル　オレ、おまえと一緒に、ホントに射的やりたいんだ。
タカシ　やりましょう、師匠！　たこ焼き食べたら！
ワタル　できないんだよ。
タカシ　えーなんで？　ワタルにーちゃん？
ワタル　おまえ、わかってんだろ。
タカシ　何のこと？
ワタル　ここにいちゃ、いけないんだよ。
タカシ　えっ？
ワタル　覚えてないのかな。
タカシ　ワタルにーちゃん！？
ワタル　四年前、お祭りの夜に道路に飛び出したこと。
タカシ　何言ってんの？

ワタル　チヒロは、事故を防げなかった自分をずっと責め続けている。

花火。

ワタル　オレにとっても、タカシは弟みたいなもんだ。
タカシ　もちろんだよ。
ワタル　でもね……もうあっちに行かないといけない。
タカシ　意味わかんない。
ワタル　チヒロが心配でなんとなく話あわせてきたけど。
タカシ　えっ？
ワタル　オレにも、マユたちにも、誰にも。
タカシ　なに？
ワタル　おまえは見えないんだ。
タカシ　……
ワタル　声も聞こえない。
タカシ　……
ワタル　チヒロにだけ、おまえがわかるんだ。
タカシ　……ねーちゃんだけ？
ワタル　でも、そこにいるんだよな、タカシ。
タカシ　いるよ！　ねえ聞こえてるんでしょ？
ワタル　もう、行ったほうがいいんだ。
タカシ　イヤだよう、そんなの！
ワタル　タカシ。
タカシ　やだやだ、ワタルにーちゃん。
ワタル　おまえもチヒロも楽になれよ。
タカシ　ぼく、ぼく……死んじゃったの？

花火。ワタル、泣く。メロディ。
チヒロ、戻って来る。

チヒロ　お待たせ！　行列だったよ。あれ、ワタル？
タカシ　ねーちゃん、ぼく、もういないの？
チヒロ　……えっ？
タカシ　ワタルにーちゃん、ゆうべ射的の練習してくれたのに。
チヒロ　タカシ……
タカシ　ねえねえ、ワタルにーちゃんってば！
ワタル　チヒロ、思い出せよ。
タカシ　僕の方、見て！
チヒロ　何言ってんの？
ワタル　おまえとタカシは二つ違いだろ？
チヒロ　そうだよ。
ワタル　じゃなんで、おまえが中3で、タカシが小3なんだよ？
チヒロ　それは、それは……
ワタル　タカシが小3の時、あの事故は起きたんだ。
チヒロ　やだ！　聞きたくない！

タカシ　え？
ワタル　チヒロが目を離したスキに、タカシはうっかり道路へ飛び出して……
チヒロ　そんなの、知らないよ！
ワタル　弟を守れなかったって、ずっと自分を責めて責めて。
タカシ　ねーちゃん。
ワタル　あれから、チヒロはたくさんウソをつくようになった。
チヒロ　……
ワタル　タカシの事故も、ウソにしたかったからだろ？

チヒロ、泣く。

ワタル　オレ、あん時何回も言ったけど、あれはチヒロのせいじゃない。
チヒロ　……
ワタル　チヒロ、おれたちは、今生きているんだ。
チヒロ　……
タカシ　ねーちゃん。
チヒロ　タカシ……
タカシ　僕、もういないんだね。
チヒロ　ごめんね、ごめんね。
タカシ　大丈夫だよ、ねーちゃん。
ワタル　きっとタカシはわかってくれるよ。
タカシ　うん。ぼくあっちに行くよ。
チヒロ　やだ、どこ行くの？　行かないで。
ワタル　引き留めたらダメだ！
タカシ　思い出したよ。寂しい時は、ねーちゃんやワタルにーちゃんがくれた、ぬいぐるみがたくさんあるから、大丈夫。
チヒロ　そうだった……お葬式でタカシの棺にあたしが入れた……
ワタル　チヒロ、思い出したんだね。
タカシ　ワタルにーちゃん、いっぱい、ありがとう。
チヒロ　タカシがワタルにお礼言ってる……
ワタル　そっか。さよなら、タカシ。
タカシ　さよなら、ワタルにーちゃん。
チヒロ　さよならしてる。
タカシ　ねーちゃん、大好き。
チヒロ　タカシ……あたしもだよ。
タカシ　ありがとう。
チヒロ　えっ、何て言ってるの？　わかんないよ。
タカシ　ねーちゃん、ワタルにーちゃん。（手を振る）
チヒロ　いやだ、行かないで、タカシ‼
タカシ　ふたりともだーい好き。
チヒロ　えっ？　タカシ、どこ？　どこにいるの⁉
タカシ　さようなら。

タカシ、去る。花火。

ワタル　オレ、中途半端なことしてた。

チヒロ　……

ワタル　チヒロに、ずっと話をあわせていた。

チヒロ　……

ワタル　わかってたのに。

チヒロ　ワタル。

ワタル　ごめん。

チヒロ　ワタルのせいじゃない……

ワタル　チヒロ……

チヒロ　タカシ、いない……

ワタル　うん。

チヒロ　あたしがタカシをこっちにずっと引っぱってたんだ。

ワタル　辛かったよな、ふたりとも。

チヒロ　もうタカシに会えない……

ワタル　オレたちのここに、ずっといる。

チヒロ　あたし、あたし……

ワタル　毎年、お祭りの時はタカシが必ず帰って来る。

チヒロ　……

ワタル　タカシが好きな綿アメやたこ焼きを食べよう。

チヒロ　……（うなずく）

ワタル　射的だって、必死でやるさ。

チヒロ　そうだね。

ワタル　毎年帰って来るよ。

チヒロ　タカシ……

ワタル　きっと帰って来る！

チヒロ　あたし、あたし……

ワタル　チヒロ、タカシのぶんも生きるんだ。

チヒロ　……うん。

ワタル　チヒロ……

ふたり目をあわせて。花火。

ワタル　タカシ！

チヒロ　タカシ！

花火。チヒロ・ワタル、花火を眺めながら。
祭りの人々は賑やかに盛り上がって。

タカシ　バン！　バンバン！　バン！　バンバン！

タカシが遠くで、嬉しそうに射的をしている。

――幕――

よろず相談フライデー

今日は、週に一度、金曜日の放課後の「よろず相談フライデー」の日。
たくさんの生徒たちが、今週の溜まった思いを
保健室の先生に聞いてもらおうと考えている中、
たまたま居合わせたケンジとアツシが、
先生になりすまして、お悩み相談に答えることになってしまう。
果たしてふたりはよろず相談を乗り切れるのか!?

キャスト

ケンジ
アツシ

マナミ
ユリカ
チハル
サキ
ユミ

空想母
空想父
空想妹
空想友人①
空想友人②
空想友人③

目撃者①
目撃者②
目撃者③
近所の人①
近所の人②
近所の人③
近所の人④

ナナエ先生

舞台全体明るく音楽とともに

放課後の保健室。掲示物など作業をしている保健委員の生徒たち。

机の上には「よろず相談フライデー」の小さな看板。

ユリカ　あーもう終わんない。
マナミ　あんたがさぼってばっかだからでしょ！
ユリカ　そんなことないよー！　まじめにやってまーす！
チハル　来週学校保健委員会の発表なのに。
ユリカ　ユリカ、がんばり中でーす。
ユミ　さっきアニソン熱唱してたの誰？
ユリカ　知らなーい。
サキ　さぼった上にうそまで言うか！
ユリカ　犯人扱い、人権問題でーす。
チハル　あれ、超人ギガザ、二番の最初のサビは？
ユリカ　♪世界はみんなのものじゃなく～君と生きるためのもの～♪（立ってつい熱唱）
ユリカ以外　ほうら！
ユリカ　うあーしまったーー。やっちゃったー！
マナミ　この子につきあってたら、終わんないよ。
サキ　急ごう！　保健室このあと使われちゃうし。
マナミ　今日って、よろフラ？
チハル　そ。あたしも来たいんだけど。
ユミ　えええっ！　チハルがあ？
チハル　失礼ね！　悩み深い女子なんです！
ユリカ　えーどんな、どんな？
チハル　やだ。絶対言わない。特にユリカには。
サキ　そーだよ。やめときな。明日クラス中知られてるし。
ユミ　学年中だったりして。（みんな笑う）
ユリカ　ひどーい！　あたしそんなんじゃないし。
マナミ　よろフラ、意外と人気だよね。
ユミ　あれ、ホントは何て言うんだっけ？
チハル　「よろず相談フライデー」
サキ　略して「よろフラ」。
チハル　私、ヘビーユーザーなんだよねえ。
サキ　私も。
マナミ　時々愛用者。
ユミ　あると安心。
ユリカ　なになに、みんなそうだったの!?
チハル　ユリカは悩みなくていいよね。
ユリカ　ひどーい！　ぷんぷん。
マナミ　ナナエ先生も、忙しいのにえらいよね。
ユミ　でも、ナナエ先生の仕事でしょ？
サキ　放課後なんだから、完全ボランティアだよ。
チハル　昼間は体育で足くじいたー、とか熱があるよーとか。

マナミ　だるくて部活行けない～休ませて！
ユミ　それはケンジ限定！（みんな笑う）
ユリカ　ケンジ、バカだしー。
サキ　ユリカが言うか？
ユリカ　ひどーい。
マナミ　でも毎週金曜は保健室でざっくり愚痴聞いてくれてさ。
ユリカ　へー先生も大変だ。
チハル　ほんと助かる。金曜の放課後って、ちょうどいろいろ溜まってるし。
サキ　そうそう、ちょこっと聞いてもらえるだけで、結構すっきりする。
チハル・サチ　ねっ！
マナミ　まあ、ユリカには関係ない話だ。
ユリカ　ユリカ、ジンケンシンガイ連発されてるぅ。
サキ　はいはい、わかった。それ終わらせてから叫んで。

みんな、笑う。ナナエ先生登場。

ナナエ先生　みんな、どう？　進んだ？
マナミ　先生、ユリカ以外は大丈夫です。
ナナエ先生　じゃあ、予定通りと。
ユリカ　ナナエ先生までひどいぃ。
ナナエ先生　えっと、じゃ悪いんだけど。
チハル　もうよろフラの時間ですよね？
ナナエ先生　そうなのよ。ごめんね、移動させちゃって。
みんな　大丈夫でーす！
ナナエ先生　さすが、わが優秀な保健委員たちよ、ありがとう！
ユミ　じゃ、あとは向こうの会議室で作業してます。
サキ　ユリカ、忘れ物しないでよ。
ユリカ　わかってるよーもお。
マナミ　先生、作業終わったら、掲示物だけ置きに来ていいですか？
ナナエ先生　うん、お願いね。私も今日途中で会議が始まるから。じゃ、これ鍵。（マナミに渡す）
マナミ　よろフラがある日なのに？
ナナエ先生　せっかく会議がない金曜に設定したのにね。今日は仕方なくて。
チハル　えー、今日最後に、私聞いてもらおうと思ってたのに。
ナナエ先生　悪いわね、チハルさん。来週のよろフラにぜひ来てね。
チハル　わかりましたー残念！
サキ　私も来週、一緒にいいですか？
ナナエ先生　あ、ふたりがよければ。
チハル・サチ　大丈夫です！
ナナエ先生　わかったわ。

マナミ　じゃみんな、行こう。

みんな、お先に、など、先生へとりあえずさよならする。

ナナエ先生　さてと……（会議の準備をし始める）

そこへアツシ登場。

アツシ　ナナエ先生、こんにちは！
ナナエ先生　あら、アツシくん、今日もさわやかね。
アツシ　ケンジ先輩、来てます？
ナナエ先生　まだ今日は、見かけてないけど。
アツシ　そうですか。そろそろ言い訳をして保健室に来る時間とふんだんです。
ナナエ先生　名探偵なんとかみたいねえ。
アツシ　ケンジ先輩のさぼりぐせは熟知しています。
ナナエ先生　さすがねえ、サッカー部の次期キャプテン！
アツシ　ケンジ先輩もＹＤＫなんですけどね。
ナナエ先生　何それ？
アツシ　やれば、できる子！
ナナエ先生　なるほど。
ユリカ　先生やっぱ、忘れ物しちゃってたあ。
ナナエ先生　あらあら。
アツシ　うお、破壊力未知数のユリカ先輩！

ユリカ　失礼ね、あっくん。筆箱とマジック、スケッチブック、あとマイメロも。（ユリカ、筆箱を派手にひっくり返す）
ユリカ　きゃあ、やだもう。

アツシ、仕方なく拾って手伝う。

ユミ　ナナエ先生。ワタナベ先生が、もう会議始めるから職員室に来てくださいって、伝言です。
ナナエ先生　えーもう？　早いなあ。ありがとう、ユミさん。

ユミ、去る。ナナエ先生、あわてて上着を脱ぎ、眼鏡を置く。

ナナエ先生　そうだ、マナミさんに鍵をかけに来てって伝えて。
ユリカ　あ、そっか。もう今日は、よろフラできないですねえ。
ナナエ先生　そうなのよ。溜まったものを出して、すっきり週末迎えてほしくて始めたんだけどね。じゃ、お願いね。

ナナエ先生、あわただしく出ていく。

ユリカ　えっと、あたし何でここにいたんだっけ？

アツシ　ユリカ先輩、一回に一つ以上のことは難しいっすね。
ユリカ　筆箱！　紙も？　あれ、なんか足りない。あー！　マイメロのマスコットがない！　あっくん、もう一回一通り見回して。
アツシ　見あたりませんねえ。（即答）
ユリカ　みつけたら、会議室に届けてよ。
アツシ　（やる気なく）はーい。

ユリカ、去る。アツシ、仕方なく机の下を探している。ケンジ登場。

アツシ　もー面倒くさいなあ。
ケンジ　おっとお～こりゃ珍しいぞ。だあれもいません、保健室！
アツシ　いますよ、ケンジ先輩。（起き上がって）
ケンジ　なんだ、アツシ！　刑事の張り込みかよ？

刑事番組の音楽。

アツシ　さあ、もう証拠は十分だ。自分が犯人だと名乗って、楽になれよ。
ケンジ　ちくしょう、オレはやってないんだ。

なぜか空想ケンジ母と妹、友人登場。

空想ケンジ母　お願いです、うちの子は悪い子じゃないんです。
アツシ　いくらお母さんの頼みでも、やっちまったことは消えませんから。
空想ケンジ父　お父さん、厳しく言ってきたのは、おまえのためなんだぞ！
空想ケンジ妹　お兄ちゃん、自首して！
空想ケンジ母　ケンジ！　おまえそんな子じゃないはず！
ケンジ　母さん、父さん、よりこ！
空想友人①　ケンジ、思い出せよ！
空想友人②　サッカー部じゃあ、おまえが一番フェアプレイだった。
空想友人③　なんでだよ！　でも、まだ取り返しはつくんだぞ！
空想ケンジ妹　お兄ちゃんがやったんでしょ!?　正直に言って！
アツシ　さあ、これ以上大事な人たちに迷惑かけたら、いかんよ。
ケンジ　刑事さん、オレ……オレ……
アツシ　そうか、オレオレ詐欺か。
空想ケンジ父・母・妹　自首してえええ（泣き崩れる）
空想友人たち　ケンジぃぃぃぃ！（泣き崩れる）

ケンジ　すまない、父さん、母さん、よりこ。みんなもごめん。これからは、日のあたる道を歩くから。

ケンジ、母・妹・友人たちと抱き合って泣く。

アツシ　署まで来てもらう。車に乗れ。
ケンジ　(泣きながら) はい、刑事さん。
アツシ　かしゃ。(手錠をかける感じ)
ケンジ　ううう。
アツシ　決まった。(ポーズ。キラキラ☆)
ケンジ　…………
アツシ　…………
ケンジ　ちょっとまてーい!
アツシ　あ、お疲れさま。
空想ケンジ父・母・妹・友人たち　お疲れ様でしたー。

空想ケンジ母・妹、友人たち、さわやかに去る。

ケンジ　なんだよこの過剰な演出!　オレの刑事ドラマ好きを悪用しやがって。
アツシ　いつものごっこ遊びですよ。先輩もノリがいいですねえ。
ケンジ　どうしてオレが犯人役なんだよ。オレは刑事役だろ?
アツシ　しょうがないですよ、先輩はそっち向きで、僕は頭脳派なんだから。
ケンジ　ふざけんなよ!
アツシ　今日の筋書きも決まりましたよねえ。
ケンジ　オレはどんどん不本意な方向だ。
アツシ　先輩は作文能力も低いし。
ケンジ　県の作文コンクールで入賞したからって調子のってんなよ。
アツシ　まあ、人の心の様子とか、先輩、わかりますか?
ケンジ　慰めの言葉とか、くさくって、マジ吐き気がする。
アツシ　修行が足りませんね。
ケンジ　おまえだって、心こもってないよな、言葉に。
アツシ　表現力があればいいんですよ。
ケンジ　ほんとは冷めた鬼代官だからな。
アツシ　まあ、このよろフラも、価値あるのかよくわかんないですけど。
ケンジ　出た、冷酷な本音!
アツシ　でも先輩と違って、僕は上手に世渡りしてますから。
ケンジ　うるさい。オレはとにかく具合悪いんだ!
アツシ　ほんとはまた保健室にさぼりに来たんでしょ。
ケンジ　うっ。ち、ちげーよ。
アツシ　ケンジ先輩一応、ＹＤＫなんだから、がんばりましょうよ。

ケンジ　ぐ、具合が悪いんだ。
アツシ　頭いたいとか、足がくがくするとか、今日はどういう理由で？
ケンジ　全体的に疲れが……
アツシ　んなの誰が信じます？
ケンジ　……ナナエ先生が、たぶん。
アツシ　説得力ゼロ。
ケンジ　いや、そんなことはない。必ずオレの気持ちをわかってくれるはずだ。
アツシ　そこまで言いますか。じゃあ試しにやってみてくださいよ。
ケンジ　何を？
アツシ　ナナエ先生の役。
ケンジ　なんでだよ？　意味わかんねえ。
アツシ　わかってもらえる雰囲気が伝わるなら、少しだけ休憩を許可しますけど。
ケンジ　くううう。後輩のくせに。
アツシ　顧問の先生からも、先輩の練習スケジュール管理を任されていますから。
ケンジ　わかったよ、やりゃいいんだろ？
アツシ　それにもともと、先輩とナナエ先生、似てるし。
ケンジ　オレがあ？
アツシ　じゃ、この眼鏡かけて、上着も着ちゃいましょう。
ケンジ　おい、人のものを勝手にさわって。やり過ぎだよ。
アツシ　いいから、いいから。先生どうせ会議ですぐ戻らないって言ってたし。

ケンジ、眼鏡と上着を着る。

アツシ　わああ、かなり似てる！
ケンジ　まだなんもやってないし。
アツシ　えっと、ナナエ先生はケンジ先輩のさぼり、お見通しですよね？
ケンジ　そう、あの子を私、信じてます！
アツシ　しゃべり方、似てないです。こう、もうちょっと高い声で、ふわって感じ！
ケンジ　うるせーな。
アツシ　休憩いらないんだ。
ケンジ　やります。えええと。コホン。ええ、私、ケンジくんを信じてます！
アツシ　わあ、先輩、うまい！
ケンジ　お、そうか。
アツシ　じゃ、あれやってくださいよ。お昼の校内放送「今日はよろず相談フライデー、気軽においでよ」
ケンジ　き、きょうはよろず相談フライデー、気軽においでよ。
アツシ　わわわ。精度が上がってきてますね。
ケンジ　なんか、意外に良い気分だな。うわっ。（こけそう

になる）

アツシ　先輩大丈夫ですか？

ケンジ　なんだよ、マジック転がってる。こけそうになった。

アツシ　あーさっきのユリカ先輩のだ。あ、ここにもあった。

アツシ、机の下へ拾いにしゃがむ。

アツシ　あった、あった。紙もこんなとこにはさんでるしー。

ケンジ　（調子に乗って）今日はよろず相談フライデー！気軽においでよ。

突然、チハルが入ってくる。

チハル　ナナエ先生。

ケンジ　あら、チハルさん！（ふざけて）

チハル　まだ会議大丈夫ですか？

ケンジ　大丈夫よ！（ふざけて）

チハル　ちょっとでいいんで、聞いてください！

ケンジ　おまえも気付けよー（号泣にかき消される）うわ。

チハル　わーーーーん。

アツシ、机の下から出て、呆然とするケンジになりきるようブイサインを出し、カーテン越しに隠れる。

ケンジ　あの、コホン、チハルさん、泣かないで。ど、どうしちゃったのかな？

チハル　先生、さっきの保健委員会での会話でもわかりましたよね？

アツシ　《なんのこと？》（↑カンペを出す）

ケンジ　ええっと、なんのこと？

チハル　だから、私とサキ。

アツシ身振りで指示をする。

ケンジ　何かあったの？　仲良いよなあ、あ、ねえ。

チハル　サキって何でも自分の思い通りにしないと気が済まないから。

ケンジ　へ？

チハル　私なんかって、自信なさげにしてるけど、すんごい気が強いし。

ケンジ　見かけじゃわかんねー、う、わかんないねえ。

チハル　カンがいいから、私がサキをイヤになってきたことに気づいてる。

ケンジ　ええっ！

チハル　無理矢理、来週の相談にも割り込まれて。

ケンジ　………
チハル　先生とのさっきの会話ですよ！
ケンジ　ええっ？

チハル、ケンジの化けている先生に疑惑の目。ユミ、チハルを呼びにくる。

ユミ　チハル！　あ、やっぱりここにいた。あれ？　先生さっき会議始まったんじゃ……
アツシ　《ごまかせ！》
ケンジ　そそそうなのよ、ちょっと忘れ物で。
チハル　えっ？（ケンジをさらにじっと見る）
ユミ　チハル、戻ろ。
チハル　すぐ行くから先に行ってて。
ユミ　うん、待ってるよ。
チハル　みんなには言わないでくれる？
ユミ　わかってるって。特にサキにはね。

ユミ、去る。

チハル　ありがと、ユミ。先生、忙しい時間にすみませんでした。
ケンジ　あの～じゃそろそろ、私も戻ろうかな。
チハル　私、サキの発言、流せてましたよね、先生？（わかっていて聞く）
アツシ　《そういう発言も、さりげなくかわしてえらかったね》（←紙に書いて見せる）
ケンジ　そういう発言も、さりげなくかわかして、えらかったね。
チハル　かわかす？
ケンジ　かわかす！
チハル　なにをかわかす？
アツシ　《かわす！》
ケンジ　かわす、ってことうよ、ほほほ。
チハル　ああ。前に先生からもアドバイスもらってたから。
アツシ　《実行できたのはあなたの力ね》
ケンジ　うわ、はきそうな台詞。
チハル　え、何ですか、先生？（チハル、気がついてわざと）
ケンジ　コホン、実行できたのは、あ、あなたの……力ね。うげ。（はきそうになる）
チハル　うう、先生ありがとうございます。
ケンジ　……でもサキさんのことホントに嫌いなら、しかたないよ。
チハル　（はっとして）ううん。嫌いじゃない。今はちょっと一緒だと疲れちゃうけど。
ケンジ　そう？
チハル　前は、よく面倒見てくれて。サキにたくさん助けてもらった。

ケンジ　ふーん。
チハル　私、作業に戻ります。聞いてもらってすっきりしました。失礼します！
ケンジ　あ、うん。

チハル、去る。ケンジ・アッシ机に突っ伏す。

ケンジ　なんでこうなんだよー、おい。
アツシ　先輩が似すぎてるから。
ケンジ　もうヤダからな。こんなの。
アツシ　今のバレたら、やばくないですか？
ケンジ　どういう意味だよ？
アツシ　クラスメイトだけじゃなくて、学年生徒からも嫌われません？
ケンジ　脅しかよ！
アツシ　僕の予想では、この後今度はサキさんが来ます。
ケンジ　やめろよ、オレは絶対イヤだからな。
アツシ　先輩、チハルさんの気持ちをもてあそんだ男ですね。
ケンジ　なにハメてんだ。
アツシ　乗りかかった船、って言葉知ってます？
ケンジ　知らねーよ。
アツシ　それより、ぼくの書いた言葉、正確に読んでくださいよ！　全く、ひらがなも間違えるし。
ケンジ　やらないって言ってんだろ。
アツシ　ほら、言った通り。（すばやくカーテンに隠れる）

サキ、登場。

サキ　あ、先生よかった、間に合って。ちょっとだけいいですか？
ケンジ　あーうん。（仕方なく、がっかり）
サキ　今さっき、チハル来ましたよね？
ケンジ　えっ？
アツシ　《ごまかせ！》
ケンジ　いやー来てないけど。
サキ　ホントですかあ？　生徒にウソはダメですよお。
ケンジ　いやいやいやああ。（こわい）
サキ　ふううん。トイレって言って、てっきりこっちに来たかと思ってた。
アツシ　《どうして？》
ケンジ　やだ、これ以上聞くのこわい。
サキ　あれー、ナナエ先生、どうしたんですか？（にやり）
ケンジ　ううん、何でもな……
アツシ　《どうして？》
ケンジ　くないなあ。どうしてそんな事聞くのかなって。（言ってしまって落ち込む）
サキ　あたしね、チハルから嫌われてるから。

ケンジ　そう思ったの？
サキ　うん。ほらうちらって幼なじみだったから。
ケンジ　仲いいよね。
サキ　そう。チハルは昔、体も弱くって、ひとりじゃ何にも出来なかった。
ケンジ　へえ。
サキ　なあんでも、私が手伝ってあげないとできなかったのに、今じゃ私よりいろんなことが上手になっちゃって。
ケンジ　サキ……さん。
サキ　チハルに先回りしようとしてるけど、今は私の方が置いてかれてる。
ケンジ　《こういうのむり。何て言っていいかわかんないよ！》
アツシ　《人はずっと同じままじゃないから、仕方ないよ。》
ケンジ　くさい、くさすぎるでしょ。
サキ　先生？
ケンジ　あああ、保健室のタオル、洗ってなかったなーって。
サキ　はあ？　意味わかんないんですけど。
ケンジ　だからさ、ほら、う、苦しい。
アツシ　《人はずっと同じままじゃないから、仕方ないよ》《言え！》
ケンジ　人は、ずっと同じままじゃないから、仕方ないよ。ぐえっ。
サキ　先生。（涙ぐむ。ケンジ、吐き気をこらえる）
ケンジ　あとさ、思ったんだけど、チハルが好きなら、チハルの好きにさせてやりなよ。
サキ　……本当、先生の言う通り。びっくりした。
ケンジ　いや、そんな、つい。
サキ　先生、いいアドバイス、ありがとうございました。

サキ、去る。

アツシ　ちょっとお、いま最後のアドバイス、イケてましたねえ、先輩。
ケンジ　オレはずっと吐き気との戦いだよ。しかし、女子ってあんななのか。いろいろ考え込んでて。仲よさげでもコワイ。オレも気をつけようっと。
アツシ　練習と少しの気遣いで人は変わる！
ケンジ　何言ってんだ？
アツシ　仮説を立てたんです。
ケンジ　カセツ？
アツシ　先輩は気にしないでください。
ケンジ　おまえなんか企んでいるんだろ？
アツシ　いーえー。やはり、人は素直で単純な人が伸びるのかもしれないな。
ケンジ　何ぶつぶつ言ってんだ。もうヤダからね。こんなの。

ケンジ、上着と眼鏡をはずす。

アツシ　あ――先輩、もったいない！

ケンジ　何かもう、余計なストレスがかかって、本当に疲れ果てた。

アツシ　本当に疲れた？

ケンジ　いやいや、さらに疲れたんだよ。今日は部活休む。

アツシ　ほーお。

ケンジ　え？

アツシ　先輩はこれ以上、僕の認めない理由で休めば、次の試合出れませんから。

ケンジ　アツシ、てめえ。

アツシ　わかってますよねえ。僕は管理責任者ですよ。

ケンジ　どうしてオレの方が先輩なのに立場が弱いんだ。

アツシ　じゃ、続けますか？

ケンジ　ヤだ。

アツシ　試合は出たいんですよね？

ケンジ　おまえ、将来の犯罪者になれるぞ。

アツシ　やめてくださいよ。僕は刑事とか、検察側なんですから。

ケンジ　いやいや、無実の罪の男を刑務所に送る、情け容赦のない検察側だ！

再び、刑事音楽。取り調べ室。

アツシ　君がどんなに無実を訴えても、アリバイがない。

ケンジ　いや、おれは絶対やってない。

アツシ　あの時間、被害者の家の周りを歩いていたのが目撃されている！

目撃者たち登場。目の前に透明プラスチックの卵ケースを当てている。

音声も調整されて少しおかしい。

目撃者①　そうなんですよ。あの晩ジョギングしてたら、あの道の角にあの男がいました。

目撃者②　買い物帰りでしたが、何か不気味で。これ、顔は写さないでもらえますよね？

目撃者③　たまに見かけても、存在感うすい感じでしたけどね。

ケンジ　くそお、あることないこと、言いやがって。

アツシ　近所のみなさんからも聞いてるんだよ、こっちは。

目撃者三名、卵ケースをバトンタッチして去る。

近所の人①　挨拶はよくしてくれてます。おとなしそうな人なのにねえ。

近所の人②　うちの子どもと中学も一緒だったけど、とっても穏やかで。
近所の人③　あ、でもたまにキレるとこわいって言ってましたね。
近所の人④　言ってた、言ってた。学校でも評判なんでしょ？

近所の人たち、そうそうと言いながら去る。

ケンジ　違う、オレじゃない！　わかってくれよ、刑事さん。
アツシ　いろいろあったんだよなあ。
ケンジ　わかってもらえますか？
アツシ　言っちまいなよ。楽になるぞ。
ケンジ　ううう。
アツシ　ほら、カツ丼だ。食えよ。
ケンジ　ううう。うまい。
アツシ　そうか、そうか。
ケンジ　こんなにうまいなんて。
アツシ　あとで、請求書一一〇〇円出しとくさ。
ケンジ　鬼だ、あんたって人は。
アツシ　そう、オレは捜査一課の鬼さっ。決まった！（キラキラ）
ケンジ　……
アツシ　……
ケンジ　だからさーいつもおまえが良い役なのはおかしいって。
アツシ　僕の筋書きだから、仕方ないんですよ。
ケンジ　アツシばっか、ずる。
アツシ　でも先輩は犯人像にリアリティありますね。（持ち上げ始める）
ケンジ　そんなのほめられてもな。
アツシ　さすがに昭和から平成、令和までの刑事ドラマをひと通り見ている人は違いますねえ。
ケンジ　お、そうか。
アツシ　演技力にもキレが出て来た感じだし。
ケンジ　まあな。（だんだん調子づく）
アツシ　これをそのまま埋もれさせるのは、もったいないですよ。
ケンジ　宝の～宝箱だっけ？
アツシ　宝の持ち腐れって言うんですよ。
ケンジ　そうか、宝が腐るのか。
アツシ　はい、着ましょう。はい、眼鏡。
ケンジ　ん、なんだ？
アツシ　さ、小休止したところで、後半戦いきましょう。
ケンジ　へっ？　後半戦。
アツシ　僕の読みでは、まだ来ますよ。
ケンジ　誰が？

アツシ　ユリカ先輩がまずマジックとマイメロを取りに！
ケンジ　ユリカ？　アニソン熱唱女か？
アツシ　あの人のぶっとんだパワー、すごいですよね。
ケンジ　あいつは別格だよ。好き勝手にフリーダムに生きてるよな。
アツシ　それから、マナミ先輩も鍵をかけにそのあと来るはずです。
ケンジ　マナミ？　オレ苦手だわー。いつも保健委員長で厳しいし。
アツシ　それは、先輩がやるべきことやらないからでしょ。
ケンジ　とにかくムリ。どっちも来んなよ。
アツシ　それだけで済むはずないです。
ケンジ　ええっ？
アツシ　今の三年の保健委員の女子はみんなよろフラのファンで、ナナエ先生に相談しやすいから、委員会に入ってますよ。
ケンジ　どんだけ情報通なんだよ。
アツシ　僕の分析能力見くびらないでください。場合によっては複数対応です。
ケンジ　もうオレのキャパ限界。絶対ムリ。
アツシ　ほら、来た！
ケンジ　アニソンのユリカかよ？

マナミ、登場。アツシ、カーテンの陰へ。

マナミ　失礼します。あ、先生、もう会議終わったんですか？
ケンジ　あ。マナミ……さん？　ぎえ。
マナミ　もうユリカってば、だいぶ前に頼まれてたのに、伝言すっかり忘れてて。
ケンジ　まあ、ユリカさん……だしねえ。
マナミ　これ、途中までできた掲示物です。鍵も、ここ置いときます。
アツシ　《作業ごくろうさま。》
ケンジ　あ、うん、作業ごくろうさま。
マナミ　だいたい順調でした。ユリカ以外は。
ケンジ　えと、そうなんだ。掃除だっけ？
マナミ　は？
アツシ　《学校保健委員会の準備！》
ケンジ　あ、ちがった。学校保安委員会の準備だったねえ。
マナミ　保安？
ケンジ　そうそう、安全を守る系。
アツシ　《ほけんいいん！》
ケンジ　じゃなくて、保健委員だった。あは、会議で疲れちゃった。
マナミ　先生。疲れている時にちょっとだけいいですか？
ケンジ　え、こわい。あ、何でもない。
マナミ　私、学校保健委員会終わったら、保健委員やめたいんです。

ケンジ　ええっ？　だって二学期途中なのに？

マナミ　ご迷惑かけてすみません。

アツシ　《理由はなに？》

ケンジ　もう深入りはやだよお。

マナミ　一生懸命考えて、出した答えなんです。

アツシ　《理由はなに？》

ケンジ　り、理由はなに？　ぐわ。

マナミ　……

ケンジ　まあ、別にムリに言わなくてもいいよ。

アツシ　《あんなにまじめに委員長もやっているのに？　受験？》

ケンジ　まじめに委員長もやってて……言いたくないなら、いいんだよ、ホント。

アツシ　《聞け聞け！》

マナミ　私、私、フィギア制作者になりたくて。

ケンジ　えーっ!?　フィギア？

アツシ　……（びっくりしている）

ユミ、チハル、サキやって来る。

チハル　マナミー、どう？

サキ　あれ、ちゃっかりよろフラしてもらってるの？

ユミ　あたしもしてほしい！

マナミ、三人を隅に集めて、コソコソ話す。

マナミ　今、せっかくいいところなんだから、ジャマしないでよ。

ユミ　ずるーい。

サキ　ね、意外といいでしょ？

チハル　ちょっとくせになる楽しさがあるよね！

マナミ　これから、話が本題に入るから、あのふたりのお手並み拝見なの！

チハル　わかった。怪しまれるから、もう行くね。

サキ　楽しんで！

ユミ　次はあたしがやる！

マナミ　あれ、ユリカは？

サキ　忙しいって、先に出てったけど。

マナミ　そうなんだ。じゃ、またあとでね！

チハル・サキ・ユミ　バイバイ！

チハル、サキ、ユミ去る。

マナミ　先生、中断しちゃってすみません。

ケンジ　なんか忙しそうだったけど、大丈夫？

マナミ　あの子たちも、よろフラやってほしかったみたいですけど。

ケンジ　へえ、そうなんだ。
マナミ　今は私の番だから、あきらめてもらいました。
ケンジ　よろフラ人気あんだなあ。（つい人ごとのように）
アツシ　《フィギアの話をもどす！》
ケンジ　あ、フィギアやってるんだっけ？
マナミ　実はこの秋のCM作成にも参加決まってて。
ケンジ　マナミ……さんがフィギアのCM？
マナミ　先生、声が変。大丈夫ですか？
アツシ　《カゼ！》
ケンジ　カゼひいたのよ、ゴホゴホ。
マナミ　なんか、最初は軽いバイトのつもりだったんですけど。
ケンジ　バイト？
マナミ　ほら、うちお母さんと私、母子家庭だから、なんかお金になること探してて。
ケンジ　まさか、怪しいプロダクションとか。
マナミ　それはないです。でもフィギアの中高生大会で準優勝して。
ケンジ　はい？
マナミ　単発だけど、制作の仕事とか、中学生の意見聞かれるようなイベントにも招待されて。
アツシ　《けっこうもうかるの？》
ケンジ　やだよ、そんなこと。
マナミ　は？
ケンジ　あー、家計を助けられそうなんだ。
マナミ　はい。将来は独立したいです。CG制作とかも進出したいし。
ケンジ　でも、保健委員やめなくてもさ。
マナミ　私、時間ないんです。
ケンジ　これから受験もあるしさ。
マナミ　昼間働きたいから、定時制も考えてます。
ケンジ　成績優秀じゃん、てか、優秀だよね。
マナミ　この夢をどうしても達成したいんです。チャンスなんです。
ケンジ　そっか。そんなに心が決まっているなら……それなら本気で一生懸命やるしかないよね。
マナミ　先生、ありがとうございます。いいこと言ってくれますね！
ケンジ　いやあ、当たり前のことしか言ってないよ。
マナミ　人って、時々、誰かに当たり前のこと言ってもらって、安心したいんですよ。
ケンジ　ええっ、そうなんだ。
マナミ　でも、委員会のこと、すみません。わかってくれて、私嬉しい！　じゃ、おじゃましました。失礼します。

マナミ、出て行く。

アツシ　あの堅い、きちきちした人がねえ、意外。

ケンジ　すげーな、マナミ。
アツシ　先輩なんか、将来どころか、明日のことも考えてませんよね。
ケンジ　まあ、そうだな。オレは今を生きるので精一杯だ。（キマッタ）
アツシ　そういう台詞、言うんだ！
ケンジ　おまえの悪影響だよ。
アツシ　語彙が増えて、良かったですねえ。

ふたり、笑う。

ケンジ　おい、語彙って、なんだ？
アツシ　（あきれて）言葉をたくさん知ってるってことですよ。

ふたり、再び笑う。
そこへユリカ、入って来る。

アツシ　ああっ！　最終破壊兵器キターー！
ケンジ　アニソン女！　ここでかよ！
ユリカ　あ、先生お疲れさまでーす。ユリカ、今日は作業がんばったからね、イェイ。
ケンジ　おお、お疲れ。
ユリカ　あっくん、ユリカのマイメロ見つかった？
アツシ　ああ、はいこれ。マジックとスケッチブックも。結構役にたって、助かりましたよお。あ、何でもないです。あ、紙も。
ユリカ　やだなに、この字？「けっこうもうかるの？」は　あ？
アツシ　だれかの試し書きですかね～。
ケンジ　（ハラハラ）
ユリカ　おかしい。
アツシ・ケンジ　えっ？
ユリカ　あっくん、なんかやったでしょ。
アツシ　ぎく。
ケンジ　や、やーねー、もう、ユリカさん。
ユリカ　先生もぐる？
ケンジ　およ！
ユリカ　私。真犯人を知っているんです。
アツシ　さすがは、お嬢探偵。

テーマソング的なもの。ユリカ、ポーズ決める。

ユリカ　おーほっほほ！　すべては解決よ！　犯人はあなたね！（ケンジ指さす）
ケンジ　ごめんなさい、悪ノリしすぎました！
ユリカ　なあーんちゃって。やーん先生もノッテるう！
あーすっきりしたあ。

アツシ　パチパチパチ！
ケンジ　心臓に悪いわ。
ユリカ　お気に入りのマイメロも出てきて、ひと安心。
アツシ　ユリカ先輩の？
ユリカ　違うよーあたしのちっこい妹たちのお気に入りなの！　ねー先生！
ケンジ　う、うん。（あわてて知ってるふり）
アツシ　ユリカ先輩、一人っ子かと思ってました。
ユリカ　うん、十年くらい一人っ子だったよ。でもパパが再婚したから、今は妹が三人いる。
アツシ　三人！
ユリカ　そ。これから保育園へお迎え。パパもママも仕事忙しくてさ。
アツシ　面倒見てるんですか？
ユリカ　まーねー。お風呂も入れて、夕食も食べさせて、寝かしつけないと、アニメ観る時間なくなっちゃう。弁当の下ごしらえもしないといけないさ。
アツシ　へえ。（ケンジ声を出せないがびっくり）
ユリカ　てことで、ユリカ、帰りまーす！　先生さようなら。あっくん、ばいばい。
ケンジ　さ、さようなら。
アツシ　さ、さようなら。

ユリカ、去る。しばらく呆然と手を振るふたり。

ケンジ　オレさー、なんだかなーだよ。
アツシ　ですよねー。
ケンジ　みんなさー、委員会とか、ちゃっちゃと楽しく仲良くやってるとか。
アツシ　ですよねー。
ケンジ　勉強もとりあえずがんばってとか。
アツシ　ですよねー。
ケンジ　好きなアニソン熱唱してるだけとか。
アツシ　ですよねー。
ケンジ　オレ以外のみんな、要領よく、悩みもなくよろしくやってんだって、ずーっと思ってた。
アツシ　ですよねー。
ケンジ　でもさ、たいした理由もなく、毎日だるいとか、面倒だなーって言ってんのオレくらいじゃね？
アツシ　そう来ましたかー。
ケンジ　すげーよなあ、みんな。いろいろ考えてて。
アツシ　まあ、確かに。
ケンジ　ユリカだって、全然好き勝手じゃないし。
アツシ　びっくりですよ。
ケンジ　オレ、一番ダメじゃね？
アツシ　否定できませんね。
ケンジ　否定しろよ、少しは。
アツシ　先輩、僕に感謝してくださいよ。

ケンジ　アツシに？
アツシ　なんちゃって、よろフラ、やったからわかったんでしょ？
ケンジ　まーな。
アツシ　練習と少しの気遣いで、人は変わる！
ケンジ　何だ？
アツシ　僕の仮説、実証されました！
ケンジ　よくわかんねーな。
アツシ　ま、先輩もほんのちょびっと、成長したってことですよ。
ケンジ　なんでちょびっとなんだよ、おい。
アツシ　ごっこ遊びで、また鍛えてあげますよ、人間性も。
ケンジ　上から目線やめろ。
アツシ　あ、そろそろ片付けないと、先生来ますよ。
ケンジ　お、やべ。

ケンジ、あわてて、上着を脱ぎ、眼鏡を外す。アツシ、元の場所へ片付ける。

ケンジ　あ、そうだ！

ケンジ、何か書き、上着のポケットへ。

ケンジ　アツシもさ、オレの面倒なんかより、一年たちに手かけてやれよ。
アツシ　先輩、何普通のこと言ってんですか？　明日雨降らす気ですか？
ケンジ　オレ、これからもうちょっと考えてみるからさ。
アツシ　ケンジ先輩⁉
ケンジ　ずっと先のこととかもさ。
アツシ　続けましょう、それ。
ケンジ　もしかして、この世の中に、なあんにも悩みがないヤツなんて、いないのかも。
アツシ　………先輩。
ケンジ　オレはまだまだうすい、うすい。おまえも要領いいことばっか考えないでやってみろよ。
アツシ　ケンジ先輩、感動です！　じゃ、ラスト二十周、ふたりでグランド走りましょう！
ケンジ　いやーそれはムリ。疲れちゃった。今日はもうカンベン。明日から見てろよ。じゃ、オレの分も任せるから！アツシ！
アツシ　ん？
ケンジ　おつ！

ケンジ、逃げるように出て行く。

アツシ　あーあ。結局そうですか。逃げる元気はあるのになあ。

アツシ、「よろず相談フライデー」の看板を持つ。

アツシ　この狭い、狭い空間でも、いろんな世界や人生があるってことか。ふーん。よろず相談フライデーかあ。

刑事音楽。

アツシ　今回のヤマがやっと終わった。ふう。いろいろあったが、きっとヤツもこれで人生変えていけるはずだな。徹夜明けのコーヒーがしみるぜ。（ごくん）ふう。オツカレ、オレ。決まったあ。

突然ナナエ先生、登場。

ナナエ先生　やだ、保健室開けっ放し。あれ、アツシくん？
アツシ　（あわてて）あー先生、あの、鍵そこです。あと、ユリカさんのマジックとマイメロのマスコットも見つかったんで。
ナナエ先生　あーあれ。よかったわね。
アツシ　あのマイメロ、妹さんたち、好きなんですね。
ナナエ先生　そうなのよー、ユリカちゃん面倒見いいのよね。
アツシ　見た目じゃ、人ってわかんないですね。じゃ、これで失礼します、さようなら。
ナナエ先生　さようなら、アツシくん。
アツシ　あの……
ナナエ先生　ん？　どうしたの？
アツシ　先生、大変かもしれないけど、よろフラ、続けてくださいね、じゃ。

アツシ、去る。

ナナエ先生　……どうしたのかしら。あの子、一回もよろフラに来たことないのに。ま、いっか。

サチ、チハル、マナミ、ユカやって来る。

チハル　先生会議終わったんですか。
ナナエ先生　そうなの、くたくた。
サチ　あれ、ケンジとあっくんは？
ナナエ先生　さっき、アツシくんはいたけど。ケンジくんは見てないわね。
マナミ　もういないか、二人とも。
ユカ　やーん、残念。あたしも試したかったのに！
チハル　あっくんも陰で必死だから、ついこっちも熱演しちゃったし。
マナミ　ケンジ、意外と良いこと言ってたねー！

サチ　そうそう、びっくり。
チハル　思わず感動しちゃった。

四人、笑う。

ナナエ先生　なんの話？
四人　なんでもないでーす。来週のよろフラ、楽しみにしてまーす。さようなら！
ナナエ先生　そうお。さようなら。

四人去る。
ナナエ先生、眼鏡と上着を身につける。軽くストレッチ。

ナナエ先生　あーあ、今日はよろフラできなくて、残念！ん？　なにこれ？

ナナエ先生、ポケットから、メモを出す。

ナナエ先生　「よろフラばんざい。先生、おつです。」んんん??

音楽。ナナエ先生、首をかしげて、片付け始める。
生徒たち、あわててふたり入ってくる。

リナ　もうよろフラ終わりですか？
サクラ　ちょっとだけ、聞いてください。
ナナエ先生　えー今日はもう。
リナ　え～お願いしますぅ！　五分でもいいんで！
サクラ　三分ならいいですか？　先生、お願いします！

頼みこむふたり。仕方なくよろフラを始めるナナエ先生。
音楽高まって。

――幕――

ヘルメンGO！

生徒会特別組織、ヘルプメン、通称ヘルメンは
お悩み相談をみんなで明るく応援して、解決できるように、
放課後がんばっています。成績や友達関係、そして恋愛関係まで……
今日もヘルメンはあなたの力になろうと、全力で支えていきます！

キャスト

ナオ
リョウ
ジュン
トモ
アイ
ユミ
エリ
ミオ
ケン
マナミ
ハル
ミカ
サクラ
ユリ
サチ
レイ
ミナ

舞台全体青く薄暗い中、テーマソング「ミッションインポッシブル」。
だんだん明るくなる。

ナオとリョウが、やや怪しい動きで周囲の様子をうかがいながら登場。
音楽にのってリズミカルに、スパイのような動きで決める。
そこへジュンも登場するが、ワンテンポずれていて、いまひとつ決まらないが、
本人は気にせずに三人で決めのポーズ。

ナオ　お困りのそこのあなた！
リョウ　学校でお悩みのあるあなた！
ジュン　うちらがお助け——
ナオ・リョウ　お助けしますよ！
ジュン　その名も——
ナオ　生徒会特別ボランティア組織、ヘルプメン！　言いにくいのでヘルメン！
リョウ　あなたの学校生活の悩みをお助けします。
ジュン　困ったことがあったら、B棟二階のヘルメンボックスにリクエストをどうぞ！
リョウ　週二回、火曜と金曜にヘルメンが全力でお答えします。
ナオ　我々があなたのために出した答えは。
リョウ　直接この生徒会ヘルメン専用室に来て頂いてお返事します！
ジュン　あなたのリクエストにお答えします！　おっ、決まったあ！
リョウ　行け行け、ヘルメン！　略して。ヘルメンー！
ナオ・リョウ・ジュン　ゴー！（ジュンは遅れて）
ナオ　ヘルメンー！
三人　ゴー!!（ジュンはまた遅れてしまう）
ナオ・リョウ　今日もオープニング決まったな。（ハイタッチ）
ジュン　オレ、消化不良。
リョウ　気にすんなって。味があるよ、ジュン。
ナオ　コホン。みなさま、本日も授業、お疲れさまでした！
リョウ　お疲れさまです！
ジュン　ドンマイ、ドンマイ、疲れてないよー！
リョウ　そりゃあ、ジュンは授業中寝てるからなあ。
ジュン　そんなことないし。
ナオ　休憩とれるヤツはいいよなあ。
ジュン　だから、違うってば。
ナオ　わかった、わかった、いつものことだ。
リョウ　そう、いつものことだ。いいなあ、ジュンは。
ジュン　ちげーよ、話聞けよ！
ナオ　では、早速今日の課題に移ろう。
リョウ　ラジャー。

ジュン　スルーかよ。
ナオ　では、我々ヘルメンゴーに託された、今日のリクエストを発表してもらおう。あれ、トモは？
リョウ　あー二組、学活遅かったぽいな。
ジュン　オレなんか、放課後ダッシュで一番にここに来たぞ。
リョウ　でも、鍵持って来るのをまた忘れて、職員室へ戻ったんだろ。
ジュン　まず素早く『来る』ことが大事なんだ。
ナオ　それでまたオレらと行き違って、オープニングに遅れたんだよな。
ジュン　うるさーい！　決めポーズが決まったんだからいいんだよ！
ナオ　はいはい。
リョウ　そうそう。
ジュン　なんだよ、二人とも！
ナオ　じゃ、もうちょっと、トモを待つか。
リョウ　そうだね。
ジュン　またスルーかよ。
トモ　ごめーん、遅くなっちゃって。
ジュン　遅いぞ、オレなんか、一番で――
ナオ・リョウ　お疲れさま！
トモ　お疲れさまでした！
ジュン　聞けよ、最後まで。
トモ　あ、ジュンもいたんだ、お疲れ！
ジュン　オレの人生、流されてばっか。
リョウ　気にすんな。（肩をたたく）
ジュン　ううう。
ナオ　で、トモ、今日のリクエストの状況は？
トモ　あーはいはい。今日はリクエストボックスに三枚だよ。
ナオ　ふうん、うちらがヘルメンゴーを立ち上げて一年。まあまあの平均値だな。
トモ　四時半から、順番に予約で回答を希望しています。
ジュン　あと五分もないぞ！
リョウ　今日は何年生から？
トモ　えっと（紙を見ながら）三年生、二年生、三年生の順番。あ、今日は全員女子だ。
ジュン　おっとお、オレの出番が来たな。
ナオ・リョウ　まだいいから。
ジュン　なんだよ、もう。
トモ　では、発表しまーす。まず一人目は三年三組のペンネームへっぽこさんからです。
ジュン　へっぽこ？　すでに終わっているペンネームじゃね？
ナオ・リョウ　黙って聞け。
ジュン　うー。
トモ　ヘルメンゴーのみなさん、こんにちは。
ナオ・リョウ・ジュン　こんにちはー！（ジュンは遅れる）

トモ　私は、どうしたらいいのか、わからなくなってしまって。みなさんに答えを教えてほしいと思ってリクエストを書きました。
リョウ　丁寧だな。
ジュン　はいはい、なんですかぁ？
トモ　よくある話かもしれませんが、私は部活と勉強の両立がうまくできません。
ジュン　勉強かあ、オレ、ムリー。
リョウ　うるさい。
ジュン　すんません。
トモ　部活も、かっこ卓球部、一生懸命やってるつもりですが、試合では勝てないし、塾にも通っているのに成績も思ったように伸びません。私はどう改善したらいいのか、もうわからなくなってしまいました。助けてください。
ナオ　結構深刻だな。
リョウ　でも、ペンネームがへっぽこだから、どこかまだ余裕はあるよ。
トモ　リョウはさすがだね！　でも何て答える？
ナオ　うーん、そうだな。

ジュンが手を挙げているが、みんな無視している。

リョウ　できるだけ具体的な返事が良さそうだね。部活も勉強も、何が一番気になるのかもう少し詳しく本人から聞いてさ。
トモ　あ、いいね、それ。
ナオ　そうだな。ん？　なんだ、ジュン？
ジュン　ずーっと手を挙げてるんですけど。
リョウ　はい、どうぞ。
ジュン　一生懸命やったって、世の中うまくいかないことが多いんだからさ、気にするなって、言ってやればいいじゃん。
リョウ　それは、解決になんないんじゃない？
ジュン　だってさー。オレなんか寝ないようにこんなに努力しても、テストの点が全然上がらないんだよ。
トモ　はい、もういいから。
ナオ　じゃあ、さっきの路線で。
リョウ・トモ　ラジャー！
ジュン　本日四度目のスルーっすか。
リョウ　正確にはもっとだけど、気にすんな。
ジュン　ううう一。
トモ　あ、そろそろ時間！
ナオ　机とイス！
ジュン　ラジャー。

四人、あわただしく机とイスを並べかえていると、ノック音。

ナオ　はーい。どうぞ入ってください。

アイ　失礼します。
ジュン　お、へっぽこ？　いてっ。

リョウ、ジュンをはたく。

トモ　あれーアイちゃんだったんだ。
ジュン　えー―、へっぽこじゃないじゃん。
リョウ　しっ。
アイ　うん、トモちゃんもいるから、初めてだけど安心して来れました。みなさん、今日はアドバイス、よろしくお願いします。
ナオ　ペンネーム、へっぽこさん。まずは一番悩んでいることをもう少し詳しくお話ししてもらえますか？
アイ　私、自分で言うのも何ですけど、部活も勉強も一応努力している方だと思います。
リョウ　だってこの前の市の卓球大会、個人三位で、全校集会で表彰されてたよね？
トモ　勉強だって、アイちゃん学年のトップクラスだよ。
ジュン　何でもできる人に限って、悩むのかなあ？
アイ　ううん。ダメなんです。どれだけがんばっても、私。
リョウ　自分の結果に、納得いかないんだね。
アイ　どんなにやっても……「一番」にはなれないんです。
4人　そこかー。
アイ　これだけやってもこんなもんなら、もうやらなくてもいいのかなって。やってもやらなくても同じなのかなあって思ってしまうんです。
リョウ　同じじゃないよ、もちろん。
アイ　今度こそ、今度こそって、部活も勉強も必死で精一杯やって。睡眠時間も減らして、ネットもマンガもガマンして、友だちとも出かけるのを何度もやめたのに。
トモ　アイちゃん……
アイ　みんな、「すごいね。でもあとちょっとで一番なのに、おしいよねー」とか。「なんでアイちゃんが、一番じゃないかわかんないよ」って言うけど。
リョウ　きついよね。
アイ　もう私、一生一番取るのは無理なのかなって。
ナオ　でも、投げやりにならないで、よくヘルメンゴーにリクエストを出してくれたね。
トモ　ありがとね、アイちゃん。
アイ　私、そんなんじゃないんです……
ナオ　聞いてるとさ、我慢していることがたくさんあるんじゃないの？
アイ　我慢？
リョウ　せっかくの機会だからさ、思いっきり言いたいこと言いなよ。
トモ　ここだったら、大丈夫だよ。みんな秘密は守るよ。
ジュン　そうそう、すっきりするよ。オレもいつもガマンの連続だからわかるよ。

アイ　そうなんですか。
ジュン　うん。（Ｖサイン）
ナオ・リョウ・トモ　はい？
アイ　じゃ、じゃあ、思い切って言います。
トモ　うん、スパって言っちゃいな！
リョウ　トモみたいにはっきりね。
トモ　もお。
ナオ　どうぞ、言ってみて。
ジュン　言っちゃえ言っちゃえ！
アイ　……ふ……
リョウ　ふ？
アイ　ふー……
４人　ふー？
トモ　アイちゃん、ファイト！
アイ　はい。えっと、あの……ふ……ふ……、ふざけんじゃねーよ！　どんだけあたしがやったかも知らないくせに！

アイ、別人のように豹変し、四人びっくりして聞き入る。

アイ　何で一位じゃないかって？　んなもん、こっちが聞きてーよ。テストもいつも二番？　はあ、こちとらマジでやってるっつーの！　親も先生も友達もさ、応援してくれるのは嬉しいけど、思い通りいかなくて、すげー頭にきてるのは、ムカついてんのは、あたしなんだよ！
４人　おおおーっ。
アイ　ふざけんなー！　くやしい！　あたしは……あたしは……一番になりたい！　くやしい！　バッキャヤロー！
ジュン　こえーよぉ。（泣）
アイ　でもでも、あたしは何よりも自分が自分に納得したいんだ。まわりのことなんか、気にしないで、これからは、やりたいようにやってやる！　見てろよ、おまえら全員だ！（正面に）

四人、呆然とする。

アイ　あれ、やだ、あたしったら。
トモ　アイちゃん……
アイ　きゃはははは！　なーんかすっきりしました！　今まで誰にも言えなかったので。
ジュン　すごいっす。なんか尊敬する。オレもがんばる。
アイ　え、そう？
リョウ　こういう時、ジュンは役立つなあ。
ナオ　へっぽこさん、もう答えは見つかったんじゃないかな？
アイ　ええ、ありがとう。聞いてくれて。あたし、自分がそう思ってたんだって気がつきました。
トモ　アイちゃん、なんかごめんね、わかってなくて。
アイ　ううん。私、自分で自分のことを押し込めてたみたいです。やはり思ったことはその都度ちゃんと言わないと体に悪いしね。自分でも変わらなくちゃ。

リョウ　これから、気持ちは切り替えられそう？

アイ　はい。もし苦しくなったら、また聞いてもらえますか？

ナオ・リョウ・トモ　もちろん！

ジュン　こわいけど、いいっすよ。

みんな、笑う。

アイ　ありがとうございました。でも怒鳴ったのは内緒にしてくださいね。さようなら。

四人　さようなら。がんばって。（口々に）

アイ、去る。

ナオ　ヘルメン〜

三人　ゴー！（全員で拳を上げる）

ジュン　超、やばかった。

ナオ　我慢しすぎは体によくないっと。（記録している）さあ、次、行こうか、トモ。

トモ　はーい、えっと二人目は、二年生のレモンさんから。

ジュン　なんだ〜レモンだけに、酸っぱい悩みかよ？

リョウ　ジュン、静かに。

ジュン　すんません。

トモ　ヘルメンのみなさん、初めまして、レモン、カッコ、仮名。

三人　初めまして！（ジュン遅れる）

トモ　友達とのことで相談です。私には、小学校の時から仲の良い友達がいます。

ジュン　オレらみたいじゃね？

トモ　何でも言い合えると思っていたのに、最近ギクシャクしてしまって、しゃべっても、メールとかでも、すぐけんかみたくなって、前のようにつきあえません。

リョウ　中学生だからなあ。

ジュン　あるある。

トモ　普通に、自然にしゃべったりしたいんです。私は、どうしたらいいのでしょうか？

ナオ　この手の悩みは多いけど、結構パターンがあるかな。

リョウ　これも本人によく事情を聞いた方がいいよね。

ナオ　そうだな。これは仮想ロールプレイアンド妄想プレイかな。

ジュン　仮装プレイ？　コスプレするの⁉　やったー！

トモ　それじゃない。想像する仮想。

ジュン　漢字がわかんないよお。（落ち込む）

リョウ　まあまあ、がんば。

リョウ、ジュンに書き方を教えてやる。

トモ　へへっ！
リョウ　さすがは、トモ！
トモ　まかせて。さっき声かけといたから、呼んでくるね。
リョウ　あ、協力者に頼んでない！
ジュン　うん、実はさー……
ナオ　でもおまえ、コスプレしたかったのか？
ジュン　うん。

トモ、去る。

ジュン　協力者って？
ナオ　もちろん、仮想ロールプレイの相手役だよ。
リョウ　あ、来た、レモンさん？
ユミ　し、失礼します。ヘルメンゴーのみなさん、二年のレモンです。
リョウ　あれ、ユミちゃん。
ジュン　知ってんの？
リョウ　うん、近所だから。
ユミ　こんにちは。リョウちゃん。
リョウ　遠慮しなくていいよ。（ユミうなずく）

トモ、マイを連れて戻って来る。

トモ　お待たせ！　演劇部のマイちゃんです！
ナオ　いつもご協力ありがとうございます。
リョウ・ジュン　ありがとうございます！
マイ(エリ)　こちらこそ。よろしくお願いします。
四人　お願いします。
リョウ　ユミちゃんに協力してもらうんだ。
ユミ　あ、そうなんですか。よろしくお願いします。
ナオ　早速ですが、レモンさん。あなたはもともと仲の良かった友達とうまくいかなくなってしまったということですか？
ユミ　はい。ずっと仲のよかったエリのことです。
リョウ　あー小川エリちゃん？
ユミ　はい。
トモ　あの保健委員のはきはきした子だよね。
ユミ　そうです。昔からエリは、私と違ってはきはきしていて。
ナオ　うまくいかなくなった、きっかけってある？
ユミ　はい。夏休みに入ってすぐくらいの時。
ナオ　よし、やってみよう。仮想エリちゃん役ここへ来てくれる？
トモ　さっき打合せはしといたよ！
ナオ　じゃ、早速いい？　あわせてもらって？
マイ(エリ)　はい、大丈夫です。
ナオ　じゃあ、仮想ロールプレイスタート！（手を叩く）

ユミ　ねえ、一緒にお祭り行こうって、約束してたのに、なんで!?

エリ　だってしょうがないじゃない？　いつにするか決めてなかったから。マナミが誘ってきたんだもん。

ユミ　だったら、先に私と話をしてたんだから、相談してくれてもいいじゃない！

エリ　なんで私ばっかりユミにあわせなきゃいけないの？　だったらそっちから言ってよ！

ユミ　そんな言い方ひどいよ！　約束破ったのはエリなのに、なんで私を責めるの？　おかしいよ！

エリ　うざいな、もう。じゃ話しかけないで。ほっといてよ、ユミのバカ。

ナオ　(手をたたく) はい、ひとまずストップ。

ジュン　女子めんどくせー。

トモ　なによ！

リョウ　こらっ。

ジュン　さーせん。

ナオ　レモンさんは、部活とか忙しい人？

ユミ　部活は入ってないんですが、外で空手習っていて。

リョウ　結構強いんだよね。あれ、エリちゃんもやってなかったっけ？

ユミ　エリは三年前にやめちゃって。

ナオ　じゃあいつも一緒ってわけでもないんだ。

ユミ　そうです。今年はクラスも違うし。

ナオ　そーか、そーか。

ジュン　おっ、ヘルメン隊長ナオさま〜、いいアイディア来た？

ナオ　もうすこーし、やさしく言ってみない？

ユミ　えっ？

トモ　でもこの状況じゃ、厳しいよ。

ナオ　わかるよ。でも、ずっと友達でいてほしい人なんだろ？

ユミ　それは……そうです。

ナオ　じゃあ、ちょっとだけがんばりなよ。エリちゃんの言葉をかみしめてみて。

ユミ　言葉をかみしめる？

リョウ　あーわかった。きっとエリちゃんの方が寂しいんだよ。

ユミ　えーっ？　エリが？

トモ　ユミちゃんが先に行ってしまってる感じなのかな？

ジュン　なんで？　わかんねー。

トモ　ジュンはよく考えなさい。

ユミ　だってだって、エリの方が思い通りやってるんじゃ？

ナオ　うん。そこもよく考えてみて。さあ、もう一回、やってみよう。今度はマナミさんたちの妄想プレイを入れて考えてみようか。よーい、スタート！（手を叩く）

再現シーン的に。

マナミ　エリー！
エリ　マナミ。
マナミ　ねえ、あさっての土曜、夜あいてる？
エリ　あ、お祭りの日？
マナミ　そうそう。
エリ　あーうーん。
マナミ　え？　どっち
ハル　あーちょうどよかった！　エリ、うちらとお祭り行かない？
エリ　えっ。う、うん。
マナミ　ちょうど誘ってたとこ。
ミカ　なんだーみんな集まってたんだ。
ハル　そ。エリも一緒に行こうよ！
ミカ　みんなで行ったら楽しいよ。
ハル　あたし、浴衣着ていく！
ミカ　あたしも！
マナミ　で、どうする、エリ？
エリ　あ、うん。みんなと行こうかな。
マナミ　ユミとは約束してないの？　大丈夫？
エリ　んーでも、連絡ないし。

ユミ、はっとする。

マナミ　そっか。
ハル　ねえねえ、浴衣着るでしょ？
ミカ　あたし、新しいの着ちゃおうっと。

マナミ・ハル・ミカ、「いいねえ」などと笑いながら去る。
ユミ、入ってくる。

再現シーン的に。

ユミ　ねえ、一緒にお祭り行こうって、約束してたのに、どうして？
エリ　だってしょうがないじゃない？　いつにするか決めてなかったから。それにマナミが誘ってきたんだもん。
ナオ　はい、ここ！　この返事やさしく！
ユミ　電話かメール、ほしかったなー。一緒に行くのを楽しみにしてたんだよ、あたし。
エリ　だって……ずっと忙しそうだったから、ユミ。
ユミ　えっ？
エリ　私だって、本当はユミと一緒に行きたかった。でもマナミが誘ってくれて、嬉しかったんだよ。
ユミ　エリ……
エリ　私、ユミに相談しようとしたら、今空手と塾で忙しいから、また今度にしてって。
ユミ　あ、先週確かにバタバタしていて、そんなこと言ったかも。

エリ　どうしようかと思ったけど、もういいやって、思っちゃった。

ナオ　レモンさん、相手の言葉をかみしめたら、なんて言う？

ユミ　……タイミング悪かったんだね。

エリ　ううん、私の方が悪い。

ユミ　エリと、もっとちゃんと話せばよかったのに。ごめんね。

トモ・リョウ・ジュン　おおっ、言い方が変わった！（ナオうなずく）

エリ　私の方こそ……ごめんなさい、勝手に決めて。

ユミ　エリ……やり直さない？

エリ　うん。そうしたい。

ユミ　じゃあ、秋の、神社のお祭りに行かない？

エリ　行きたい！

ユミ　一緒に行こう。

エリ　うん。

ふたり、手をつなぐ。

ナオ　（手をたたく）はい、そこまで。

トモ　いい感じじゃない？

リョウ・ジュン　よかったよ！

ナオ　ということで、ありがとうございました、マイさん。

三人　おつかれさま～マイちゃん！　またよろしくね！

マイ（エリ）　はーい、またね！

マイ（エリ）去る。

ナオ　わかったかな？

ユミ　私……私だけが辛いって思ってた。

リョウ　エリちゃんはエリちゃんで、きつかったかもしれないね。

トモ　同じような会話でスタートしたのに、結末が全然違う！

ナオ　そ。ほんのちょっと、相手にやさしい気持ちを持ったら、言葉が変わるってこと。

ジュン　ホンマ勉強になりますな～。（もみ手）

リョウ　ジュンは、まず普通の勉強をがんばれ！

ジュン　うぃーす。

みんな、笑う。

ユミ　すっきりしました。私の心、トゲトゲしてた。大事な友達なのに。

リョウ　気がついたんだから、間に合うよ。大丈夫。

ユミ　ありがとうございました。私、仮想じゃなくて、今日、

ちゃんとやってみます！　失礼します。（ユミ、去る）

4人　がんばって！（など口々に）

ナオ　ヘルメン〜

3人　ゴー！（全員で拳を上げる）

リョウ　ナオ、とてもいい方法を取ったね。

トモ　さすがは隊長！

ジュン　冷静ですごいっすね〜。

ナオ　いやあ、それほどでも。マイちゃんもさすが演劇部。よく合わせてくれたしね。やさしい気持ちで言葉が変わるっと。（書く）さあ、最後のリクエストは？

トモ　えっと、もうひとりの三年生。あ、実名だ。

ジュン　誰？　誰？

サクラ　あのーすみません。

サクラ・ユリ入ってくる。

トモ　あれ、この子たちは相談者じゃないんだけど。

サクラ　あ、そうなんです。

ジュン　おっと、もしかして⁉

リョウ　ヘルメン入会希望者⁉

サクラ・ユリ　違いまーす！

リョウ・ジュンがっかり。

サクラ　あたしたち話があって。

ユリ　おじゃましまーす。

ジュン　何だ？

サクラ　えっと、うちら二年の間で、ナオ先輩のことが話題になっててー。

ユリ　ナオ先輩いますか？

ナオ　ここにいるけど？

サクラ・ユリ　やっだあー！　いたんですか、もお！（キャピキャピ）

ナオ　え？

トモ　あのさ、忙しいんだよね、うちら。

サクラ　すみません〜ナオ先輩に告白したいって子が、何人かいるんですよお。

ナオ・トモ・リョウ　はあー⁉

ジュン　来た来た！　来ましたよ！（嬉しそうに）

ユリ　うちら二年にいるんですよお。それで先輩はどうなのかなって。

サクラ・ユリ　ねーっ。

トモ　ねーじゃないし。

ジュン　あれ、機嫌悪くなってきた、トモ？

リョウ　そうなの？　ねえ、そうなの、トモ？

ジュン　あせってますなあ、お客さん。

リョウ　うるさい。

トモ　とにかく今ヘルメンのことでうちらは余裕ないの！

ナオ　あの……今、話はできないから。
ジュン　あの……今、話はできないから。なんちて。（カッコつけてマネる）
ナオ　おい、ジュン！
ジュン　へへっ。
トモ　あーもー、とにかく出てって！
サクラ・ユリ　はあーい。怒られちゃったあ。あーあ、残念だよねー。ねー。（出ていく）
ジュン　なんだぁ、あいつら。わけわかんねえな。
リョウ　せっかく入会希望者かと思ったのに。
ジュン　ヘルメンの後輩来ないなあ。
ナオ　トモ、話をもどそう。
トモ　ゴホン。では話を戻します！　さて、本日最後の相談者は……三年五組の……山中ミオさん。
ジュン　ミオ？　なんだよ、悩みゼロ系のネアカじゃん。
リョウ・トモ　おまえが言うか？
ジュン　さーせん。
ナオ　えーほぼ毎日しゃべってるし、塾も同じだけど、悩みなんて聞いたことないな。
リョウ　ナオの幼なじみだよね？
トモ　ナオには言えない悩みだったりして？
ナオ　トモ、時間ないんだから、早く読んで！
トモ　はいはい。ヘルメンゴーのみなさん、こんにちは。いつもみんなの活躍は評判になっています。たくさんの人を助けてくれてありがとう。
三人　どーいたしましてー。（ジュンは遅れる）
トモ　私は、たぶんみなさんのお世話になることはないと思っていた、悩みのないタイプでしたが、このたびお願いすることにしました。
ジュン　ほら、やっぱそうだろ。（ドヤ顔）
リョウ　しっ。
トモ　私の相談は今日の最後の順番にしてください。そして、リクエストの内容は……好きな人についてです！
ジュン　ヒューヒュー、来たー！　オレ得意かも！
トモ　ジュン、興奮しすぎ。
ジュン　それでそれで？
トモ　詳しくは、ヘルメン専用室でお話ししたいです。
ジュン　なーんだ。
リョウ　そろそろ、来るよ。
ナオ　何だよ、あいつ。
トモ　心配だねえ、ナオ。
ナオ　うるさい。じゃあ、打ち合わせはなしで。
三人　ラジャー。

ノック音。

ジュン　来たー。はいはいどうぞ！
ミオ　こんにちは、おじゃまします！

ナオ　おう。
3人　ミオ、こんにちは！
ナオ　あー早速だけど、悩みについて詳しくお願いします。
ミオ　はい、ざっくり言うと、好きな人に告白しようかと。
ナオ　こ、告白？
リョウ　ヘルメンに来なくてもいいんじゃないの？
ジュン　そしたらつまんないよ！
トモ　ジュン！　でもここで言いたいから、来たんだよね？
ミオ　そう。ここだから、あえて言いたいと思って。
ジュン　えーなんで？
ミオ　それは、ここに。
リョウ　ここに？
ミオ　好きな人がいるから。
四人　えーっ!?
ジュン　とうとう来たか、オレに。
トモ　それは絶対ない。（パリン・デローン）
ジュン　うぎゃ。（倒れる）
トモ　まさかの展開なんだけど。はっきり聞くけど……ナオなの？……それともリョウ？
ジュン　オレは選択肢に入ってないと？
トモ　ない。
ジュン　うわー切られた。
トモ　ミオ？
ミオ　私、私……

間。

ミオ　私、ナオが好き。ナオは、誰が好きなの？

四人、息をのむ。ミオ、ナオを見て。

ジュン　大胆ですなー最近の人は。
リョウ　おまえはいつの時代だよ。
トモ　ナオ？
ナオ　そ、そんなこと急に言われても……
ミオ　どうなの、ナオ？　答えて、お願い。
ナオ　ど、どうって。
リョウ　これって公開処刑だな。
ジュン　罰ゲーム的な。
トモ　うるさい、ふたりとも！　ナオ、はっきり言いなさいよ、もう。
リョウ　こういう流れならしょうがないよ、ナオ。
ジュン　とりあえず、言っちゃえば？（軽い）
リョウ・トモ　とりあえずはダメ！
ジュン　厳しいなあ。
ナオ　オレ……

間。

ナオ　オレもミオが好きだ。前からオレも、言いたかった。
リョウ・トモ・ジュン　ワーオ！　キャー。（それぞれ）
ジュン　よかったなー、ミオ。
ミオ　……
リョウ　ミオ？
ミオ　……困る！　それじゃダメ！
ナオ　は？
リョウ　どういうこと？
トモ　なんで？
ジュン　わからん、この展開。
ミオ　私じゃなくて、他の誰が好きなのか知りたかったのに！　ナオのバカ！

ミオ、飛び出す。

トモ　待って、ミオ。

トモ、ナオを突き飛ばして追いかける。

ナオ　何なんだよ、これ!?（がっくり）
ジュン　全くわかんない。
リョウ　どうして、こうなんだ？
ナオ　……勝手に告られ、イエスと言ったら勝手にフラれ、嫌われて。オレ、もうダメージが大きすぎ。（廃人の感じ）
ジュン　ナオ、おつかれ。
リョウ　冷静な我らが隊長をこんなに。
リョウ・ジュン　バッサリ。（刀で切るマネ）
リョウ　辛いよね。
ジュン　わからんなあ。
リョウ　ミオはなんであんなこと言ったんだろ？　おかしいよな。絶対なんかあるよ。んん！　ちょっと待て！　あの最強のトモだ。必ずミオを連れ戻す。
ジュン　それで？
リョウ　あの裏へ隠れよう。
ジュン　なんで？
ナオ　ほっといてくれよお。（力なく）
リョウ　うちらがいなきゃ、なんであんなこと言ったのか、理由がわかるかも。
ジュン　よしっ！（弱っているナオをふたりで引きずって衝立の裏へ）
ナオ　もう何が何やら。
ジュン　ファイト、ナオ。

トモとミオの言い合う声。
「とにかく戻って。」「トモ、痛いってば。」

リョウ　ほら、戻って来た。

ジュン　すげー、トモ、強えー。
リョウ　しっ。

三人は衝立の裏で黙って聞いている。
トモ、ミオの腕をつかんで戻って来る。

ミオ　痛い、離して。
トモ　ミオが飛び出すからいけないんだよ。あれ、みんなは？
ミオ　知らないよ、そんなの。
トモ　ミオ、リクエストがちゃんと終了してないのに、勝手に出て行くのはダメだよ。
ミオ　そんなルール、知らないもん。
トモ　いいかげんにしなよ！　どうしたの、一体？
ミオ　……
トモ　悩みや相談のリクエストがあったのはそっちでしょ？　ナオに告白しといて、いくらなんでも、あれはないんじゃない？
ミオ　だって……知りたかっただけだから。
トモ　何を？
ミオ　……ナオの好きな人を。
トモ　はあ⁉　じゃあどうしてナオに好きって？
ミオ　それくらいしないと、ナオが教えてくれないと思って。
トモ　ねえ、知りたいとか教えるとか、告白と違う流れじゃない？　何かおかしい！
ミオ　……
トモ　ミオ、ホントの事を言って。ナオだって傷ついてるし、うちらの仲間にひどいよ。
ナオ　ううう。
リョウ　しっ。
ミオ　トモはナオが好きなの？
リョウ　えっ⁉（あわてて口を閉じる）
トモ　はあ？　んなこと言ってないでしょ。ミオの話をしてるの！
ミオ　もし誰か好きな人がいるなら、ちゃんとはっきり伝えた方がいいよ。
トモ　言ってることと、やった内容が食い違ってるんですけど。
ミオ　……そうだよね。トモ、ごめん。ナオにもみんなにも失礼だったよね。
トモ　特にナオはダメージひどいと思う。
ナオ　うっ。

リョウ・ジュン、ナオの肩をたたいて慰める。

ミオ　ホントだよね。
トモ　なんであんなことしたの？

ミオ　私ね、同い年の従姉妹が隣の中学にいるんだ。
トモ　あー聞いたことある。北中？
ミオ　そう。小さい時から仲良しで、ナオもよく一緒に遊んで。塾も一緒。
トモ　その子が？
ミオ　一ヶ月前にね、突然倒れて入院しちゃって。
トモ　えっ？
ナオ　えっ？
ミオ　原因不明の難病らしいんだ。もうベッドからも起き上がれないくらい弱ってて。
トモ　そんな。
ミオ　命は取り留めたけど、しゃべるのもやっとで。この先もどうなるのかわかんない。おととい、お見舞いに行った時、小さい声で私に言ったの。
トモ　何て？
ミオ　こんなふうになるんだったら、告白しとけば良かった、って。ずっとナオが好きだった、って。
トモ　……そうだったんだ。
ミオ　私もね、ナオのことは好き。
トモ・ナオ・リョウ・ジュン　へっ？
ミオ　でもそれ以上に従姉妹の気持ちをナオに伝えたくて。代わりに私が告白したみたいになったちゃった。おかしいよね、やってることが。でもナオが私の従姉妹を好きなのか知りたくて。
トモ　正直に最初から言えば良かったのに。
ミオ　言えなかった。でもかえって悪いことしちゃった。
トモ　そっか。
ミオ　私、悔しい。どうして従妹が病気にならなくちゃいけないの？
トモ　うん。
ミオ　すごくいい子なのに。私なんかより、すごくいろんな事がんばってたのに。
トモ　うん。
ミオ　でも、私も明日倒れるかもしれない
トモ　えっ？
ミオ　ねえトモ、私たちだって、今こうやって話してても、もしかしたら、明日急に倒れるかもしれない。事故や地震にあって大けがするかもしれない。事件に巻き込まれて死んじゃうかもしれないんだよ⁉
トモ　ミオ……
ミオ　あたし、こわい。明日どうなるのかわかんないんだよ？　今、元気で普通にしていても……

三人、衝立から出てくる。

リョウ　だから、今できることを一生懸命、今やればいいんじゃないの、ミオ。
ミオ　えっ。

トモ　聞いてたんだ、みんな。
ナオ　ミオ。
ミオ　ごめんなさい、ナオ。私、なんだか焦って、嫌なやり方をした。
ナオ　理由がわかって、ちょっとほっとしたよ。あの子が、塾を休んでいたわけもね。
ミオ　気がついてたの？
ナオ　そりゃ、前は一緒によく遊んだし。最近全然来ないから塾辞めたのかと思ってた。
ミオ　ナオ。
ナオ　うちら幼なじみなんだから、こんなまわりくどいことしないではっきり言いなよ。
ミオ　うん、ごめん。みんなもごめんなさい。変な感じで巻きこんでしまって。
ジュン　でもさ、それが悩みだったんだから、しょうがないんじゃね？
リョウ　ジュンはたま〜に、いいこと言うね。
ジュン　いつもじゃなくて？
トモ　どうする、ナオ？
ナオ　そうだな、まずはオレ、ミオと一緒にお見舞いに行きたいな。
ミオ　えっ。でも顔色悪いし、恥ずかしいからナオに会いたくないって言うかも。
ナオ　じゃあ、いつなら会いに行っていいか、まずミオから聞いてくれる？
ミオ　ナオ……ごめんね、本当に。なのにありがとう。
ジュン　あのさあ、いい？（さっきからまた手を挙げている）
リョウ　どうした？
トモ　変なことは言わないでよ。
ジュン　うちらヘルメンゴーで応援メッセージとか書いてさ、渡してもらうっていうのはどうかな？
リョウ　時々神が降りるな、ジュン。
トモ　ジュンのそういうところ、好き！（たたく）
ジュン　いててて。やめろよお。
リョウ　ジュンのこと、好きなの？
トモ　うん。
リョウ　ええっ!!
ナオ　なに焦ってんの？
トモ　そういう意味じゃなくて！
リョウ　あーあーそうなんだ。なーんだ、良かった。
トモ　ん？
リョウ　いやいやいや、なんでもないから。
ジュン　おやおやおや、ここにも何かありますよ♪（ハートマーク）
リョウ　うるさい、ジュン。
トモ　どういう意味？
ナオ　最強のくせに鈍感だな、トモ。

トモ　えーなんのこと？
ナオ　まあ、いっか。
リョウ　そうそう、いいんだよ。
ミオ　いい仲間だね、みんな。
ナオ　いつもこんなだよ。
ミオ　いいね。ちょっと羨ましいな、ナオが。
ナオ　え、そう？
ミオ　じゃ、私、これで帰るね。病院にも寄ってみる。
ナオ　うん、頼むね。あと、ミオ。
ミオ　え？
ナオ　一緒にいろいろ、ゆっくり考えよう。
ミオ　うん。ありがとう。あとでメールするね。みんなもありがとう。
四人　さようなら。（口々に）

ミオ、去る。

ナオ　明日はどうなるかわからないから、今できることを一生懸命やる。（書く）
リョウ　今日は忙しかったけど、ヘルメンゴーとしては充実してたね。
トモ　そうだね、ナオ。いつものあれは？
ナオ　じゃ、だいぶ立ち直ったので言うぞ。
三人　ラジャー。
ナオ　ヘルメンー
四人　ゴー!!（拳を上げて）
ナオ　決まったあ！　お疲れ様でしたあ！
三人　お疲れ様でしたあ！

四人笑って拍手しあう。ノック音。

サチ　あの～すみません。
レイ　ちょっといいですか。
ミナ　お話があるんですが。
ケン　時間、いいですか。
ナオ　あ、今日のヘルメンゴーはもう終了ですが。
サチ　いえ、ちがうんです。でもあの、先日はありがとうございました。
レイ・ミナ・ケン　ありがとうございました！
トモ　あー先週、グループで相談に来た二年生だね。
リョウ　うまくいった、あのあと？
サチ　はい、おかげさまで。
レイ　クラスのみんなとギクシャクしてたのに。
ミナ　ここのアドバイスのおかげです。
サチ・レイ・ミナ・ケン　うまくいきました！
ナオ　良かったね！
トモ　わざわざ報告に来てくれたの？
サチ　いえ、あの、私たち……

レイ　助けてもらって嬉しくて。
ミナ　それで私たちも、誰かの力になりたいなって。
サチ・レイ・ミナ・ケン　ヘルメンゴーに入りたいんです‼
ナオ　歓迎するよ！
リョウ・トモ　ついにこのヘルメンゴーに、後輩が！
ジュン　来たーっ‼

テーマソング。「ダンスがあるんだけど」「やれば簡単だよ」「すぐできるよ」「オレを見なよ！」など。
ナオ、リョウ、トモ、ジュンはオープニングのダンスを新メンバーに教えようとし始める。みんなでリズムに乗って。
全員で楽しそうに。音楽高まって。

――幕――

カメカメ大作戦

他人がどう考えているのか、いつも気にしてしまうヒロ。
カメ太郎との出会いから、人の本音がわかる不思議な力が備わって、
ヒロはまわりとの関係を考え直し始めるが……
あなたも人の本音、こわいけれど聞いてみたいですか？

キャスト

カメ太郎（亀）
ヒロ（中学３年）
タク（中学３年）
レイ（中学３年）

サチ（高校２年）

スズ（中学３年）
ミオ（中学３年）
カズ（中学３年）
シュン（中学３年）

リカ（小学４年）
エミ（小学４年）

第1場

（夕方の教室）明るい音楽と共に。
帰りの学活が終わるところの放課後の教室。生徒たちは、整列してあいさつ。

レイ 気をつけ。礼。
全員 さようなら。
スズ あー終わったあ。
タク あーあ、かったるい。
レイ いっつも、言うよね！
タク えー、そっかあ？
ミオ ねねね、明日提出の、総合の宿題、って何だっけ？
スズ ちょっとぉ、ちゃんと連絡聞いてないの⁉
ミオ 一応、聞いてたけど、わかんない。教えてよー、スズ。
スズ っていうか、実は私も自信ないんだよねー。
ミオ なーんだぁ。（ふたり、笑う）
レイ これだから、ふたりとも、忘れもの多いんだよね。
スズ 人間、誰しも間違いはある、でしょ？
タク でも、ミオとスズは毎日だよな。
レイ 本当だよね。
スズ でもさぁ、今まで、そんなに困ったことないよねー⁉
ミオ ないない‼
スズ それって、やっぱり、うちらがラッキーだから？
ミオ ラッキー？
スズ ねーえ、そんなことよりさぁ、宿題！
ミオ あ、そうだった。私もわかんないんだよね。
レイ レイ～！
スズ 知らない。（冷たく）
タク ねねね、タク～！
スズ しーらない！
ミオ ねーねー、教えて！
タク ねー、教えてよ！
わっかりませ～ん！　はい、さよなら～！

タクは知らんぷり。

スズ・ミオ もー、ケチ！
ミオ どうする？
スズ そうだ、ヒロがいるじゃん。
タク やめとけよ。
スズ だって、タクが教えてくれないんだもん。
タク ヒロに聞いたって、どーせ間違いだらけだろ。
ミオ そんなことないよー、ヒロは字がきれいだし。
タク いくら字がきれいでも、間違い多いんじゃあな。

スズ・ミオ、顔を見合わせる。

スズ　そりゃ、そうだけど。じゃ、やっぱり、タク、教えてぇ。
タク　やなこった。
スズ　もーケチ！
スズ　あーヒロ!!
ミオ　ヒロちゃん～助けて～！
ヒロ　えええっ、何を？
スズ　さっき、帰りの会で言ってた、明日提出の、総合の宿題って、何？
ヒロ　ああ、あれ。日本の昔話を調べて、自分の考えをまとめてくるやつ。
タク　ほっとけよ。
レイ　教える必要ないよ、ヒロ。先週だって数学のワーク見せてあげたばっかでしょ。
スズ・ミオ　きゃあ、ヒロちゃん、お願い！助けて～!!
ヒロ　う、うん。いいよ。
スズ・ミオ　やったーー、わーい!!

ベル。ヒロ以外、全員ストップモーション。

ヒロ　「これがあたし。いつも優柔不断で、人から頼まれるとノーと言えない。」「断ったりしたら、後で何言われるかわかんないし。はあ。」

ストップモーション解ける。

ヒロ　あのさ、例えばあたしはこの話、調べたんだけど。（レポート用紙を出しながら）
スズ　何、何？
ミオ　何の話？
ヒロ　浦島太郎。
スズ・ミオ　はあ～!?
ヒロ　浦島太郎って、何か謎なんだよね。（嬉しそうに）
スズ　それって、確か助けたカメに連れられて、って竜宮城へ行った、あの話？
ヒロ　そう。
ミオ　なんで、浦島太郎なわけ？
ヒロ　せっかく竜宮城で優雅に暮らしてたのに、どうして、また自分の村に戻ってきたのかなって。
ミオ　それで、村に戻ったら、知らない人ばっかで、玉手箱を開けたら、おじいさんになっちゃったって話でしょ？
ヒロ　うん。
スズ　なんで、その話なの？
ヒロ　似たような話が全国にもあるんだけど、「御伽草子」では、浦島太郎はお爺さんじゃなくて、鶴になって飛んでいった、って書いてあるんだ。

スズ、ミオ、端に走り寄ってコソコソと。

スズ　浦島太郎って、ちょっと、ダサくない？
ミオ　どうする？
スズ　でも、他にあてがないしぃ。
ミオ　しょうがないか。
スズ　せーのっ。
スズ・ミオ　あー、すごーくおもしろそう♪
ヒロ　そう？
スズ・ミオ　私たちもぉ、浦島太郎がやりたーい♪
スズ　ねえねえヒロ、一緒に調べたってことにしてくれる？
ミオ　ヒロのおかげで先生に怒られないで済むぅ！
レイ　あんたたち、どこまでずうずうしいのよ！　ヒロ、ほっときなよ。
スズ　レイは黙ってて。
ミオ　そうそう、うちらの話なんだからさー。
タク　あーあー、くだらねえ。
スズ　ありがと、ヒロ。
ヒロ　あ、うん。いいよ。
スズ　あーん、助かるぅ☆
ミオ　ほーんと、頼りになるのは友達だよねー。
スズ　他の人は冷たいしねー。
ミオ　早速さー、わるいんだけどー。
スズ・ミオ　ねーねー、そのレポート貸してぇ！

ベル。ヒロ以外、全員ストップモーション。

ヒロ　「また、それ？　いやんなっちゃうよ。でもそんなこと言えないし。」

ストップモーション解ける

ヒロ　あ、うんうん、いいよ。
スズ　やったー、サンキュ！
ミオ　助かったぁ！
スズ　持つべきものは、友達だよねー！
ヒロ　でも、最後のまとめ、終わってないよ。
ミオ　じゃ、明日、ちょっと早く来てくれる？
ヒロ　え、なんで？
スズ　ヒロが最後を仕上げて、それをまたその場で写させてよ～。
ミオ　ごめーん、ホント助かる。
ヒロ　……わかった。じゃ……七時半で。
スズ・ミオ　じゃ明日、朝返すね！

スズ・ミオ、レポートを奪い取るようにして、走り去る。

レイ　あれでいいわけ、ヒロ？
ヒロ　え、あ、うん。別に大丈夫。

タク　バッカじゃないの。
レイ　人がよすぎるよ、ヒロ。
ヒロ　そうかなあ。
レイ　もっと、バシって言えばいいのに。
タク　おまえ、とことん、バカだな。

ベル。ヒロ以外、全員ストップモーション。

ヒロ　「そんなのできれば、苦労しないよ。成績も優秀で、委員会とかバリバリやってるレイは、できるかもしれないけど。タクだって、部活の朝練サボってもレギュラーに入れちゃって、要領いいし。」

ストップモーション解ける。

ヒロ　あのふたりもかわいいとこあるしさ。

カズ、シュン、サナ、メグ教室に入って来る。

カズ　あ～いた！
シュン　いたいた、ヒロ！
カズ　探したんだよ。
シュン　まだ教室にいたんだ。
ヒロ　え、何？
タク　来たよ、また。
カズ　環境委員会なんだけどさぁ。
シュン　ほら、オレらふたり。
ヒロ　う、うん。
カズ　今日と明日さ、委員会があることうっかり忘れちゃって。
シュン　ヒロに代理を頼みたいんだ。ひとり出ればいいからさ。
ヒロ　えっ、今日これから？
カズ　クラスメイトを助けてくれよ。
シュン　そうそう、お互いさまだよね。
ヒロ　今日はちょっと……
カズ　え、なんでダメなの？
シュン　こんなに頼んでいるのに？
ヒロ　う、うん、でも。
カズ　友達だろ、ヒロ。
シュン　うんって、言ってくれよ。

ベル。ヒロ以外ストップモーション。

ヒロ　「やだやだやだ!!って言えないよお……」

ストップ解ける。

レイ　なんでヒロにばっか頼むわけ？
タク　おまえら、どっちかひとり、出ればいいだろ？
カズ　え～ちょっと～。
シュン　これから出かける用があってさー。
レイ　（わざとやさしく）えー、どこへ行くの？　教えて？
カズ　だって、（嬉しくて）ワンピースの特別イベントだし。
シュン　（のってしまう）今日は無理だよね。
カズ　そうそう。
シュン　町田に速攻、行かなきゃ！　あ、しまった！

二人、あわてる。

タク　おまえら、それで委員会さぼってヒロに押しつけるのかよ？
レイ　信じらんない。
カズ　あ、ヒロ、もういいよ。じゃ。
シュン　今の、忘れて！

二人、逃げていく。

レイ　なんなの、ホントに！
タク　いい加減にしないと、ヤバイぞ。お前がはっきり言わないから、こんなことになるんだぞ。救いようがないね。
ヒロ　そんな……

レイ　タク！　言い過ぎ！
タク　あっそ。オレ、部活行くから。じゃ。（去る）
レイ　気にしちゃだめ。でも気をつけなよ。ヒロ、部活は？
ヒロ　ごめん。まだ、おばあちゃんの具合悪くってさ。
レイ　今日も家事やらないとだめ？
ヒロ　明日は出れると思うけど。あ、でも朝練はダメになっちゃった。
レイ　わかった。がんばってね。先生に言っとくよ。
ヒロ　うん。ごめん。

先に去ったレイを見送って。

ヒロ　（ため息）あーあ。あたし、何やってんだか。

ヒロ、そのまま、舞台前面へ。ヒロが前面に出ると、後方は暗くなる。

そこへサチが走って来る。

サチ　あ、ヒロ、遅いよ。
ヒロ　お姉ちゃん、もう出かけるの？
サチ　今日は、バイトが早番だから、早く帰ってきてって、言ったじゃないの！
ヒロ　あ、忘れてた、ごめん。

サチ　ホント、あんたってば、しょうもないんだから。

ベル。サチ、ストップモーション。

ヒロ　「これが、あたしの姉、サチ。何でも積極的ではきはきしていて。姉妹なのに、あたしとは正反対。高校で勉強もバリバリやってるけど、家計を助けるために、バイトも頑張ってるし。あたしはいつもお姉ちゃんに頭が上がんない。」

ストップモーション解ける。

サチ　洗濯までやっといたから、あとは台所とお風呂、ちゃんとやってよ。

ヒロ　あ、うん。わかった。何時に帰ってくるの？

サチ　たぶん十一時過ぎ。テレビ見たまま寝ちゃだめだよ。

ヒロ　大丈夫だよ。お母さんは？

サチ　あたしと同じくらいかな。仕事の帰りに、そのまま今日も病院寄るって。

ヒロ　そうなんだ。

サチ　あたしも、お母さんも晩ごはんいらないから。

ヒロ　そっか……

サチ　ちょっとぉ、しっかりしてよね、わ、ぎりぎり！じゃ、行ってくるから。

ヒロ　あ、行ってらっしゃい。

サチ、慌てて走り去る。

ヒロ　なんだかなー。あたし、鈍くさい。役立たずだし。

子どもたち、楽しそうに歌いながら、入って来る。

子どもたち　♪もっし、もっし、カメよー、カメさんよー♪世界のうちでお前ほどぉ、歩みののろいものはないー♪どーしてそんなに、のろいっのかーきゃはっはっはっ。

ヒロ　まるで、あたしのテーマソングみたい。

子リカ　わーホントのろーい！

ヒロ　なんか、グサっとくるなぁ。

子エミ　ちょっと、つっついてみたら？

ヒロ　つっつく？

子リカ　だめだーひっこんじゃった。

ヒロ　ええ!?

子エミ　動かないし、つまんなぁい。

子ふたり　だめだ、こりゃ。

子どもたち、口々に、もう無理等文句を言う。

ヒロ　あのさー、みんな、何やってんの？

子リカ　あ、ヒロお姉ちゃん。
子エミ　だあれ？
子リカ　近所の、いつもうじうじしているお姉ちゃんだよ。
ヒロ　ええっ？
子リカ　もしくは、優柔不断で内向的な人。
子エミ　そうなんだ。
ヒロ　ちょっと、あんたたち、失礼でしょ。
子ふたり　あっ、ごめんなさい、正直で。
子リカ　中学生は感じやすいんだから、やめときなよ。
ヒロ　ひ、ひどーい。
子ふたり　ごめんなさーい。（明るく）
ヒロ　で、何やってんの？
子エミ　私たち、そこで、これを拾ったんです。
ヒロ　それ、何？
子全員　カメです。
ヒロ　今、そのカメをいじめていたでしょ？
子リカ　違います。ちょっと研究してただけです。
ヒロ　研究？
子エミ　カメの生態について。
ヒロ　あんたたち、浦島太郎の話、知らないの？
子ふたり　知らな〜い☆
ヒロ　えー、あの有名な話を。
子ふたり　どんなお話？
ヒロ　こどもたちがカメをいじめているのを浦島太郎が助けて、竜宮城へ連れていくって。
子リカ　あ、歌は聞いたことある！
子エミ　わかった、あれだ。
子ふたり　昔、昔、浦島は♪
　助けたカメに連れられて♪
　竜宮城に来て見れば♪
　絵にも描けない美しさ♪
ヒロ　そう、その歌！
子リカ　お姉ちゃん、竜宮城って何？
ヒロ　えっと、そうだな、海の底にある、豪華なお城。
子エミ　カメって、海のセレブだったんだ。
子ふたり　へぇー！
ヒロ　いや、違うよ。乙姫さま、っていうのがいて。浦島太郎をもてなすんだよ。
子リカ　それが、セレブ？
ヒロ　まあ、そうかな。
子ふたり　すごーい、セレブのお城に招待されたんだ！
ヒロ　そういうことになるかな。
子リカ　じゃあ、浦島太郎は、海のセレブのお城、竜宮城で幸せに暮らしました！
子ふたり　わあーい!!（拍手）
ヒロ　違うよ。
子ふたり　違うの？
ヒロ　えっと、自分の家に帰りたいって、言い出すんだよ。

子エミ　えーなんでぇ。バッカじゃないの？
子ふたり　バカだ、バカだ！（口々に）
ヒロ　ええっ？
子リカ　だってぇ、せっかく豪華な暮らしが、一生できたのに。
子エミ　それを断って、戻ってくるなんて。
子ふたり　ばっかみたーい。
ヒロ　でも、そういう話なの！
子リカ　で、その後は、幸せに暮らしたの？
ヒロ　え、それは……
子ふたり　どうなったの？
ヒロ　乙姫さまとさよならする時、玉手箱っていうのをもらって。
子エミ　え～もしかして、宝石がざっくざく？
ヒロ　ううん。違う。あけると白い煙が出て。
子ふたり　それでそれで？
ヒロ　浦島太郎はおじいさんになってしまいました、っていうのが一番有名な話だけど、鶴になったって説もあるし。
子ふたり　ええ――、つまんなーい。ダサーい。最悪。
子リカ　もう、話にも、カメにもあきちゃった。
子エミ　あきちゃったんで、これ、お姉ちゃんにあげます。
子リカ　お姉ちゃん、これつっついたら、少しはストレス解消できるかも。
子ふたり　うじうじがへるかもね。

子どもたち、無理やりヒロにカメを押し付ける。

子リカ　じゃあ、あとはヨロシクってことで。
子エミ　ってことで！

子どもたち、走り去る。

ヒロ　何、あれ……ってゆうか、カメなんかもらってどうすんのよ、私……

ヒロ、カメを持って呆然としてしゃがみこむ。

ヒロ　あんたも、あたしと同じなのかな？　でも、甲羅に入って逃げられるんだから、いいよね。あーあ、あたしも甲羅が欲しいなあ。いや……甲羅じゃなくて、相手がどう思うかなんて、気にしない自分が欲しい。……あんたはさあ、私のこと、竜宮城に連れてってくれる？　セレブになっちゃおうか。そしたら私、浦島太郎みたく、戻ったりしない！……ちょちょっと、あたし、カメ相手に独り言、言ってるし。あ――もうおしまいだー。はああ。とにかくあんたは逃がしてあげるから。もう、あんな怖い小学生に捕まっちゃだめだよ。

ヒロ、カメを逃がす。（手をふる）カメ、去る。
ヒロ、歩き始めるとカメ太郎が踊りながら登場。

カメ太郎　あの～すみませーん。
ヒロ　えっ、はい？
カメ太郎　先ほどは、ありがとうございました。
ヒロ　何のことですか？
カメ太郎　いやだなー、もお☆
ヒロ　え？
カメ太郎　助けてくれたじゃないですかー成り行きとはいえ。
ヒロ　は？
カメ太郎　私、カメですよー。
ヒロ　カメ？
カメ太郎　はい、さっき助けてもらった、カメです。
ヒロ　ええっ⁉
カメ太郎　実は私、昔、浦島太郎に助けられた、カメなんですよ。
ヒロ　はあ⁇
カメ太郎　鶴は千年、カメは万年って言うでしょ。カメは長生きなんで。
ヒロ　あの、私、急いでますから。
カメ太郎　あ、今、私のこと、変質者だ、って思いましたね？
ヒロ　お、思ってません。
カメ太郎　思ったでしょ？　え、どおなの？　正直に。
ヒロ　思ってません。
カメ太郎　じゃ、怪しいヤツだと思ったでしょ？
ヒロ　思ってません。
カメ太郎　ちょっとイカレたヤツだと思った？
ヒロ　思った。
カメ太郎　やっぱり。
ヒロ　う、しまった。
カメ太郎　あなたの考えてることなんか、バレバレです。
ヒロ　とにかく、私、急いでるんで。
カメ太郎　ヒロさん、私に恩返しさせてくださいよ。
ヒロ　やだ、なんで私の名前、知ってるの？
カメ太郎　落ち着いてくださいよ、優柔不断のヒロさん。
ヒロ　なんで？
カメ太郎　子どもたちがそう言ってましたね。
ヒロ　さっきの聞いてたの？
カメ太郎　はい、私の目の前でしたから。
ヒロ　他に人はいなかったのに。
カメ太郎　カメがいたでしょ。あなたは、私の方が、甲羅があっていいなって。
ヒロ　それは……
カメ太郎　でも、あなたは、本当は、甲羅じゃなくて、相手がどう思うかなんて、気にしない自分が欲しいんですね？
ヒロ　うそ……さっきのカメなの？

カメ太郎　はい。カ・メ・太・郎・って言います。
ヒロ　カメ太郎？
カメ太郎　浦島太郎からパクった、いやもらった名まえなんです。
ヒロ　ホントのホント？
カメ太郎　ま、いいじゃないですか。とにかく、私はあなたに恩返ししたいんです。
ヒロ　恩返し？
カメ太郎　あなたの願いをかなえます。ま、私なりのやり方ですけど。
ヒロ　……竜宮城とか？
カメ太郎　あ、あれは今不況で閉鎖中なんで。
ヒロ　……じゃ、玉手箱？
カメ太郎　あれは在庫切れで。
ヒロ　そんなあ。
カメ太郎　でも、ヒロさんの願いをかなえますよ。
ヒロ　どうやって？
カメ太郎　それは……
ヒロ　それは？
カメ太郎　相手に本音を言ってもらうんです。
ヒロ　本音？
カメ太郎　あなたは、相手がどう思うかなんて、気にしない人になりたいんでしょ？
ヒロ　まあ、そうだけど。
カメ太郎　だったら、本音を言ってくれたら、気にならないですよ。
ヒロ　ええっ？
カメ太郎　ま、願いは二つだけですけどね。
ヒロ　二つの……願い……。
カメ太郎　二つ目はあとでよーく考えて、決めてくださいよ。
ヒロ　でもでも、本音を言っちゃったら、その後気まずくならない？
カメ太郎　本音を言わなくても、気まずいことなんて、たくさんあるでしょ？
ヒロ　まぁ、確かに。
カメ太郎　よし、決まった。それじゃルールをひとつだけ。
ヒロ　ルール？
カメ太郎　本音を言わせたい相手に『カメ』って言わせればオッケーです。
ヒロ　ええええっ？
カメ太郎　相手が『カメ』って、言ったらその後は本音を語りますよ。
ヒロ　ちょっと待って。『カメ』って言わないとダメなの？
カメ太郎　ダメです。
ヒロ　何か、すごーく縛りがある、ルールじゃない？
カメ太郎　だって、私はカメなんですよ、神じゃないんですから。

ヒロ　そんなあ。
カメ太郎　イヤならいいんですよ、やめます？
ヒロ　えーどうしよう。
カメ太郎　ま、ここまでのご縁だったということで。
ヒロ　あのあの、せっかくだから、やってみます。
カメ太郎　お、やりますか⁉
ヒロ　自信ないけど。
カメ太郎　大丈夫。私もついてますから。
ヒロ　ええー、カメ太郎が？
カメ太郎　あ、また私のこと、変質者扱いしましたね？
ヒロ　してません。でも学校だと不審者だなって。
カメ太郎　大丈夫。この姿はあなたにしか見えませんから。
ヒロ　そうなの⁉
カメ太郎　だって私の本当の姿は、さっきのカメなんですから。助けてくれたあなたにだけ、この仮のおしゃれな姿が見えるんですよ。
ヒロ　おしゃれ？
カメ太郎　じゃ、行きますよ！　ヒロさん、あなたの願いは？
ヒロ　えっと、あの、私は、私は……相手の本音が聞きたいです！

何か煌く。（フラッシュ）ベルの音長く。

ヒロ　あれ？　何？　今の？
カメ太郎　さあて、早速試してみますか？
ヒロ　試すって？
カメ太郎　まずは、自分でやってみましょう。
ヒロ　自分？
カメ太郎　ヒロさん、私のこと最初は変質者だと思ったでしょ？
ヒロ　思ってません。
カメ太郎　あなた、デジカメは持ってます？
ヒロ　デジカメ？
カメ太郎　デジカメ！　キター！　カメ〜‼　私のこと、どう思いました？（チャイム）
ヒロ　なんか見た目から変質者って感じだし、あぶなそうだから、絶対近づきたくないって。
カメ太郎　うわー傷つく。
ヒロ　あ、言っちゃった！　これ？
カメ太郎　わかりましたね。これですよ。
ヒロ　えーえーえー⁉
カメ太郎　気を取り直して言いますけど、相手が『カメ』の二文字が入った言葉を言ったら、オッケーです。
ヒロ　あ、デジカ〇。（慌てて口を押さえる）
カメ太郎　家族にも試してみます？
ヒロ　でも家には誰もいないし。明日、朝学校でやってみたい。

カメ太郎　わかりました。あなたの宿題は、カメ、という言葉をさりげなーく言わせる会話を考える事。
ヒロ　さりげなーく？
カメ太郎　そうです。じゃ、明日また！　アデュー☆
ヒロ　うまくいくのかなあ……

暗転

第二場

翌日の朝。教室には、まだヒロしかいない。ヒロはおどおどしている。

カメ太郎　おっはようさーん♪　さあ、自信もって、やってみましょう。
ヒロ　わ、やっぱり夢じゃなかったんだ。
カメ太郎　当たり前ですよ。さりげなーい会話は考えてきました？
ヒロ　あんまり言葉が思いつかなくて。
カメ太郎　やる前から、くよくよしちゃダメです。さ、来ましたよ☆
ヒロ　あ、うん。

スズ・ミオ、教室に入って来る。

スズ　あーヒロ～、おはよう！
ミオ　きゃあ、昨日はありがとねー。
ヒロ　おはよう。
スズ　これ、サンキュ。ばっちり写させてもらったよん。
ミオ　ヒロは字がきれいで、見やすいから助かった～。感謝！
ヒロ　あ、うん。
スズ　じゃ、早速で悪いけど、最後のまとめ、お願いね！
カメ太郎　ほら、早く『カメ』って言わせなきゃ。
ヒロ　あのさ、ふたりとも、写真は何でとる？
スズ　ヤダー突然何？
ミオ　そんなのスマホの写メに決まってるじゃん。
ヒロ　あ、写メ。（がっかり）
カメ太郎　めげてないで、次、次。
ヒロ　あ、朝ご飯はなに食べた？
スズ　何か、変。
ミオ　これって何かのアンケート？
ヒロ　えーちがうけど。
スズ　あやしい。
ミオ　おかしい。
ヒロ　ど、どして？
スズ・ミオ　だってなんかぁー、目が、キョドってる。

カメ太郎　なんかー目が、キター！　カメ〜‼　ほれ、質問！
ヒロ　あのさ、あたしだと頼みやすいから、すぐあてにするの？（ベル長く）
スズ　ヒロって絶対断らないから、利用しやすいんだよねー。でも、ホント、感謝してる。
ミオ　そうそう。特に国語と数学はヒロがいいよね、助かるぅ。でも、字はきれいなんだけど、英語は間違いが多いんだよね。
ヒロ　えーひどいよ！
スズ・ミオ　えええええ、なんで、どうして？

レイ、教室に入って来る。

レイ　何騒いでるの？
ヒロ　レイ、朝練じゃないの？
レイ　ちょっと、忘れ物取りにきた。
ヒロ　スズとミオにひどいこと言われた。
スズ　言ってないよー、誤解だって。
ミオ　そうだよー、違うから。
レイ　何て言ったの？
ヒロ　あたしのこと利用しやすいって。でも英語は間違いが多いとか。
レイ　それって本当のことでしょ。
ヒロ　レイは、あれがなくてもいきなり本音？
レイ　何よ、あれって？
スズ　そうだよ、さっきの変なアンケートがいけないんだ。
ミオ　あたしたちを悪者にしようとしてない？
ヒロ　そんな……
カメ太郎　負けるな！　ほら、次、次。
ヒロ　そうだ、レイは写真は何で撮る？
レイ　写真？　写メかな？　なんで？
ヒロ・カメ太郎　みんな、写メなんだー。
スズ　それ、さっきのアンケート。
レイ　ヒロ、どっか具合悪いの？
ヒロ　いや、全然。
レイ　なんか、挙動不審。
ヒロ　あ、朝ご飯はパン？
レイ　え、うちはご飯派。なんでそんなこと聞くの？
ヒロ　味噌汁の具は何？
レイ　ええ、なんのこと？
ミオ　ほら、やっぱり変なアンケートしてる！
ヒロ　いいから、答えて。
レイ　お豆腐とあげ。
ヒロ　海草は入れないんだ……
レイ　海草？　ああ、昨日はワカメだったかな。
カメ太郎　ワカメー、キター！　カメ〜‼
ヒロ　レイもあたしのこと、ダメなヤツだなーって思って

る？（ベル長く）

レイ　何バカなこと言ってんの？　そんなに弱気だから、いいように使われるんだよ。小学生の時、体の弱かった私をいつもずっと助けてくれたヒロが、バカにされるなんて、絶対許せない。ヒロは確かにダメダメなとこがあるけど、あたしの大事な友達なんだからね。今朝だって、ヒロのことが気になったから、朝練を抜けて、見に来たんだよ。スズとミオが下手なことしたら、あたしがぶっつぶしてやるからね！

スズ・ミオ　やだー、レイったら、こわーい!!

スズ・ミオ、走り去る。

ヒロ　レイ……

レイ　あれ、あたし、何言ってるの!?

ヒロ　レイ……ごめん。わかってなかったのはあたしの方だ。

レイ　ちょっと、これ、どういうこと？

タク、教室に入ってくる。

タク　スズたちがすごい勢いで走ってったけど。

レイ　タク、朝練は？

タク　ヒロがアホなことやってんのかなーって、見に来た。

ヒロ　何が、アホよ！　もうこうなったら、やってやる。

カメ太郎　よし、開き直ったね！　行け、行け、ゴーゴー！

ヒロ　サッカー部のタクなら、ワールドカップくわしいよね？

タク　何で、いきなりクイズ？

レイ　やっぱり、変なアンケートしてる。

ヒロ　ここ何年かのワールドカップで、アフリカの代表にもなった、カで始まる国は？

タク　カ？　カ、カ、カナダは違うし……。ああ、わかった、カメルーンか。それが何？

カメ太郎　カメルーン、キター！　カメ〜!!

ヒロ　ねえ、あたしって、ダメダメ人間？（ベル長く）

タク　ヒロはアホだね。おまけに超がつくくらい、お人よし。イヤって言えないから、いろんなヤツにいつも利用されまくり。ダサいと言ったら、それまでだけど。……けど、いいとこもあるんだよ。

レイ　え？

ヒロ　は？（三人ほぼ順々に）

カメ太郎　お！

タク　こんなヤツだけど、オレは、オレは……なんでかわかんないけど、ヒロが……ヒロのことが……気になってしょうがないんだよ！

レイ・ヒロ・カメ太郎　えーっ。

タク　（のけぞって）オ、オレ、部活行く！

タク、真っ赤になり、あわてて教室を出て行く。

レイ　今の聞いた？

ヒロ　うん。

レイ　やっぱ、そうか。そうだと思ってたけど。

ヒロ　え？

レイ　タクはヒロが好きなんだね。あーあ、あたし失恋しちゃった。

ヒロ　レイ？

レイ　あたし……ずっとタクが好きだった……！　でも、ヒロなら、仕方ないね。

ヒロ　ちょっと待って。あたし、タクのことはこれっぽっちも思ってないってば。

レイ　もういいよ！　幸せになってよ、ヒロ！

レイ、教室を出て行く。

ヒロ　……あたし、何てこと、しちゃったんだろう……

カメ太郎　でもま、とりあえずは作戦成功ですよ。

ヒロ　黙ったままでいいことをわざわざ言わせて、傷つけちゃった。

カメ太郎　人間って、面倒くさいですねぇ。

ヒロ　まさか、こんなことになるなんて。

カメ太郎　でもあなたは、今まで思ってることが言えなくて、傷ついていたんでしょ。

ヒロ　ううん。あたしは、あたしは、ただうじうじしてただけ。……本当のことを言わせたり、聞いたりする方が何倍も辛いなんて。

カメ太郎　どうします？

ヒロ　どうしよう。もうみんなに会えないよ！

カメ太郎　じゃあ……どっか、行っちゃいます？

ヒロ　どっか？

カメ太郎　あなたのことなんか、だあれも知らない、別の場所へも、行けますよ。

ヒロ　浦島太郎みたいに？……浦島太郎みたいに鶴になって飛んでいきたい。

カメ太郎　できますよ。

ヒロ　私のことを誰も知らない場所？

カメ太郎　そう、あなたはもう一つ願いをかなえられますし。

ヒロ　……

カメ太郎　どうします、ヒロさん？

ヒロ　……とりあえず、やっぱりみんなに謝らなくちゃ。そのあとで、考える。

ヒロ、教室を出て行く。カメ太郎も後を追う。

カメ太郎　あーー、待ってくださいよー、ヒロさん。

再び外。

ヒロ　あー誰もいない。みんな部活？　それとも家に戻ったのかな？

子ふたり　あれー昨日のお姉ちゃん、おはようございます！

ヒロ　あ、おはよう。あのさ、バタバタ走っていく中学生を四人見なかった？

子リカ　見ましたよ。ファイト、ファイトって、かけ声かけてた。

子エミ　ユニフォーム着てた。

ヒロ　そうじゃない、制服かジャージの。

子リカ　あそこのコンビニでパン買ってましたよ。

子エミ　のんびりしてたかも。

ヒロ　みんな、私の友達なの。

子リカ　えーおねえちゃん、そんなに友達いたんだ。

ヒロ　そうよ。あんたたちも友達は大事にしなさいよ。それから、言いにくいことでも、言うべきことは言わなきゃダメよ。

カメ太郎　そうだぞ、ちゃんとやれよ！

ヒロ、カメ太郎走り去る。カメ太郎走り去りながら、子どもたちを軽くこづく。

子ふたり　いたっ。なんだぁ？

子リカ　なんか、きのうと別人みたい。

子エミ　絶対何かあったよね。

子リカ　恋をすると人は変わるっていうけど。

子エミ　変わるの早すぎない？

子リカ　もっと衝撃的な事件とか？　あ、でも中学生は短期間にすごーく変わるらしいよー。

子エミ　そーなんだー。

子リカ　中学生って、大変そう。

子エミ　うちら、小学生でよかった！

子ふたり　うん、よかった！　きゃははは‼　（去っていく）

ヒロとカメ太郎がレイたちを捜している。登校するサチと出会う。

サチ　あれ、何やってんの、ヒロ？

ヒロ　おねえちゃん。

サチ　とっくに家を出たのに。もう八時過ぎてるよ。

ヒロ　うん。友達を捜してて。

サチ　朝から？　学校で会えるでしょ。

ヒロ　うん……

サチ　ヒロ、まさか、面倒なことを起こしてないよね？

カメ太郎　まさか、めんどう！　キター！　カメ～！

ヒロ　ええっ。（ベル長く）

サチ　この半年、おばあちゃんの看病でお母さんは大変だし。あたしもバイトしてる方が気が紛れるから、家にいなくて。ヒロをいつもひとりぼっちにしちゃった。だから、ただでさえ、おどおどいてたのがよけいひどくなって、朝からおかしな行動してるし。……あたしのせいだ。ごめんね。ヒロ、あたしがもっとしっかりしてればよかった。

ヒロ　お姉ちゃん。

サチ　あれ、何で私は朝からこんなに語ってる？

ヒロ　お姉ちゃん。（泣いてしまう）

サチ　ヒロ……

ヒロ　あたし、いじけてばっかで、ごめんなさい。お姉ちゃんは何も悪くないよ。

サチ　ヒロ、どうしたの？

ヒロ　心配しないで。ちゃんと遅刻しないで行くから。

サチ　大丈夫なの？

ヒロ　大丈夫。

サチ　……わかった。じゃ、あたしも学校だから。気をつけていくんだよ。

ヒロ　うん、行ってきます。

サチ　じゃあね。

　サチ、去る。

ヒロ　なあんにもわかってなくて、勝手な思い込みで生きていたのは、あたしの方だ。お姉ちゃんにも、友達にも文句ばっかりで。

カメ太郎　大切なことに気がついたんですね。

ヒロ　カメ太郎。

カメ太郎　はい？

ヒロ　もう一つの、お願いをしたいんだけど。

カメ太郎　よし、きたっ。誰もあなたのことを知らない場所へ行きます？

ヒロ　ううん。

カメ太郎　行かなくていいんですか。

ヒロ　ねえ、カメ太郎、どうして浦島太郎は戻ってきたの？

カメ太郎　えっ？

ヒロ　竜宮城にいたら、ずっと楽しく暮らせたのに。どうして？

カメ太郎　私にもよくわかりません。ただ……

ヒロ　ただ？

カメ太郎　彼は、自分の育ったところに、帰りたかっただけ、みたいでしたね。

ヒロ　そうか。

カメ太郎　ヒロさん？

ヒロ　私もそうかもしれない。

カメ太郎　願いは、これで、最後です。

ヒロ　わかってる。カメ太郎には感謝してる。

カメ太郎　私も楽しかったですよ。じゃあ、これでお別れですね。

ヒロ　そうか……カメ太郎。寂しくなる。

カメ太郎　また、いつか会いましょう、ヒロさん。では、最後の願いをどうぞ。

暗転

第3場

夕方の教室・カメ太郎、誰にも気がつかれず、下手前で見守っている。

幕が上がるとチャイムの音。
再び帰りの学活が終わる放課後の教室。生徒たちは、教室後方で片付けをしている。

タク　気をつけ。礼。

全員　さようなら。

スズ　あー終わったあ。

ミオ　ねねね、明日提出の宿題って何だっけ？

スズ　ちょっとぉ、また連絡聞いてないの!?

ミオ　わかんない。教えてよー、スズ。

スズ　っていうか、実は私もわかんなーい。

ミオ　なーんだぁ。（ふたり、笑う）

スズ　ねぇ～ヒロ、教えてよー。

ヒロ　……

ミオ　やだぁー、意地悪しないで教えてよ！

カズ　ヒロ、今日は委員会、出てくれるよね？

シュン　今日はいいよね？

カズ　ねえ、いいよね？

ヒロ　ダメ。

ミオ・スズ・カズ・シュン　ええーっ！

ヒロ　今日も早く帰らなくちゃいけないから、ダメ。

スズ　ねえ、きのうみたいに、またレポートとか、貸して。

ヒロ　貸さない。自分のことは自分でやらなきゃ。

ミオ・スズ　ひどーい。

レイにらむ。ミオ・スズ・カズ・シュン・サナ・メグもびっくりして離れる。

レイ　いつものヒロじゃないみたい。

ヒロ　今まではちょっと遠慮してたんだ。

レイ　何かいいことあったの？

ヒロ　うん、ちょっと。

レイ　何？

ヒロ　見つけたんだ。私の……竜・宮・城。
レイ　何それ？
ヒロ　へへへ。内緒。
タク　どーしたんだ？　何かあったのか？
レイ　秘密なんだって。

スズとミオもなになに～とか言いながら近づき、五人で楽しそうに。

ヒロ以外ストップモーション。ベル。

ヒロ　カメ太郎、わかったよ！　今いるこの世界が、私の竜宮城なんだね。ここでがんばるよ。私にも竜宮城があったのを教えてくれて、ありがとう。またいつか、会いたいな、カメ太郎！（ストップ解ける）
カメ太郎　あーあ、もう少し恩返ししたかったのになあ。つまんないなあ。二つ目の願いもあっけないし。「みんなの記憶を消して、本音を言わせたことはなかったことにして」って。そ、リセットしちゃいましたよ。ま、そんなことができるのは、このカメ太郎くらいだけどねー。あーあ、人間ってホント、面倒くさいなあ。やっぱ、カメが一番でしょ!!　でも、ヒロさーん、がんばってくださいよ!!　人間って面倒くさいけど、何回でも、やり直し、できるんだからさぁ。

音楽高まって。

――幕――

ワンワン大作戦

仲良しだったユキと気まずくなってしまったミホ。
愛犬サンディとハッチが立ち上がり、なんとか仲を取り持とうとするが、
信じられない展開になってしまう……
果たしてサンディとハッチは目的を達成できるのか？
笑って、ちょっとほっこりする、
「ジェットコースター・ペットエンターテイメント！」です！
あなたもペットがほしくなるかも!?

キャスト

ミホ
サンディ（犬）
サンディ（イメージ）

ユキ
ハッチ（犬）
ハッチ（イメージ）

ゴッド
秘書　その1
秘書　その2
ハナ
マオ
ルナ

エマ
アイ

舞台全体明るい夏の公園。ベンチ。
幕開けと共に明るい音楽が流れている。
ミホと愛犬サンディ（イメージ）［以下、サンディイメと表記］が楽しそうにしている。

ミホ　よーし、サンディ、この公園で休憩しよう！

車の走る音。

ミホ　うわー車よく走ってるなあ。私が幼稚園の時は目の前は道路じゃなくて、畑だったのに。あ、サンディも覚えている？　でも気をつけてね。たまにカーブ曲がりきれなくて、車やバイクが公園に突っ込んでくる事故、多いんだよね。

サンディイメ　ワン♪

ミホ　ほーら、サンディ、ここでピョーンって飛べる？

サンディイメ　ワーン、ワンワン！　ピョーン！　ピョーン！　ピョーン！　ピョーン！

ミホ　わー上手、上手！　いい子だね！

サンディイメ　ワン♪

ミホ　じゃあさ、これはどうかな？

サンディイメ　ワーン？

ミホ　くるくるくるくるくるー！　できる？

サンディイメ　ワンワン！　もちろんだワン！　くるくる～くるくる～ワン♪

ミホ　すごーい！　サンディはもしかして天才？

サンディイメ　そうだワン！

ミホ　かわいい～！

サンディイメ　ミホちゃんのあーしー！

サンディイメ、ミホの足に抱き付く。

ミホ　サンディったら、すぐ私の足に抱きつくよね！

サンディイメ　ワン！　だって大好きなんだもん！

ミホ　サンディは私がうまれる前からいたから、ちっちゃいけど私のお姉ちゃんだね。

サンディイメ　ワーン！　いつもミホちゃんと一緒で嬉しいなあ！

ミホ　でも、お姉ちゃんっていうより、かわいい天使みたい。

サンディイメ　ワーン。照れちゃうなあ、へへ！

ミホ　でも、サンディって、犬の年齢でいうと、ホントはおばあさんだよねー。

サンディイメ　それ言ワンで言ワンで！

ミホ　え、どうしたの？

サンディイメ　あ、つい、おやじギャグ言っちゃったワン！

ミホ　なにぶつぶつ言ってんの、もう。（なでなで）

サンディイメ　ホントの姿はおばあちゃんだけど、ミホちゃんの天使でいたいワン！
ミホ　サンディおばあちゃん！　でもかわいい♪
サンディイメ　ミホちゃーん！　ミホちゃんもかわいい♪
ミホ　サンディといるとホント楽しい……
サンディイメ　ワン。どうしたの、ミホちゃん？
ミホ　サンディには何でも言えるし、ワンちゃんなのにサンディの気持ちも伝わるよ。
サンディイメ　ワン？
ミホ　あたし、ダメだわ。人間とはうまくいかない。
サンディイメ　クゥーン。ミホちゃん、元気だして。
ミホ　人間だと言いたいこともはっきり言えないし、相手の気持ちもよくわかんない。
サンディイメ　ワンワン。大丈夫だよ。ミホちゃん、自信もってよ。
ミホ　ユキとも夏休み前に気まずいまんま。
サンディイメ　ミホちゃん、次に会えたらがんばるワン！
ミホ　あーなんでこうなっちゃたんだろ。
サンディイメ　ミホちゃん。
ミホ　今度こそ、ちゃんと、きっちりユキと話をしなくちゃ。
サンディイメ　そうだワン！　頑張ってミホちゃん！
ミホ　そうだよね、サンディ……あ、ユキ。

ユキ、ハッチ（イメージ）［以下、ハッチイメと表記］を連れて、やって来る。

ユキ　ミホ……久しぶり。
ミホ　……うん。
ユキ　元気……だった？
ミホ　……うん。
ユキ　そっか。……良かった。じゃ……ね。
ミホ　……うん。

去ろうとするユキをハッチが引き止める。

ハッチイメ　ワンワン。ユキ、ミホちゃんに会いたかったんだろ？
ミホ　何よ、ハッチ。もう行くよ。
ハッチイメ　会えると思ったから、公園に来たのに、なんだよ！
ユキ　ハッチ！　なにぐずぐずしてるの？
ハッチイメ　ダメだよ！　ちゃんと仲直りしなきゃ。
ユキ　いい加減にして、ほら、ハッチ！
ハッチイメ　ユキ、チャンスだワン、仲直り！
ユキ　何なのよ、ハッチ！　もうおじいちゃんだから、固まってるの？
ハッチイメ　違うワン！　ユキ、ハッチは人間だと六十歳だけど若いんだワン！

ユキとハッチ、もめている。

サンディイメ　ミホちゃん、チャンスだワン！
ミホ　え、なに？
サンディイメ　ユキちゃんときっちり話したいって、言ってたでしょ？
ミホ　サンディ、そんな目で見ないでよ。
サンディイメ　わかってるくせに。急がないと、ユキちゃん行っちゃうよ！　ワンワン！
ミホ　サンディ……

ハッチとサンディが話しあう。

ハッチイメ　ワンワンワン！
サンディイメ　ワンワンワン！

ミホ、ユキ、それぞれ「ほらやめて」「もう行くよ」と引き離そうとする。

ミホ、ユキ、ストップモーション。

ハッチイメ　ねえ、うちムリっぽいよ。
サンディイメ　うちもだよ。
ハッチイメ　なんで人間って、素直になれないんだろ？
サンディイメ　バカだよね。夏休み前につまんないことで、もめてさ。
ハッチイメ　問題だよね。ライン、だっけ？
サンディイメ　そうそう。ネットって怖いよね。顔みないで、第三者が入ると、よけいこじれるし。
ハッチイメ　人間って、なんでトラブル増えるようなことするかなあ。
サンディイメ　大事なことはさ、ちゃんと顔見て言わなきゃ。
ハッチイメ　なっ、サンディ！（仲良しの合図）
サンディイメ　うん、ハッチ！（仲良しの合図）
サンディ・ハッチイメ　バカだよなーふたりとも仲良くしたいのに。
サンディ・ハッチイメ　クゥーン。ワンワン。
ミホ・ユキ　ほらっ、行くってば！　こっち！

二匹は引き離される。

サンディイメ　うちらも、じゃれたかったのに！
ハッチイメ　またな、サンディ！
サンディイメ　ハッチ、呼んだら来てね！
ハッチイメ　おう、わかった！

ユキ・ハッチ、去っていく。

サンディイメ　ワーン。ミホちゃん、バカだワン！
ミホ　あ、なんかあたしのことを責めてる！
サンディイメ　当たり前だワン。
ミホ　しょうがないよ。もうこれだけすれ違ってれば。
サンディイメ　誤解しているかもだワン。
ミホ　だって……あーあ、夏休み前に戻ってやり直したいよお。
サンディイメ　ワーン、ミホちゃん……

ミホ、夏休み前のことを思い出す。

再現　学校の廊下。

ルナ　おっはよー！　ハナ！　あと一週間で夏休みですねえ！
ハナ　なんで朝からそんなにテンション高いわけ？
ルナ　だってえ、宿題はあるけど、自由もあるからねえ！
マオ　あーあ、部活入ってない人はいいよねえ。
ハナ　あ、マオ。朝練お疲れ！
マオ　暑かった！　もうだるいよ。
ルナ　でも、先輩たちは、週末の大会で引退なんでしょ？
ハナ　あと少しの辛抱だよ。そしたら二年生の天下！
マオ　先輩とお別れするのは寂しいけど。
ルナ　うっそー。楽できて、実はラッキーなんでしょ？
マオ　両方なの！　部活やってないルナにはわかんないよ。
ルナ　ひっどーい！　ルナ傷つく！
ハナ　まあまあ、落ち着いて。あ、ミホ、おはよう！

ミホ、登校してくる。

ミホ　おはよう！　向うの廊下から、ルナの大声が聞こえたし。
ルナ　ルナばっかり、ひどい、ひどい！　いじわる！
ミホ　なにその流れ？
ハナ　気にしなくていいから。
マオ　ルナのテンションは、朝からいつも高いの。
ミホ　でも明るくていいよね、ルナ。
ルナ　へっへーそうでしょ？　私はみんなの太陽なのですから！
ハナ　ねえ、今年の夏の総合の自由課題決めた？
ルナ　ちょっとおー、最後まで聞いてよ。
ミホ・マオ　まだ決めてない。
ルナ　あ、あたしも！
ハナ　どうする？　来年の関西校外学習につながるようなものって？
ルナ　ルナは京都で着物着たいなあ！
マオ　うーん。イメージわかない。
ミホ　私ね、染め物の歴史とか、どうかなって。これ、資料、持ってきたけど。

ハナ・マオ・ルナ　わーきれい！　さっすがはミホ！

ハナ　まっじめー、まじミホ！

ミホ　やめてよ。でも、どうかな？

ルナ　きれい！　ルナもこれやりたい！

マオ　これだと生地から着物まで、幅広くて調べやすいね。

ハナ　いいねえ。ネットだけじゃなくて、調べに行ける博物館も、横浜にある。

ミホ　ほんと？　いいかな？

ルナ　ルナ、やりたーい！　楽しみ♪

ハナ　うん、いいね。個人選択じゃなくて、グループ選択にしようよ。

マオ　そうだね、おもしろそう！

ミホ　ユキも、気に入ってくれるかな？

ハナ　大丈夫だよ、きっと。あ、ユキ！

ユキ、登校。

ユキ　おはよう、みんな。なんか盛り上がってる？

ルナ　ねえねえ、夏休みの総合の自由課題、決まったよ！

ユキ　えっ？　決まった？

マオ　ユキも一緒にやろうよ、おもしろそうだよ。

ユキ　……

ハナ　染め物の歴史、良くない？　ミホが見つけてくれてさ。

ユキ　……

ミホ　ユキ？

ユキ　そうなんだ。ふーん。染め物やるんだ、みんなは。

ルナ以外、気まずくなって顔を見合わせる。

ミホ　まだ、ちゃんと決まったわけじゃないよ。

ルナ　えー！　ルナやりたいよお！

マオ　ルナ！

ユキ　いいじゃん、やれば。私は個人選択でやるから。

ミホ　ユキ、待って。

ハナ　ねえ、ユキ、話聞いてよ。

ユキ　別に聞く必要なくない？

マオ　そういう言い方ないんじゃない？

ユキ　だから、いいってば。みんなで楽しくやれば？

ルナ　ユキも、一緒にやろうよ！

ユキ　やらない。私ね、お茶のことを調べたかったから。染め物とか興味ないし。

ミホ　二つを合わせてやるプランも考えてみない？

ユキ　ミホのプランなんでしょ？　私に合わせることないよ。

マオ　意地はんないでよ。

ユキ　別に、はってないし。じゃ、先に教室行くから。

ミホ　ユキ！
ハナ　ちょっと、ほっとこうよ。
マオ　本人がやらないって、言ってんだからいいよ、もう。
ルナ　ルナはやるよー！
ミホ　ユキに悪いことしちゃったかな。
ハナ　気にしすぎだよ。じゃ、夜、みんなでラインしてみない？
マオ　そうだね。落ち着いたとこで、話せば違うかもね。
ルナ　えーどこで話すの？
マオ　だから、ラインで。
ルナ　あれ？　ラインってそういうもん？
ミホ　……大丈夫かな……。

三人去る。元の公園へ戻る。

ミホ　結局ダメだった。むしろラインで、話がさらにこじれてケンカになっちゃったし。
サンディイメ　ラインは問題あるワン。
ミホ　クラスの他の子も話に入って来て、よけい、ややこしくなって、もめて。
サンディイメ　だから第三者が入る展開はダメだワン。
ミホ　あれから、ユキと、ずっと口をきかなくなっちゃった。
サンディイメ　さっきせっかく会えたのに、ワン。
ミホ　あーもう、ホントに無理。ユキと一番仲良くしてきたのに。
サンディイメ　ミホちゃん、アプローチ、ヘタだワン。
ミホ　サンディ、あたしどうしよう？
サンディイメ　よっしゃ、ここは頑張りますワン。
ミホ　え⁉
サンディイメ　ワーン、ワンワン！　ハッチー！　連れ戻して‼　ハッチ‼

遠くからハッチの鳴き声、ワーンワンワン！

サンディ　よし、いける！　ワーン、ワンワン！　ハッチー！

ハッチとユキ、戻ってくる。

ハッチイメ　ワーン、ワンワン！　戻って来たぞ！
ユキ　何なのよ、ハッチ！　引っ張らないで！　もう、ヤダって言ってるのに。
ミホ　ユキ……
ユキ　ミホ……
サンディイメ　さあ、今だよ、ミホちゃん！
ハッチイメ　ほら、がんばれ、ユキ！
サンディ・ハッチイメ　仲直りして！！

ミホ　あの……

ユキ　私……

車が猛スピードで突っ込んで来る音。

サンディ・ハッチイメ　あ、危ない！

サンディ・ハッチイメがミホとユキの前に飛び出して飼い主をかばう。

ミホ・ユキ　やだ！　うそ！

急ブレーキと衝突音・二匹倒れる。

ミホ　サンディ！

ユキ　ハッチ！

舞台が真赤に染まる。明転

サンディイメとハッチイメが倒れている。

サンディイメ　え？　ここはどこ？

ハッチイメ　私はだれ？

サンディイメ　ハッチでしょ？

ハッチイメ　あれ、サンディ。

サンディイメ　私たち、車にぶつかったんだっけ？

ハッチイメ　そうだ、カーブ曲がり切れない車が公園に突っ込んできた。

サンディイメ　あれ？　ミホちゃん？　いない？　どこ？

ハッチイメ　ユキ？　ユキは？

サンディイメ　ハッチ、もしかして？

ハッチイメ　うちら？

サンディ・ハッチイメ　死んでる!?

秘書①・②登場。テーマ曲。

秘書①　はーい、はいはい、正解です！

秘書②　おたくらは残念ですが、お亡くなりになりました。

秘書①・②　ざんね～ん！

サンディ・ハッチイメ　ええーっ!?

秘書①　ま、そうなると次どうするかっていう問題ですよ。

秘書②　次、どう生まれ変わるかっていう問題ですね。

サンディイメ　生まれかわる？

ハッチイメ　ホントに死んじゃったの？

秘書①　（ファイルを見ながら）そうですねーまあ一週間くらいですかねー。

秘書②　一週間ここで休憩してから、次、ですかね？

秘書①・②　ですねえ。

サンディイメ　休憩？
秘書①　そうです。次までのスパンが、動物は短いんで。
秘書②　まあ、動物によっても違いますから。
ハッチイメ　え？　生まれ変わるって、また犬じゃないの？
秘書①　これだから、動物担当は面倒なんですよ、もう。
秘書②　そんなこと言わず、お仕事がんばりましょう。
秘書①・②　はい！
サンディイメ　え？　誰に返事？
ハッチイメ　自分に？
秘書①　いやねえ、上から、いつもチェック受けてるんで、私たち。
秘書②　そうそう。上が、いついきなり来るかもわからないし。
秘書①・②　こわいですねー。
サンディイメ　あのー、話についていけないんですけど。
ハッチイメ　うちら、本当に死んじゃったんですか？
秘書①・②　そうです！
サンディイメ　もう、ミホちゃんに会えないんだ。
ハッチイメ　ユキと散歩できないなんて。
秘書①　話、戻しますけどね、一応説明義務があるんで。
秘書②　さっさと済ませましょう。
サンディ・ハッチイメ　はい？
秘書①　人間の場合は、しばらく魂の浄化とか。
秘書②　命の洗濯とか。

秘書①　なんだかんだ一年くらいは休憩して、次の生まれ変わりに行くんですよ。
秘書②　動物はまあ、長くて一週間。短いと翌日とか。
サンディイメ　じゃ、死んだら次の日に生まれ変わることもあるの？
秘書①　ケースバイケースですねえ。
秘書②　いろんなパターンがあるってことです。
ハッチイメ　はあ。
秘書①　小動物から大動物。てんとう虫から象になる、とか。
秘書②　クジラからハエ、ってのもありますねえ。
秘書①・②　ああ、輪廻転生！（ポーズ）
サンディイメ　よくわかんない。
ハッチイメ　じゃあ、犬じゃなくて、例えば、セミに生まれ変わる、ってこともあり？
サンディイメ　えーっ⁉
秘書①　まあセミなら七年くらいは生きますよ。
秘書②　土の中ですけどね。
ハッチイメ　ユキとテレビで観たんだ。でも地上に上がって一週間で死んじゃう。
サンディイメ　そんなあ！　セミなんて、やだあ！　ミホちゃんにもわかってもらえない。
秘書①　はいはい、いいですか？
秘書②　本題行きますよ。あ、やべっ！

秘書①　き、来たー！

登場の音楽。

ゴッド　さっさと本題に入りなさいよ、遅いんだから！
秘書①・②　すみません。
サンディイメ　だれですか？
秘書①　こちらは、動物の輪廻転生を司る神さまです。
ハッチイメ　はい？
秘書②　はい、じゃなくてハエになるぞ！
秘書①　今のおやじギャグはおもしろくない。
秘書②　うるさい！
ゴッド　サンディ、ハッチ。
サンディ・ハッチイメ　はい。
ゴッド　おまえたちは、徳を積みましたね。
サンディ・ハッチイメ　徳？
ゴッド　車の前に自分から飛び出して、命を懸けて、飼い主を守りました。大変、尊い行いです。いまどき、人間界でも少ない行動ですから。
サンディイメ　尊い？
ゴッド　素晴らしい、ということです。なぜ飛び出したのですか？
サンディイメ　だって……だってミホちゃんは大切な人だから。
ハッチイメ　ユキにたくさん優しくしてもらったから、当然だし。
ゴッド　えらいっ！　美しいお話です。さて、ふたりには特別の配慮を。
秘書①　コホン。ふたりには次の特別条件が付加されます。
秘書②　ひとつ。特例により、このあとすぐ、ふたりは、一度、仮に生まれ直します。
サンディイメ　わーい、やった！
秘書①　ふたつ。仮に生まれ直してもう一度、元の飼い主と関わります。
サンディ・ハッチイメ　うれしい、会える！
秘書②　みっつ。飼い主がそれぞれに「もう一度会いたい」と言ったら。
サンディ・ハッチイメ　言ったら？
秘書①　再び、同じ飼い主の元で一緒に暮らす、動物に選ばれるのです。
サンディイメ　すごーい！　またミホちゃんと！
ハッチイメ　暮らせるんだ、ユキと！
ゴッド　ただし、条件があります。
サンディ・ハッチイメ　えっ？
秘書①　仮に一度、生まれ直すのは「人間」です。
サンディ・ハッチイメ　えええっ？　犬じゃないの？
秘書②　人間の姿で会えるのは、一日だけです。
ハッチイメ　もしダメだったら？

秘書①　セミかも。
秘書②　セミて、ハムスターがいいでしょうねえ。お、決まった！
秘書①　決まってないから。
サンディイメ　そんなあ。
ゴッド　でも、大きなチャンスですよ。精一杯がんばりなさい。
ハッチイメ　他に選択肢は？
秘書①・②　ありません。特別配慮プランですよ、神様に感謝！
サンディ・ハッチイメ　……ありがとうございます。がんばります。
秘書②　昔も一度あったけど、成功率は低いんだよねー。
秘書①　だよねー。
ゴッド　余計なことは言わない！
秘書①・②　すみません。
ゴッド　さあ、早く準備しなさい！
秘書①・②　はいっ！（あわてて去る）
ゴッド　サンディ、ハッチ。
サンディ・ハッチイメ　はい。
ゴッド　飼い主に「会いたい」と言ってもらう必要があります。独り言や棒読みではダメです。あなたたちを思って、言ってもらうのです。
サンディ・ハッチイメ　はい。
ゴッド　ちなみに、人間にはあなたたちの耳や動物的な姿は見えませんから、安心しなさい。さあ、行きなさい！
サンディ・ハッチイメ　はい！　行ってきます！

音楽。どこからともなくやってきた大きな布で二人は包まれると人間の姿に変わる。

最初の公園。

サンディ　あれ、ホントに人間になってる！　わー手と足がある！　二本足だ！
ハッチ　わー二本足ってこんな感じか。なんか若いな、身体が軽い。
サンディ　ホントだー！　身体が軽いねえ、いいね！

ふたり、喜んで笑う。

サンディ　（はっとして）やだ！　ハッチ‼
ハッチ　ん？　なんだ？
サンディ　お、女になってる！
ハッチ　は？　なんだこりゃ⁉　うわあ。（はっとして）うわっ‼　おい、サンディ。
サンディ　なあに？
ハッチ　お前……男になってるぞ！

サンディ　やあーだあ！　何言ってんのお。
ハッチ　おいおいおい！
サンディ　うっそー。えーー、やだー、あたし、男だ！　ミホちゃんと同じくらいの年？
ハッチ　なにこれ。
サンディ　でもとにかく、ミホちゃんに早く会いたい♪（るん♪）
ハッチ　（はっとして）お前、その姿と喋りはヤバイぞ。
サンディ　そお？　でもハッチも全然違う感じだし。
サンディ・ハッチ　わかってもらえるかな⁉

そこへ、ミホとユキが花を持ってくる。サンディ・ハッチ、一旦ベンチに隠れる。

ミホ　サンディ……おばあちゃんワンちゃんだったけど、すっごくかわいくて。本当に大好きだったのに。どうして死んじゃったの？
ユキ　あたしのやさしいおじいちゃんみたいなハッチ。長生きしてほしかったのに。
ミホ・ユキ　わーーん。
ハッチ　あのふたり、うちらのおかげで、微妙に仲良くなってる？
サンディ　会いたかったよお！　ミホちゃん！
ハッチ　あ、バカ！　ダメだよ、その姿じゃ！
サンディ　でも、サンディもうがまんできないワン！
ハッチ　落ち着け、まだダメだ！
サンディ　やだやだ！

がまんできず、飛び出すサンディ。

サンディ　ミホちゃーん、会いたかった！　だーい好き！わーい、ミホちゃんのあーしー！

サンディ、うれしくてミホの足に抱きつこうとする。

ミホ　は、何すんの！　やめて！
ユキ　やめなさいよ！　離れて！

ミホ・ユキ、サンディを突き飛ばす。

サンディ　クゥーン！　痛ったーい。ひどいよ、ミホちゃん。
ミホ　キモい、キモい、キモい。なんなのこの人。
ユキ　この変態！
ハッチ　とりあえず、離れろ、ほら。
サンディ　やだやだやだ！　せっかく、やっと会えたのに。
ミホ　会えた？
ユキ　何言ってんの？
サンディ　ほらほら、サンディだってば。

ミホ　は？

ユキ　え？

サンディ　見て見て見て。ピョーン、ピョーン！　ピョーン、ピョーン！

ハッチ　やめろ、ドン引きだ！（引き離そうとするがサンディ振り払う）

サンディ　あ、あとこれ！　くるくる、くるくるって。ね、かわいいでしょ！

ミホ・ユキ　キモっ！

ユキ　昼間から、なにこいつ。しかも中学生くらいなのに。行こう、ミホ。

ミホ　せっかく、公園に、お花あげに来たのに。

ユキ　またあとで来ようよ。この変態がいなくなったら。

サンディ　サンディ、変態じゃないよお。うご。（ハッチに口をふさがれる）

ハッチ　ははは。なんか、ごめんね、ふたりとも。この人、大事な人を亡くして、今、ショック受けててさ。

ユキ　そういうことなの。わかった。

ハッチ　わかってくれてありがとう、ユキ。

ユキ　……なんであたしの名前知ってんの？

ハッチ　（あせって）えーと、こっちの子が呼んでたから。

ユキ　そうだっけ？

ミホ　変態のショックで覚えてない。

ユキ　ま、いっか。とりあえず行こう、ミホ。

ミホ、慌ててベンチに置いた花束を取る。ふたり、気味悪そうにその場から離れる。

ハッチ　おまえ、ホント、バカか？　せっかくのチャンスを！

サンディ　だってだって、サンディ嬉しかったんだもん。

ハッチ　だから、そのルックスで、そのしゃべりは全くあわないぞ。

サンディ　ハッチはなんでそこそこあってるの、ずるいよお。

ハッチ　しらねーよ。でも目的を忘れるな、サンディ。

サンディ　あ、そうだった。えっと、今日しかチャンスはなくて。

ハッチ　ミホちゃんに言ってもらうんだろ。

サンディ　「サンディに会いたい」って。

ハッチ　でも、それは独り言じゃダメなんだよな。

サンディ　うちらに対して、はっきり言ってくれないといけないってこと？

ハッチ　オレもどうやったら、ユキに「ハッチに会いたい」って言ってもらえるんだ？

サンディ・ハッチ　難しいよ!!

公園にエマとアイがやって来る。サンディ・ハッチ慌ててベンチに隠れる。

エマ　ユキって、ちょっとキツイんだもん。
アイ　自分が一番正しいって思うタイプだね。
エマ　ミホたちのグループでなんとなくうまくいってたみたいだけど。
アイ　一年の時とか、私、正直キライだったんだ。
サンディ　え？　ミホちゃんとユキちゃんのこと？
ハッチ　学校の友だちか？
エマ　わかる。「アイはこうして。エマはそれでいいから！」とか。
アイ　仕切るんだよ、うざいの。
エマ　だから、ちょっともめたって、ルナから聞いた時は。
アイ　チャンス、って思ったよね。
エマ　顔、みたら言いにくいけど。
アイ　ラインなら、楽勝！
エマ　なんも考えてないルナに、「心配だから、今日だけはグループ入れて」って言ったら。
アイ　即、ラインのグループに招待してくれて、ラッキー！
エマ　「ユキ大丈夫？」とか最初は言ったけど。
アイ　エマ、うまいよね、親切な感じ。
エマ　そういう、アイだって、最初同情しておいて、バッサリ言っちゃってさ。
アイ　ちょっとすっきりしちゃった！

アイ・エマ笑う。

サンディ　ねえ、これって。
ハッチ　ラインで、もめた時のこと？
エマ　なんか、かえってごめんねー、退会するねーって。
アイ　スパっと離れて正解！
エマ　ユキは、「ひとりボッチ」になったね。
アイ　「ボッチ」だね。

ふたり、笑う。

ハッチ　なんだよ、おまえら！
サンディ　ハッチ！
アイ　でも、このところユキとミホ、ふたりで行動してない？
エマ　さっきもふたりで歩いてたね。
アイ　結局は、仲直り？
エマ　なんか、イヌが交通事故で死んだんでしょ、たまたま。
アイ　あーそれか。ラッキーだね。
ハッチ　ラッキーじゃねえよ！
サンディ　ひどいよ、あんたたち！
エマ　は？　何？

アイ　やだー、関係ないでしょ。
ハッチ　関係あるんだ！　ユキに、よくもひどいことしてくれたな！

ハッチ、ふたりにつかみかかろうとする。

エマ・アイ　何すんのよ、やめてよ！
サンディ　やめて、ハッチ！
ハッチ　きたないマネしやがって。許せねえよ。
エマ　はあ？
アイ　うざ。
ハッチ　なんでそんなイヤなことをわざわざラインでやるんだよ⁉
エマ　あんたたちに何がわかるのよ⁉
ハッチ・サンディ　えっ？
エマ　いつもいつもがまんして。いい子になれるよう、あたしだってがんばってやっているんだから！
アイ　まわりの目を気にして、ミスがないようにやってんのよ！
エマ　そりゃ、なんでも言えたら、楽かもしれないけど。
アイ　そんなのできるわけないじゃん。
エマ　ストレス発散、絶対必要。
アイ・エマ　だよね！
ハッチ　お前ら、もったいない生き方してんな。
アイ・エマ　は？
ハッチ　誰かを不幸にして、それでホントに自分は幸せになれると思うのか？
エマ　何よ！
サンディ　誰かのためにがんばれるから、自分も幸せになれるんだよ！
アイ　うるさい！
ハッチ　いいか、覚えておけ！　相手にひどいことをすれば、その倍、自分に返ってくるんだ。
エマ　なんなの、この人？
アイ　わけわかんない。
ハッチ　相手にいいことをすれば、その倍、自分にも戻ってくるんだよ。
サンディ　ふたりはバカだよ。せっかく人間に生まれて、いろんなことできるのに。
アイ　なんで、あんたたちから説教されるわけ？
エマ　めんどくさい。行こ、行こ。
ハッチ　自分がされて嬉しいことを相手にしろ！　自分がされてイヤなことは相手にするな！
サンディ　イヌだって、そのくらいのことわかってるよ！
ハッチ　そして、大事な話は。
ハッチ・サンディ　相手の顔を見て言うんだ！
ハッチ　それからな……幸せになれよ、お前らも！
エマ・アイ　…………

ハッチ　わかったか⁉

エマ・アイ　わかったわよ、もう。

エマ・アイ、逃げるように立ち去る。

ハッチ　ありがとよ、おばあちゃん。

サンディ　カッコよかったよ、おじいちゃん。

ハッチ　こちとら、じいさんだからよ。

サンディ　ハッチ、言い切ったねえ。

ふたり、笑う。

ハッチ　まいったな。この後どうすりゃいいんだ？

サンディ　そろそろ、ミホちゃんたちが戻って来るね。

ハッチ　さっきの感じだと、わかってもらえないよなあ。

サンディ　ごめんね、変態みたいになっちゃって。

ハッチ　みたいじゃなくて、その見た目と、あの行動は……変態だよ。

サンディ　くぅーん。

ハッチ　……でも、思ったんだけどなあ、サンディ。

サンディ　え、何？

ハッチ　生まれ変わって、ユキと一緒に生きていける動物に、オレ、ホントになりたいけど。

サンディ　うん、サンディも。

ハッチ　でも……ユキが幸せなら、なんでもいいかなって。

サンディ　わかる。さっきのミホちゃんとユキちゃん、また仲良くしてて、嬉しかった。

ハッチ　お前が変態な行動するから、めちゃくちゃだったけど。

サンディ　ごめんね。でも、ふたりは、幸せそうだった。

ハッチ　ああ、良かったなあって。

サンディ　いい飼い主だったもの。

ハッチ　ま、確かにユキはちょっとキツイ言い方、するんだよ。

サンディ　ミホちゃんは逆に、はっきり言いたいことが言えないタイプ。

ハッチ・サンディ　でも、いい子！　だーい好き！

ふたり、笑いあう。

ハッチ　ユキが幸せなら、オレも幸せだ。……たとえ一緒に、いられなくても。

サンディ　でもでも、ミホちゃんに会えないのは悲しいよ。

ハッチ　お前の、ここにいるだろ？

サンディ　うん。いつもここにいる。

ハッチ　なんか、あのふたりを引っ掻き回すようなことは、もう、いいかな。

サンディ　ハッチ。

ハッチ　あのふたりを解放してやろうよ、昔の飼い犬から。
サンディ　わかった……
ハッチ　サンディ。オレたち、もし、セミになっても、また友だちになろう。
サンディ　七年間は土の中でしょ。
ハッチ　一週間、地上に出たら、必ずお前を探すよ。
サンディ　見つけてね、ハッチ、絶対だよ。（仲良しのしるし）
ハッチ　わかった。（仲良しのしるし）

ふたり、微笑みあう。

サンディ　あ、ミホちゃんたち。

ミホ・ユキ、再び公園に登場。

ユキ　げっ、あいつら、まだいる！
ミホ　えーやだ！
サンディ　あのーさっきはごめんなさい。本当にすみませんでした。
ミホ　あれ、まとも？
ユキ　だまされたら、ダメだよ。
ハッチ　いやー、ホント、申し訳なかったね。
サンディ　大事な人とお別れして、ちょっとおかしくなってたんです。クゥーン。
ミホ　えっ？
ハッチ　（サンディに）犬っぽくなるなよ。
サンディ　ごめんだワン。あっ。（あわてて口を手で押さえる）
ミホ　その仕草は……まさか、サンディ？
サンディ　ミホちゃん！

ミホ、サンディ、見つめあう。

ユキ　……んなわけないでしょ。
ミホ　そうだよね……
ハッチ　ユキ、元気でな。
ユキ　はあ？
ハッチ　ユキは正直だから、悪気なくても、ついズバッと言うとこあるけど、これから大人になるんだから、気をつけるんだぞ。
ユキ　ちょっとなに⁉　やっぱりおかしい、この人たち。
サンディ　あのあの、変態じゃなくて、変人でもないです。でも最後にどうしても、どうしても、ひとつ、お願いがあります。
ハッチ　それは、それは、やめておけ！

ハッチ、サンディを引っ張るが、サンディは押し返す。

ミホ　え、なに？
サンディ　最後にもう一回だけ、もう一回だけ。……足にしがみついてもいいですか？
ユキ・ミホ　きゃ……やっぱり……変態だ！
サンディ・ハッチ　違います、違いますってば！

ミホ・ユキ、逃げ回る。サンディ・ハッチ追いかけてしまう。

ミホ　もうヤダ！　サンディが死んじゃって、悲しいのに。
ユキ　神様はどうして、そうっとしておいてくれないの。
ミホ　サンディは私の家族だったのに。
ユキ　ハッチがいないなんて、やだ。
ミホ　いつも、ずーっと一緒だった。
ユキ　毎日散歩するとイヤなことも忘れられた。
ミホ　サンディの代わりなんて、いない。
ユキ　私の大事な宝物だった。
ミホ　……こんな変な人たちじゃなくて。
ユキ　会いたいのに。
サンディ・ハッチ　えっ!?
ミホ　サンディに会いたい！
サンディ　（雷に打たれたように）ミホちゃん。
ユキ　ハッチに会いたい！
ハッチ　（雷に打たれたように）ユキ。
ミホ・ユキ　変態になんか、会いたくないよ！
サンディ・ハッチ　ひどいよ!!

突然、ミホ・ユキ、ストップモーション。

サンディ　あれ、もしかして？
ハッチ　今ので、オッケー？
サンディ・ハッチ　わーい、やったー!!（仲良しのしるし）

明転　音楽。
ミホとユキが公園で、何かを抱きかかえて話している。

ミホ　かわいいね。
ユキ　思いきって、決めてよかったね。
ミホ　ほら、あんたたち、見える？　この公園の、そこのベンチの下に、捨てられていたんだよ。
ユキ　兄弟かな。似てるね。
ミホ　サンディとハッチにはもう会えないけど……
ユキ　あたし、ハッチのことは一生忘れない。
ミホ　私も。今でもサンディに会いたい。
ユキ　会いたいね。
ミホ　でも、もうくよくよするのはやめようね。
ユキ　ハッチに怒られそう。
ミホ　あたしもサンディに叱らちゃうな。
ユキ　でも、一緒に生きていく動物がいるって……幸せだよね。

ミホ　うん、幸せ。あとね……友だちがいるのも……幸せだよ。

ユキ　あたしも。

ふたり、嬉しそうに微笑みあう。

ユキ　帰ろうか。

ミホ　うん。ミーちゃん、帰るよ！

ユキ　タマ、帰るよ！

ミー(サンディ：後ろに立って)　にゃーん、嬉しいな、ミホちゃん。

タマ(ハッチ：後ろに立って)　にゃおー、タマって名前、納得できない。なんで、ネコ？

ミー(サンディ)　ネコでも、いいじゃにゃいか。

タマ(ハッチ)　お前、ネコ化早いにゃあ。

ユキ、ハッチ、先に去る。

ミホ　サンディ、きっといつも見守ってくれているよね。

ミー(サンディ)　もちろん！　いつも一緒だよ、ミホちゃん！

ユキ　ミホー！

ミホ、サンディ、去る。音楽、高まって。

――幕――

ひーたんとマンボ☆

オレはワタル。うちはさ、いろいろあったけど、
しっかり者の母さんと何でも完璧な姉ちゃん、
それから波乱万丈なひーたんとユルいオレの４人家族で仲良くやってきたんだ。
でもあることがきっかけで、またまた大変なことに……
でもね、ひーたんとマンボを踊れば、元気が100倍になるんだ。
くよくよしないで、嫌なことも忘れちゃうよ。
ねえ、みんなも一緒にマンボ踊ってみない？
絶対楽しいよ!!

キャスト

ユリ（中3）
ワタル（中2）
サヨ（母）
ひーたん（ミノル）

一郎（父）
キクエ（祖母）
マコト（祖父）
ユリ小（五歳）
ワタル小（四歳）

マミ
ユイ

レイ
スズ
ネネ

セワ先生

舞台全体明るく初夏の夕方。リビング。イステーブル。
幕開けでマンボの音楽小さく流れている

ワタル たっだいまー！ あれー誰もいない？ ひーたん？ ねーちゃん？ お母さん？（あたりを見回す）ヤッターお菓子食べ放題♪

マンボの音楽ＣＩ

ワタル うぬぬぬ。さては、いるな！
ひーたん ひゃっ、はっはっ！ 気づかぬのう。
ワタル ずるいよ。隠れてて。
ひーたん 気配を消しておったのじゃ。フォッフォッフォッ。

二人『う～マンボッ！』しばらく踊る。途中なぜか戦争ごっこぽくもなる
「では、突撃いたします！」二人、笑いあう。

ワタル ひーたん、いるなら、いるって言ってよ。
ひーたん ワタルを試したのじゃ。
ワタル 何で？
ひーたん 果たして、「お菓子食べ放題」に走るのか？
ワタル うっ、しまった。

二人『う～マンボッ！』踊ろうとするが。

ユリ ただいま！ もうやめてよ、ふたりとも。
ワタル ねーちゃん。
ひーたん おお、ユリ。おまえもマンボしよう！
ユリ お断りします。私はワタルと違ってユルイ写真部じゃなくて、バリバリのバレー部やってるんだからクタクタ。
ワタル あー今写真部バカにしたな！
ひーたん それはいかんな。
ユリ とにかく余力はないの！
ワタル 最近ノリが悪いよね。
ひーたん つきあい悪いと言うんじゃ。
ユリ ふたりとも!!
ふたり はいっ！（ビシッ）
ユリ いい加減にして。ワタル、帰ってきたら、食事前にまずは宿題でしょ？ ちゃんと習慣つけて。ひーたんは、夕食の買い出し、もう行ったの？
ワタル やべっ、は、腹が……ううう。
ひーたん おおおお、心臓が……ぐわわわ。
ユリ やめてやめて、もう。じゃ、さっさとやって。あたしもちょっと宿題やったら、塾行くから。
ふたり はーい♪

ユリ、あきれて自分の部屋へ。

ワタル　こわー。
ひーたん　母親のサヨより迫力あるな。
ワタル　ねーちゃんてさ、スキがないんだよ。
ひーたん　すき？
ワタル　いつも全速力で走ってんだよねー。
ひーたん　しゃきしゃきしとる。さよにそっくりじゃ。
ワタル　もうなんつーか、学校ではミスパーフェクトって言われてるし。オレとは大違い。
ひーたん　だな。
ワタル　何だよ、そこはまあまあおまえも、とかさ。
ひーたん　ムリじゃ。
ワタル　あーなんかつまんない。
ひーたん　ほれほれ、学校の様子、報告せんね。
ワタル　ひーたんってさ、ゆり姉びいきだよ。
ひーたん　まあ仕方あるまい。あれだけがんばってればな。
ワタル　まあね。
ワタル　そう。ユリ姉はめっちゃがんばってきた。母さんも。それからひーたんも。オレだって、一応。十年前のあの日から、みんな。

再現①

さよ　じゃ、お見送りできなくてごめんなさ。
キクエ　いいのよ、まだ子どもたちも小さいんだから。
ワタル小　おばーたん、また来てね！
ユリ小　おじーたんも、来てね！　ぬり絵楽しかったね！
ワタル小　うん、楽しかった！
マコト　来月も来るからね。シュークリームをおみやげにしょうかな？
ワタル小・ユリ小　わーい、やった！
さよ　ほら、ふたりとも、おじいちゃんとおばあちゃんにバイバイして。
ワタル小・ユリ小　バイバーイ！　また来てね！
一郎　じゃ、駅まで車で送っていくよ。
さよ　ありがとう。パパ。
ワタル小・ユリ小　パパ〜行ってらっしゃい！

三人、去る。

さよ　さあ、寝ましょうね。
ワタル小・ユリ小　はーい。

自動車の衝突音。救急車。三人固まる。

群衆　大変です、大変です、大変です。自動車事故です大変です。自動車事故です大変です。自動車事故です大変です。ご主人とご両親はお亡くなりになりました。大変です、大変です、大変です。
サヨ　うそうそうそ。いやあああ。（泣き崩れる）
ワタル小　ママ、どうしたの？
ユリ小　ねえ、パパとおじーたんたちのこと、どうしてレビで言ってるの？
ユリ小　ママ？
ワタル小　あ、ホントだ。パパだ！
ワタル小　ねえ、パパはいつ帰ってくるの？
サヨ　……もう帰って来ないの。
ユリ小　えっ？
ワタル　ねえ、ねえ、パパは？
サヨ　帰って来ないって言ってるでしょ！

ワタル小・ユリ小驚く。

群衆　帰ってきません、帰ってきません、帰ってきません。もう二度と、もう二度と、もう二度と。帰ってきません、帰ってきません、帰ってきません、帰ってきません。もう二度と、もう二度と、もう二度と。

ひょっこりとひーたん登場。

ひーたん　サーヨ！
サヨ　えっ……おじい……ちゃん？
ユリ小　だあれ？
ワタル小　なんか変なおじーたん。
さよ　私のおじいちゃんよ。最後に会った時はユリがまだ赤ちゃんの時だったかな。
ユリ小　ママのおじーたん？
ワタル小　じゃあ、ぼくのおじーたん？
ひーたん　おまえのひいおじいちゃんだよ。
さよ　連絡、したのよ。
ひーたん　すまんなあ、サヨ。
さよ　どこにいたの？
ひーたん　世界中をまわってたんじゃ。でもちょうどキシコで、珍しく日本のテレビ番組がみれて。事故のニュースをみてすっとんできたよ。
さよ　おじいちゃん！（泣く）
ひーたん　大丈夫。これからは、わしがついとる！
ユリ小　ひいおじーたん？
ひーたん　そうじゃよ。
ワタル小　じゃあ、じーたんじゃなくて、ひーたんだ！
ひーたん　そうだな。ひーたんじゃ。
ユリ小・ワタル小　ひーたん！
ひーたん　ほい。

ユリ小・ワタル小　ひーたん！
ひーたん　ほーい！
サヨ　ありがとう、おじいちゃん。（泣く）
ユリ小　あーマラカス！
ひーたん　さあ二人とも、これ知ってるか？
ワタル小　まからす？
ユリ小　マラカス！
ワタル小　まからす？
ユリ小　ちがう、マラカス！
ワタル小　まからす？
ひーたん　これでマンボを踊ると元気が出るんじゃよ！
ミュージック！

三人は楽しそうにマンボを踊り始める。さよも微笑み、やがて輪の中へ。

ワタル　そう、あの日からひーたんと母さん、ねーちゃんとオレの家族が始まった。ひーたんは落ち込んでいた母さんとオレたちを救いに来たヒーローだった。ひーたんはあんにほんわかしてるのに、戦時中は、特攻隊員だったらしい。片道の燃料だけ積んだ零戦に乗って、敵にドカンとつっこむ、あれ。ひーたんが零戦に乗る順番の前に戦争が終わったらしいけど。全然詳しいことは話してくれない。でも軍隊式のかけ声はよく言うかな。そのあとは、世界中の珍しい動物を撮るカメラマンとして、八十歳近くまで活躍してたらしい。ひーたんって、意外と波瀾万丈。でもそれがひーたんなんだけどね。
ひーたん　この十年いろいろあったがあっという間じゃ。
（むしゃむしゃ）
ワタル　ひーたん、いつの間に菓子たべてんだよ！
ひーたん　すきありじゃ！
ワタル　ずりーよ！

ユリ、入って来る。

ユリ　ちょっと二人とも！
ワタル・ひーたん　はいっ！（ビシッ）
ユリ　まだじゃれてこんなところにいるわけ？
ワタル・ひーたん　すみません。
ユリ　ちゃんとしてよ、もー。じゃ、私、塾だから。
ワタル・ひーたん　行ってらっしゃい。

ユリ、出かける。

ひーたん　ユリは最近学校ではどうなんじゃ？
ワタル　どうっもー、いつも通りバリバリですよ、あの人は。
ひーたん　さすがはワシのひ孫！

ワタル　テストは学年一番、走れば一番、作文でも一番！　生徒会長でバレー部のキャプテンで市内でも実力ナンバーワン！　あんな細い体なのにパワフルだよなあ、姉ちゃん。
ひーたん　おまえはどうだ、ワタル？
ワタル　えーオレ？　えー、のんびりっていうか、風のように生きていくタイプなわけ。
ひーたん　ほーお。世界の放浪カメラマンだった、ひーたんに似とるかのう。
ワタル　でもさー時々言われるんだよ。

再現②

レイ　ねえ、あのさ。
スズ　ちょっといいかな？
ワタル　オレ、ですか？
ネネ　そうよ。

三人、ワタルの顔をじっと見て。

三人　似てないわー。
ワタル　ええっ？
レイ　あのー、一応聞くけど、バレー部キャプテンのユリさまの弟だよね？
ワタル　はあ。
スズ　ホントにホントに？
ワタル　はい。
ネネ　生徒会長の、ユリさまの、弟？
ワタル　そうですけど。
三人　やだあー地味！　あっ、ごめんね。（三人、笑いながら去る）
ワタル　なんもしてないのに、傷つけられた……ううう。

マミとユイが登場。

マミ　ワタルくん、会長知ってる？
ワタル　あーマミ先輩とユイ先輩♪　姉は今日は部活直行かと。
ユイ　ほら、やっぱりそうじゃない。
ワタル　金曜は部活優先日だから、今日は思い切りバレーするって朝言ってました。
マミ　そうなんだけど、会長じゃないとどうしてもわかんないところがあってね。
ワタル　あのーオレで役に立つことがあれば、何でも言ってください♪（ポーズ）
ユイ　ごめん、ワタルくんには、ムリなの。じゃあね。
マミ　ごめんねー。じゃあね。（二人、去る）

ワタル　あ……そうっすか。
ひーたん　ワタルううう、おまえも苦労してるなあ。
ワタル　うん。結構ビミョウ。

セワ先生登場。

セワ先生　悪いんだけど、これお姉さんに渡しておいてくれる？
ワタル　あ、姉ちゃんの担任のセワ先生。
セワ先生　あ、ワタルくんだっけ？
ワタル　わかりました。
セワ先生　君のお姉さんって、本当にすごいわよね。
ワタル　はあ、どうも。
セワ先生　先生よりもしっかりしていて、とっても助かるんだ。まあ（ワタルをじっくり見て）……君もがんばれ！（先生、去る）
ワタル　はあ、がんばります。（セワ先生、去る）
ひーたん　ワタルー、泣けてきたどぉー。
ワタル　ひーたん！　オレの人生って姉ちゃんの後ろでうすくない？
ひーたん　ちょっと不憫じゃなあ。

母、帰宅。

サヨ　ただいま！
ワタル　母さんお帰りなさい！
ひーたん　さよ、お帰り！
サヨ　あれ、また二人でリビングでじゃれあっているの？
ワタル　違うよ。
ひたん　わしは、これから買い出しに。
ワタル　宿題やるところ。
サヨ　ふーん。ユリは？
ワタル　塾行ったよ。
サヨ　ユリに何て言われたの？

ひーたん、ワタル、ギクッとして一瞬顔を見合わせる。

ひーたん　さあて、行ってくるかのう。
ワタル　えっと、英語のワークはどこかな？
サヨ　あやしい。あやしいわよ、ふたりとも。

マンボが流れる。明転。

ワタル　やったー！　宿題終わった！
ひーたん　マンボいくか？
ワタル　いいよ。それよりお腹すいた。
さよ　はいい、もうできるわよ。あれ、ユリ遅いわね。
ひーたん　めずらしいのう。

サヨの携帯が反応した様子。

サヨ　はい、もしもし。はい、そうです。え？　はい、ゆりは私の娘ですが。
ワタル　どうしたの？
ひーたん　ユリか？
サヨ　そんな！　はい、はい……。そうなんですか？……す、すぐ行きます。すぐ行きますんで。
ワタル　母さん⁉
サヨ　ユリが車にはねられたって。
ワタル・ひーたん　えーっ！
サヨ　道に飛び出した小学生をかばって、頭を打ったらしいの。
ひーたん　きっと大丈夫じゃ。
サヨ　いやだわ、もう……もうもうもう、またなの⁉
ワタル　母さん、落ち着いて。姉ちゃん無事なんでしょ？
サヨ　命には別状ないって。
ひーたん　よかったのう！
ワタル　じゃ、病院行こう！
ワタル　そして姉ちゃんは、どこも骨とかも折らず、助けた小学生も無事で、それは本当に良かった。ただ、頭を強く打ったので少し入院して、学校もしばらく休んで、家でもじっとしていた。それからの姉ちゃんはなんか、いつもぼうっとしているような気がした。けど、頭打ったんだし、仕方ないのかな、って思ってた。そして、学校に復帰することになった。
ひーたん　ワタル、ユリ、急げ！　遅れるぞ！
ワタル　あーまだ眠いよ。
ユリ　……頭が重い。
ひーたん　大丈夫か、ユリ？
ユリ　うん……（はっとして）ねえ、二人とも！
ワタル・ひーたん　（無意識に）はいっ！（しゃき）
ユリ　私の、私の靴下が見つからない。どこ？　どこ？ちゃんと準備しておいたのに。
ひーたん　どんなヤツだ？
ユリ　紺のハイソックス、ワンポイントついた。ワタル、知らない？
ワタル　ね、ねーちゃん
ユリ　なに？
ワタル　それ……今はいてるよ。
ひーたん　ほんとじゃ。
ユリ　（足元をみて）私、私……何言ってんの？

間

ひーたん　マンボ踊りたいとこじゃが、遅れるぞ！　行ってこい！

ワタル　うん。行ってきます。さあ行こう、姉ちゃん。久しぶりの学校じゃん。
ユリ　……行ってきます。

明転。

ワタル　ただいま！
ひーたん　お帰り。ユリは大丈夫だったかい？
ワタル　うーん。学校では直接会ってないんだけど、気になったことがいくつかあった。
ひたん　報告じゃ！
ワタル　報告します！　生徒会本部の先輩たちが昼休みに来たんだ。
ひーたん　ほお？

再現③

マミ　ワタルくん、今日からユリちゃん、登校してるよね？
ワタル　あ、はい。
ユイ　昼休みは必ず生徒会室に来るのに、今日は来なくて。
ワタル　頭が重いって、朝は言ってたけど。
マミ　一応保健室も行ったんだけど、いなくて。
ワタル　えっ？
ユイ　朝会った時も、なんかぼんやりしてて。
ワタル　まだ、調子良くないみたいなんで。

その日の朝のシーン。

ユイ　きゃー、ユリ、お帰り！　おはよ♪
マミ　二週間だっけ？　大変だったね。
ユイ　でも小学生を助けるなんて、さすがユリだよ！
マミ　さっすがー
マミ・ユイ　ミス・パーフェクト！
ユイ　あれ？　ユリ？
ユリ　ごめん、頭痛くて。
マミ　こっちこそ。
ユイ　ゴメンね。
ユリ　ううん大丈夫。
マミ　じゃ、昼休みにまた生徒会室で打ち合わせ、よろしくね。
ユリ　えっ？　あ、あ、そうか。行くね。

ユリ、去る。

ユイ　なんか、前みたくキパキ返事しなかったし。
マミ　ぼうってしてた。でも来るって言ってたのに。
ユイ　そんなこと今まで一度もなかったよね。

マミ　……頭打ったんだもんね。
ユイ　そうだよ。まだ調子が戻ってないんだよ。

二人去る。

ワタル　ね、なんかちょっとさー。
ひーたん　ユリらしくないのう。
ワタル　ねーちゃんって、言ったことは、鬼のように守る人だからさ。
ひーたん　十年前もお母さんは大変だから、ワタルの面倒は私が見る、って宣言したのう。
ワタル　面倒見てもらって、こんなユルイ弟になっちゃったけどね。
ひーたん　だなー。
ワタル　ひーたん！
ひーたん　おお、年取ると正直になっちまうのう。
ワタル　もう。
ひーたん　ワタル少年兵、他に報告はあるのか？
ワタル　あります、ひーたん上官！
ひーたん　言ってみよ。
ワタル　例のきゃぴきゃぴしたファンクラブ三人組も来てさ。
ひーたん　きゃぴきゃぴ？

再現④

レイ　ねえねえ、弟くん。
ワタル　なんすか？
スズ　ユリさま、大丈夫なの？
ワタル　ま、一応。
ネネ　うちらのこと誰？って感じだったんだよね。
ワタル　えーこのきゃぴきゃぴ、う。（あわてて口を押さえる）
レイ　今、何言おうとしたわけ？
ワタル　いやーなんでもないです。
スズ　ちょっと失礼でしょ。
ネネ　そうよそうよ。
ワタル　いやいや、みなさんの方がいつもオレに失礼でしょ。（小声）
三人　はあ!?
ワタル　何でもありませーん。
レイ　とにかくね、変なの。私たちが復帰のお祝いを言いに行ったら。

再現のユリ登場。

3人　きゃー――ユリさまあ！　カムバックおめでとうざい

ます！

ユリ　え？　何のこと？

スズ　やあだー復帰お祝いでーす！

ネネ　入院中は面会できなかったので。

レイ　みんなでかわいいパンダのカードにメッセージ書いたんで、読んでください！

ユリ　……何で？

ネネ　えっ？

ユリ　どうして、私が手紙もらうわけ？

スズ　どうしてって。

ユリ　私、何ともないし、大丈夫だから。こういうの受け取れない。

レイ　先輩、そんなこと言わないでくださいよ。

スズ　どうしちゃったんですか？

ネネ　ユリ先輩。

ユリ　ごめん、私、急いでいるから。

ユリ、走り去る。

三人、呆然とする。

レイ　そりゃ、私たち、いつも勝手にユリさまの追っかけしてたけど。

スズ　どんなに忙しくても、いつもにっこりして。

ネネ　絶対話を聞いてくれたのに。

三人　ねえ、ユリさま、どうしちゃったの？

ワタル　はあ。

レイ　はっきりしない弟ね。

スズ　なんか、聞くだけ損した。

ネネ　時間のムダだったし。

三人去る。

ワタル　ひでー。

ひーたん　ワタルぅ。

ワタル　ひどよね、ひーたん。

ひーたん　人生、ドンマイじゃ。

ワタル　あんまし、慰めになってないよ。

ひーたん　ユリも、いかんなあ。

サヨ、帰宅する。

サヨ　ただいま。ユリは？

ワタル　まだ。たぶん部活だよ。

サヨ　あんたは部活どうしたの？

ワタル　うん、今日はねー、精神的に傷ついて疲れたから休み。

サヨ　すぐ休むんだから！

ワタル　いろいろあったんだよ。

ひーたん　さぼりじゃな。
ワタル　ひーたん、ひどくない？　オレの気持ちもわかってよ。
ひーたん　サヨ、ユリはちょと様子が変だぞ。
サヨ　そうよね、ずっとぼーっとしているし。
ワタル　なんか、前みたく回転してないよ。あ、そう言えば先生も言ってた。
ひーたん　報告じゃ！
ワタル　ラジャー！

再現⑤

セワ先生　ワタルくん。ちょっといい？
ワタル　あ、先生。
セワ先生　あのさ、検査の結果は異常なかったたってお母さんから聞いてるけど。
ワタル　なんか、ボーってしてますよね、姉ちゃん。
セワ先生　それもあるけど。いつもと違うのよね。
ワタル　固まってますか？
セワ先生　うーん。ここだけの話なんだけど。
ワタル　オレ、口はカタイ男子で有名ですから。
セワ先生　なんかちょっと不安ね。
ワタル　大丈夫です！（Vサイン）
セワ先生　じゃ、弟くんを信頼して言うけど。今日、係の生徒が黒板を消し忘れてね。
ワタル　オレはしょっちゅうですから、わかります！
セワ先生　あのね、違うの。消し忘れたことをすごく怒ちゃったの、ユリさん。
ワタル　えっ？

再びユリ登場。

セワ先生　ユリさん、落ち着こうよ。
ユリ　許せません！　ちゃんと次の授業の前に黒板消すの係として当然の仕事じゃないですか⁉　言われないと消さないとかありえません。
セワ先生　まあまあ、うっかりしたタクヤくんもいけないけどさ。
ユリ　タクヤは人間としてだらしないんです。提出物とかもいつも遅いし。
セワ先生　先月は数学の宿題をユリさん教えてあげてたじゃない？
ユリ　いらいらするんです！　いやなんです、私。先生、タクヤを、タクヤを何とかしてください！（はっとして）あの、先生、大声出してすみません。私、部活行きます。

ユリ、逃げるように走り去る

セワ先生　ユリさん、待って。……あんなユリさん、見たことなくて。前は困っている他の生徒を見つけたら、真っ先に助けに行くような人だったから。タクヤくんにもいつもはやさしいのよ。本当にどうしちゃったのかしら？

ワタル　先生、ご迷惑をかけました。

セワ先生　ああ、なんかごめんね。あとでお母さんにも電話するね。

ワタル　すみません。まだ調子よくないみたいで。

セワ先生　頭打ったんだものね。でも元気に戻ってきてくれて、安心したのよ。

セワ先生、去る。

サヨ　ユリ、もう一度検査してもらった方がいいわね、きっと。

ひーたん　安心のために、いいかもなあ。

ワタル　きっと大丈夫だよ。もう二、三日したら、前みたくバリバリに戻るよ！

サヨ　そうね、そうよね。

ユリ、帰宅する。

ユリ　ただいま。

三人　お帰り！

サヨ　久しぶりで疲れたでしょ。

ひーたん　風呂もできてるから、お入り。

ワタル　ねーちゃん、あの……

ユリ　ワタル、聞いたんでしょ、あたしのこと？

ワタル　聞いたっていうか、たまたま耳にしたっていうか。

ユリ　お母さん、私、わけがわかんない。頭おかしい。

サヨ　ユリ……

ひーたん　そういう時はマンボでも踊ろう、ユリ。

ユリ　ひーたん、あたしダメなの。なんにもできないし。覚えられないし、すごくイライラしちゃうの。私、私……

ユリ、ふらついて倒れる。

三人　ユリ!!

明転

ワタル　姉ちゃんは、再入院して、検査してもらった。頭をぶつけたダメージが思ったよりひどかった。「高次脳機能障害」って診断された。何だよそれ、聞いたことないし。ネットで調べたら、記憶力が低下したり、感情がコントロールできないことがあったりするらしい。まあ、一言で言うと、前の姉ちゃんとは違う人になったってこと。キャラ変っていうか。

土曜の午後。三人でお茶を飲んでいる。

ワタル なんだよ、いつもひーたんもセットで怒れてただろ？
ひーたん ワタルがつまんないこと言うからのう。
ワタル それは前からそうだったよ。
ユリ 頭がすっきりしないし、つまんないことで腹が立つ。
ひーたん 病は気から、っていうだろ？
ユリ ははは、そうだったねー。
ワタル ねーちゃん。
ひーたん ユリが笑ったのう。いいのう。
ユリ え、そう？
ワタル ねーちゃん、もうさ、くよくよしないでいこうよ。
ひーたん 賛成じゃ。ワタル。
ユリ そうだよねえ。結局部活もしばらく休まなきゃいけないし。すぐ忘れるから、何回もノートやワークをやり直さなきゃいけないし。
ワタル 前の姉ちゃんが、理解力早すぎだったんだよ。
ユリ そうなのかな。まあ、ワタルの気持ちがわかったような気はするけど
ワタル ひどい。オレ、慰めてたのに、傷つくわー。
ひーたん ドンマイ、ひ孫。
ワタル でも、ひーたんはさ、戦争とか行ったんでしょ？
ひーたん まあなあ。
ワタル それでいろいろあってもこうして九十歳近くでこんな元気だしすごいよね。
ひーたん そうさなあ。
ワタル うちらにもＤＮＡ入っているから、きっと元気で長生きできるよね！
ユリ 私……こんなんで長生きとかしたくない。
ワタル 何言ってんだよ、もう。
ユリ ワタルがうらやましい。ひーたんもうらやましい。みんなならやましい。いつも自分にイライラする。病気ってわかったけど、イヤになる。みんなが応援してくれたからここまで来れたけど。本当は生きているの、苦しい。
ひーたん ユリ。
ワタル ねーちゃん。
ユリ わかってる、わかってるの。今までお母さんがどんなにがんばってきてくれたかも。ひーたんが助けてくれたのも。まあ、ワタルも一応ね。
ワタル ひでー。
ユリ お父さんたちがあんな風に事故で早く死んじゃったし。その分がんばろうって思うんだけ。でも苦しいの。ひーたんみたく長生きしてがんばれない。
ワタル 姉ちゃん。

ひーたん　ユリ、マンボ踊るか？
ワタル　いいねえ！　今日は土曜だしさ、久々なんかやっちゃう⁉
ひーたん　おお、やるか、やるか。

ワタル、ひーたんマラカスを振り出す。

ユリ　だから、ムリなの！　二人みたいに、お気楽じゃないの、私は。そんなんだから、ワタルは成績も今イチだし、ひーたんだってみんなにつっこまれてばかりでしょ？　もっと落ち着いたらどうなの？
ワタル　言い過ぎだよ姉ちゃん！
ユリ　……そうよ、私、イヤなヤツ。もう変われない。事故にあった時死んじゃえばよかったのに。みんなにもイヤなことしか言えない。本当、最低。
ワタル　お医者さんは少しずつ良くなるって言っただろ？
ユリ　自信がないの。もう、ヤダ、こんな自分。（泣いていしまう）
ひーたん　ユリ。何とかなるさ。
ユリ　ムリよ、ひーたん。
ひーたん　ひーたんも、何とかなったんじゃ。
ユリ　だってひーたんは頭の病気じゃないから。
ひーたん　そうさなあ。でも頭も、世の中も、おかしかったことがあったのう。
ワタル　何言っての？
ひーたん　ワタル、ユリ。ひーたん、戦争に行ったろ。
ワタル・ユリ　うん。
ひーたん　ひーたんなあ、特攻隊員だったけど、そう言われて、一度も誇らしくなったことないな。
ワタル・ユリ　そうなの？
ひーたん　好きで行ったわけじゃないさ。
ワタル　え？　志願兵じゃないの？　十六歳でなったんでしょ？
ひーたん　それがなあ。

再現⑥

ワタルがひーたんの若い頃を、ひーたんは自分の父親を再現する。

ワタル　どうしてだ、父ちゃん。オレは戦争になんか行きたくねえよ。
ひーたん　おまえ、わかってくれよ。うちの村で、誰も戦争に行ってないのは家だけだ。みんなどこの家にも赤い旗が立っている。戦争に出した人数分の。家だけ一本もない。
ワタル　だって父ちゃんは郵便局員だから、戦争に行かないでいいんだろ？

ひーたん　となりの家なんか、まだ二十歳の長男が戦死したんだ。向かいの家だって親父さんも息子も行方不明だ。村の集まりがあるたんびに、あんたんところは、誰もお国のために出してない、旗が一本もないって責められ続けてる。

ワタル　でもなんで、特攻隊員にならなきゃなんねえんだ？

ひーたん　おまえ、十六歳になったろ？　自分から進んで予科練へ行くんだ。そうすれば、すぐに特攻隊員として基地へ送られる。

ワタル　死ににいかなきゃなんねえのか？

ひーたん　いや、この戦争はもうじき終わる。

ワタル　やった。勝つんだね、父ちゃん。

ひーたん　日本は……負ける。だから、今行くのがいいんだ。

ワタル　意味がわからないよ。負ける戦争に行くのか？

ひーたん　そうだ。そしてこの話は誰にもしちゃいけないし、志願した先で知ったことも言ってはなんねえぞ。おまえは必ず生きて帰って来れる。

ワタル　父ちゃん……本当か？

ひーたん　ああ。オレの言葉を信じて、特攻隊へ入れ。

ワタル　わかった。

ワタル・ひーたん　わかったよ、父ちゃん。

ひーたん　わかった、とは言ったが、本当はよくわかってなかった。でも、行くしかなかった。父ちゃんは本当は事情がわかってたんだな。

ユリ　おかしいよ。なんなのそれ。

若い日のひーたんとその上官。

ワタル　今日から配属されました、オクダミノルです。よろしくお願いします。なんの仕事をすればいいですか？　自分はいつ零戦に乗るんでありますか？

ひーたん（上官）　おい、新入り。お前の仕事は毎日裏山へ登って、木を切ることだ。

ワタル　え？　木を切るんでありますか？

ひーたん　お前は木工細工は得意か？

ワタル　はい、よく弟や妹に人形は作ってやりました。

ひーたん　そんなら、この仕事に向いているぞ。

ワタル　何を木で作るんでありますか？

ひーたん　ああ……零戦だ。

ワタル　えっ！　戦闘機をつくるんでありますか？

ひーたん　そう。できるだけ、同じ大きさでしっかりマネるんだ。

ワタル　わかりました。では、自分が零戦に乗るのは、いつ位になりますか？

ひーたん　お前、バカか？

ワタル　は。

ひーたん　飛べるような日本軍の戦闘機は、この基地にはもはや一機もない。だからひたすら大型の模型をつくって、さもあるように、滑走路に並べるんだ。

ワタル　えっ⁉

ひーたん　いいか、このことは誰にも言うな。家族の手紙にも書いてはならない。

ワタル　わかりました。

ひーたん　せっかく作っても、飛ばないし、おまけに時々それが爆撃される。ここは小さくても特攻隊の基地だからな。いいな、わかったか？

ワタル　はい。（敬礼）あ、あの……日本軍は勝てるんでありますか？

ひーたん　（激怒して）当たり前だ！　そんな質問しかできんのか！　この非国民が！

ワタルを殴る。

ユリ　ひどい……ひーたんは零戦に乗る練習どころか、本物の零戦を見てもないわけ？

ひーたん　そうじゃ。もう戦争が終わる昭和二十年のことじゃ。もちろんその前は、本当に多くの若者が国のために亡くなっていったんじゃ。ひーたんは運が良かったんじゃ。その頃は戦争をするための大砲や飛行機や船、それを作るための材料も日本には、なくなってしまっていた。でも、それもずっと国民に隠していたんじゃ。

ユリ　バカみたい。

ひーたん　今も本当のことが国民にニュースで伝わらんと腹が立つがのう。

ワタル　ひーたんも、その時は本当のこと言えなかったんだ。

ひーたん　そうじゃ。終戦になってものすごく嬉しかったのと、ものすごく後ろめたい気持ちで一杯だったさ。

ユリ　だって、特攻隊員は志願兵の若者ばかりで、お国のために感謝されたってことでしょう？

ひーたん　村中から、「よく生きて帰った！」って歓迎されたさ。胸が苦しかった。毎日零戦の模型しか作っていなかったんだからなあ。

ワタル　へんてこな時代だったんだね。

ひーたん　終戦後に自殺した元特攻隊員もいたんじゃ。

ワタル・ユリ　ええっ。そんな。

ひーたん　罪の意識もあったろうが、あの戦争でみんな頭がおかしくなっていたんじゃ。

ワタル　ひーたん、無事でいてくれて良かった！

ユリ　ひーたんがいなかったら、お母さんも危なかったよね。

ひーたん　そうさな。いっぺんに自分の夫と両親を亡くすなんて。戦時中でもないのに、サヨはよく戦ったよ。ひーたんも悲しかったのう。自分の息子夫婦と孫娘の旦那がなあ。

ワタル　うちらは小さかったから、あんまり覚えてないけど、ひーたんが来てくれた時のことは覚えているよ。

ひーたん　戦後にいろんな文化が入ってきて、ひーたんはたまたまカメラが大好きだったから、写真家を目指した。

ワタル　世界の放浪カメラマンになったんだよね。オレも、写真部だし。（得意気）

ユリ　ユルイさぼり魔の写真部員。

ワタル　ちぇっ。

ひーたん　明るい音楽にも救われたんじゃ。

ワタル　特にマンボでしょ！

ひーたん　そうそう。踊るとイヤなことを忘れて、スカッとするんじゃ。戦争のことも、特攻隊員のことも、ユリとワタルの父さんたちの事故のことも。全部忘れられるなあ。

ワタル・ユリ　ひーたん。

ひーたん　生きてたら、いろいろあるさ。でもなあ、せっかくもらった命なんだ。どうせ生きるなら、楽しまんとな。

ユリ　だから、マンボなんでしょう？

ワタル　ウー……

ワタル・ひーたん　マンボ！

ユリ　ひーたん。

ひーたん　んん？

ユリ　さっきはお気楽だとか、ひどいこと言ってごめんなさい。

ひーたん　全然気にしとらんよ。

ユリ　あたし、ひーたんのひ孫なんだから、きっとがんばれそう。

ワタル　姉ちゃん。

ユリ　ワタル、あんたもひーたんのＤＮＡ入ってるんだから、もうちょっとがんばらないとね。

ワタル　うん。

ユリ　でも、一生懸命やってもなかなか覚えられない人の気持ちが、病気になったおかげで、ごくわかるようになったんだ。

ひーたん　どんな厳しい体験でも、学ぶことはたくさんあるのう。

ユリ　あたしなんかより、もっと歯を食いしばって生きてる人も、今だって一杯いるんだよね。

ワタル　あのさ。

ユリ　なに、ワタル？

ワタル　姉ちゃん大変だろうけどさ、やっぱり死なないでいてくれて、助かってくれて、オレ、本当にほっとしたんだよ。だからさ、もう死にたいとか言わないでよ。

ユリ　……わかった。もう後ろを見ないね。でも時々混乱しちゃって、みんなに絶対迷惑かけると思うけど。

ひーたん　いいんじゃ、家族なんだから。ユリ、ワタル、力を合わせて……

ユリ・ワタル　うん、ひーたん。

ひーたん　マンボを踊ろう！

ユリ・ワタル　えええっ！　そっち⁉

三人笑いあう。サヨ、帰宅する。

サヨ　ただいま！　あら、なんか楽しそう。
ワタル　お母さん、これからマンボだよ！
サヨ　えー私はいいわよ。
ユリ　ダメダメ。今日はね、みんなで踊るの。
サヨ　ユリ、どうしたの？　具合いいのね。
ユリ　具合っていうか、気分がいいの、とっても。
ワタル　さあさあ、いくよ。
ひーたん　ウーッ、マンボっ！

マンボの音楽が明るく流れ、四人で楽しそうにマラカスを持って踊り始める。

――幕――

※作品中の戦争に関する内容は、作者の伯父の実体験に基づいて創作しています。

ピーターパンとラストシーンを

もうすぐ年に一度の子ども病院での演劇発表会を控え、
部員たちは一生懸命準備や練習をしている。
入院中のユメの妹のミライも劇を楽しみにしている。
しかし、ミライにはどうしてもやっておきたいことがあった。
困っているとピーターパンが助けに来て、
ミライはなんとかミッションを遂行しようとするが……
ほっこり笑って、しんみりする、
愛と友情の物語。

キャスト

ユメ（中学2年）

ミライ（小学5年）ケン（中学2年）

ナナ（中学2年）

ミキ（中校2年）

ルナ（中学1年）

ユウ（中学1年）

ピーターパン

午後の病院の談話スペース。椅子が背中あわせで置かれている。
音楽。
ナナ、ユメが上手から、ケン、ルナが下手から音楽と共に颯爽と登場して対立する。

ユメ　私のこの剣を誰にも奪わせるものか。
ケン　ほーお。我が王国でよくもそんな戯れ言が言えるな。
ルナ　国王を前にいい度胸だな、おまえら！
ナナ　何でもあんたたちの思い通りにはさせない。
ユメ　そう、私たちダブルプリンセスが！
ナナ　悪の支配から、王国を。
ユメ・ナナ　絶対守る!!
ケン　ほざくな！　うりゃー！（波動砲的なものを手から発射）
ユメ・ナナ　ああっ！（やられてしまい、倒れる）
ユメ　くっそー。
ナナ　負けるか！
ルナ　もうひとつどうだ？　うりゃー！
ユメ　痛い。
ナナ　やられた！
ケン　もうひとつ、お見舞いしてやる！　うりゃー！
ユメ　ううっ！
ナナ　チクショウ！
ケン　たいしたもんだな、ダブルプリンセス。
ルナ　所詮、おまえらはこんなものだな。
ユメ　悔しい。
ナナ　歯が立たない。
ケン　さあて、トドメを刺すか。
ルナ　はい、王様！
ユメ　ナナ！
ナナ　ユメ！

ふたり、ポーズをする。

ユメ・ナナ　オートマティック、エナジーチェンジャー!!（波動砲お返し）
ケン　なに!?　ううっ、こ、これは！（衝撃を受けてよろめく）
ルナ　くわわわああ！
ユメ・ナナ　ダブル———アターック!!
ケン　うがーっ！　そ、そんなバカな……（倒れる）
ルナ　王様！　ううっ、やられた……
ユメ・ナナ　王国は私たちダブルプリンセスが守る!!
ユメ　よしっ！
ナナ　決まった！

ふたり、決めポーズ。

ケン　いてててて。マジでやり過ぎていたぁい。
ルナ　ストップモーション！
ナナ　ガマンしなさいよ。ケン、動かないで！
ケン　だってえー、すんごく痛いんだもん。

全員緊張がとける。

ルナ　あたしだってガマンしてるのに。
ナナ　あたしたちの決めポーズのあと、ミキが照明消すまで十秒はじっとして。
ケン　痛いし、ストップモーション苦手なんだもん。三秒にして。
ユメ　それじゃあ、間が悪いし、お客さんが反応する時間なくなっちゃうでしょ？
ナナ　しかも、病気で入院してる子たちなんだからさ。
ユメ　ケンはリアルを追求しきれないよね。
ルナ　だから、ケン先輩の王様役、不安なんですよね。
ケン　ぼ、僕だって努力してるし。
ナナ　ふーん。
ユメ　そお？
ルナ　どこを？
ケン　ひどーい！　ひどいよお。
ナナ　あ、ユウ、音響もういいよ、止めて。

BGM止まる。ユウ、マイクで声のみ。

ユウ　かなりいいタイミングで流してたのに、勝手に止めないでください。
ユメ　ごめんね。
ナナ　またケンがさ。
ユウ　（声のみ）ケン先輩！　いい加減にしてください！
ケン　なんで僕ばっか悪者なんだよお。王様だぞ。大事にしろよ。
ルナ　えらそうですね。
ケン　お願い、大事にしてください。

みんな、笑ってしまう。

ユメ　はいはい、もうわかった。でも時間あんまりないからね。
ナナ　本番まですぐだよ。みんな、気合い入れよう！
全員　おーっ！

ミキ、入って来る。

ミキ　ごめんね、遅くなっちゃって。
ナナ　お疲れ、ミキ。

ユメ　生徒会ごくろうさま。
ケン　副会長、お帰り。
ミキ　うん、ただいま！　子ども病院が学校のすぐ隣で、助かった！　練習進んだ？

ミキ・ケン以外、全員ケンを見る。

ミキ　あー。そうゆうことか。
ケン　なんで？　どうして一瞬でわかるんだよ？
ナナ　だからミキなんでしょ。
ユメ　ちょうど生徒会のイベントとぶつかっちゃって悪いね。
ミキ　そんな事ないって。ただいつも、演劇部の活動に遅れて申し訳ない。
ルナ　忙しいのに、ミキ先輩が脚本書いてくれて助かりましたよ！
ミキ　この「大野南子ども病院」の秋の発表会は、毎年南中演劇部の恒例行事だしね。
ユメ　子どもたちが好きそうなお話を去年からミキが創作してくれて評判いいし。
ナナ　今年は特に、気合い入るよ。
ルナ　だって、ユメ先輩の妹がいるから！
ケン　ミライちゃんのためにもがんばるから！
ルナ　それ、ケン先輩が言っちゃう？
ケン　王様は、がんばってるよお！

みんな、笑う。

ナナ　（手をたたいて）じゃあ、ちょっと休憩してから、続きやろう！　先生ももうちょっとしたら、戻ってきてくれるので。ケン、脚本読んどいてよ。
ケン　オッケーでーす♪
ナナ　みんな、いい？
みんな　はーい。

「オレ屋上で脚本読んどく」「音のチェックもしとく？」「水筒玄関に置き忘れた」等、部員たちあちこち動き、ナナとユメが残る。

ナナ　ユメ、この脚本、すごくおもしろいよね。ミキに感謝。
ユメ　うん、おもしろい。ありそうでない話だよね。ミキはプロになれるよ。
ナナ　ユメの演技もすごくいいよ。
ユメ　そう？　演出のナナにそう言ってもらえると嬉しいな。
ナナ　ミライが喜ぶといいかなって。
ナナ　喜ぶに決まってるよ。ところで、ミライちゃんの調子どうなの？
ユメ　うーん。実はあんまり良くないんだ。

ナナ　そっか。びっくりしたよね。四月だっけ？　急に倒れたの？
ユメ　そう。まあ生まれつき病弱だったけど、ここで悪化しちゃって。難病らしいんだ。
ナナ　えーそうなんだ……大変だね。でもミライちゃん、明るいねえ。
ユメ　そうなの。あの子、自分の置かれている立場、よくわかってないと思う。
ナナ　へえ？
ユメ　普通だったら、まだ小学五年生くらいなら、入院が続いたら寂しがるのに。
ナナ　違うの？
ユメ　「友達ができて、子ども病院って楽しい！」とか言うんだよ。
ナナ　すごいね。
ユメ　順応力が高いのかもしれないけど。
ナナ　去年までは一般のお客さんとして、いつも子ども病院の発表、観に来てくれてたね。
ユメ　それが、今年は入院患者のひとりだし。
ナナ　でもさ、ケンが言ってたみたいに、うちら、やりがいあるよ、今年は特にね！
ユメ　ありがとう。私もみんなのおかげで元気が出るし、ミライも嬉しそうなんだ。
ナナ　そりゃよかった！
ユメ　それに、ここで発表会ができるのも、演劇部として勉強になるよね。
ナナ　ホントだね。そういえば、ユメは、将来ナースさんなりたいんじゃなかったっけ？
ユメ　なれたらいいけど。ミライのおかげでたくさん病院通いして、いい仕事だなって。
ナナ　成績もいいんだからドクターとかもどう？
ユメ　いやームリムリ。でもドクターでもナースでも、責任重い仕事だけどね。
ナナ　わかる。うちの親戚にもひとりナースさんがいるけど、不規則な仕事で大変そう。でも、やりがいあるって。
ユメ　やっぱそうだよね。でも勉強しないとな。もしナースになれたら、ミライのこともっとわかってやれるかも。
ナナ　さっすが、ユメ！　良いお姉ちゃんだ！
ユメ　怒ってばっかの嫌な姉ちゃんだよ。
ナナ　そんなことないって。ユメなら、きっと面倒見のいいナースさんになれる！
ユメ　そう？　ありがとう！　じゃ、がんばってみますか！

ふたり、笑いあう。
ミライ、入ってくる。

ミライ　おねえちゃん！　ナナちゃん！
ナナ　ミライちゃん！

ユメ　ミライ！　この時間はリハビリじゃないの？
ミライ　もう終わったもん。ねえ、他の演劇部の人たちは？
ユメ　今休憩中だから、脚本読み直したり、打ち合わせしたり、いろいろかな。
ミライ　ふーん。ケンちゃんも？
ナナ　あいつは、屋上で脚本読み直してると思うけど。
ミライ　そっかー。
ユメ　やだ、ミライ、ケンのことまさか……
ミライ　うん、好き。
ユメ・ナナ　えーっ。
ミライ　演劇部の人たち、みんな大好き！
ナナ　あ、そういう意味ね。
ユメ　焦った。
ミライ　ケンちゃんにこの前出したクイズの答え、わかったかなって。
ユメ　ちょっと待って。ケンからミライじゃなくて？
ミライ　うん、私が出したクイズ、わかんなかったから、宿題にしたの。
ナナ　うわーおばかだ、小5のクイズ保留かあ。

ミライ、嬉しそうにくるくる回る。

ユメ　こら、ミライ！　そんなに動いちゃダメ！
ミライ　（踊りながら）はあーい！
ユメ　やめなさい！
ミライ　くふふ♪
ユメ　ダメって言ってるでしょ！（ものすごく怒鳴って）
ナナ　ちょちょっと、ユメ、怒りすぎだって。
ミライ　……ごめんなさい。
ユメ　……
ナナ　ユメ！
ユメ　あたしちょっと、ケンを見てくる。

ユメ、走り去る。

ナナ　あー行っちゃった。ま、いっか。
ミライ　ナナちゃん、ごめんなさい。
ナナ　謝らなくていいって。ユメ、心配なんだよ、ミライちゃんのことが。
ミライ　うん。
ナナ　ねえ、それよりさ、ミキが考えたオープニング、教えてあげようか？
ミライ　ミキちゃんの？　聞きたい！
ナナ　あとで観に来る？
ミライ　来る来る！

ふたり、楽しそうに脚本を読みながら話をする。

ナナ　でさ、ここでケンが、こう構えるわけ。

ミライ　きゃー、ウケる、ケンちゃん！

　　ケン、入って来る。

ケン　なになに、オレのこと、呼んだ？

ナナ・ミライ　うわっ！　びっくりした！

ケン　我が王国の民たちよ。私を崇めに来たのだな？

ミライ　アガメ？　何それ？

ナナ　うわーくだらない王様ごっこやらないでよ。

ミライ　ケンちゃん、アガメる、ってなあに？

ケン　えーっとね、それは、うーん。奉る？

ミライ　タテマツル？

ナナ　ケン、意味わかんないのに、カッコつけて使わないで。

ケン　ううっ。つい……すみません。

ナナ　王様として、大事にして尊敬した対応をするってこと。

ミライ　ふーん、そうなんだ。あ、ケンちゃん、この前のクイズわかった？

ケン　あ、あれねー。えっと、そうだなー。

ナナ　やっぱり、残念な人だね、君。

　　ミキ、入って来る。

ミキ　ケン、ユメが稽古つけるって屋上で捜してたよ。

ケン　うわっ、やべ！　こわっ！

　　ケン、慌てて去る。

ミキ　あと、ユウがナナと音を流すタイミング、確認したいって。ユウも屋上で待ってるよ。

ナナ　わかった。じゃ、またね、ミライちゃん。

ミライ　ナナちゃん、バイバイ。

ナナ　バイバイ。

　　ナナ去る。

ミキ　ミライ、久しぶり！

ミライ　ミキちゃん、背伸びた？

ミキ　まさかあ！　そうならいいけどね。

ミライ　ミライね、五センチも去年の夏から伸びたよ！

ミキ　あーうらやましい。いいなあ、五年生。

ミライ　そ。六年生ほど責任ないし、楽。

ミキ　言うねえ。幼なじみさん！

ミライ　ハーイ、第二のお姉ちゃん。

　　ふたり、嬉しそうに笑いあう。

ミキ　入院中なんだから、ムリしちゃダメだよ。
ミライ　ミキちゃん、やさしいから、好き。
ミキ　あー、そういえば、ケンのことも好きでしょ？
ミライ　うん、演劇部の人たち、みんな好き。
ミキ　いやいやいや、ケンのことを特別好きだよね？
ミライ　ふふーん。それはどうでしょう？
ミキ　小学生のくせにもったいぶって。
ミライ　ブーン、ブーン！（くるくる回る）
ミキ　こら、そんなに動いちゃダメでしょ？（捕まえて）
ミライ　うわーお姉ちゃんと同じこと言ってる！
ミキ　誰でも言うよ、心配してるから。
ミライ　ミキちゃん、私ね、死ぬのは仕方ないって思うけど。
ミキ　はあ？　何言ってんの、突然。
ミライ　お姉ちゃんが心配なんだ。
ミキ　ミライ……
ミライ　お姉ちゃんって、今までずっと私を優先して生きてきたから。
ミキ　ユメは、それを生きがいにしてるからいいんだよ。
ミライ　私ね、死んじゃっても、お姉ちゃんの近くにいたいんだ。
ミキ　ミライ？
ミライ　お姉ちゃん、ヘコむよなあ。でも仕方ないのになあ。
ミキ　あきらめるわけないよ、ユメも私たちも。
ミライ　オウジョウギワが悪いって言うんだよね。
ミキ　あきらめないでよ。病は気からって知ってる？
ミライ　病は木から？　生えてるの？
ミキ　その木じゃなくて、気持ちの気。
ミライ　へえーそうなんだ。
ミキ　病は気持ちの持ち方で良くも悪くもなるってこと。
ミライ　そうか……でも気持ちで余命は変わらないでしょ？
ミキ　余命⁉
ミライ　私ね、あと半年くらいなんだって、命。
ミキ　…………
ミライ　まだ、お姉ちゃんに言ってなくて。お母さんと私しか知らない。あ、ミキちゃん、三人目。
ミキ　……ウソでしょ？
ミライ　お父さんも同じ病気だったみたい。でもずるいよね、お父さんは三十三歳まで生きたのに。あたしは十一歳かあ。
ミキ　そんな……
ミライ　あたしも、あと三倍くらい、生きたかったなあ。しょうがないっか。
ミキ　ミライ……（泣いてしまう）
ミライ　悲しまないで、ミキちゃん。私、十分ハッピーだから。れより、お姉ちゃんのこと、お願いします。
ミキ　うん……私に今手伝えること、何かある？　何でもやるよ！

ミライ　ひとつあるけど。
ミキ　なあに？
ミライ　お姉ちゃんにね、私がいなくても、ずっと元気で明るく生きてって、言いたい。
ミキ　ミライの気持ちを伝えたいんだね。
ミライ　うん。でも、ストレートに言いにくいんだよー。
ミキ　わかるなあ。でも、ちゃんと言った方がいいね。
ミライ　自分が元気なうちにがんばってみる。
ミキ　わかった。応援する。（やさしくミライの頭を撫でる）

ナナ、入ってくる。

ナナ　ミキ、全員そろったから、一度屋上で声出しをしようって。
ミキ　うん、じゃ、ミライ。
ミライ　行ってらっしゃい！
ナナ　また後でね。あ、疲れるから、一旦ベッドに戻りなって、ユメ姉ちゃんから伝言。
ミライ　はーい。バイバイ！
ナナ・ミキ　またあとでね。バイバイ。

ナナ、ミキ去る。

ミライ　さーて、しょうがないから、部屋に戻るかな。

ミライ、去ろうとすると、ルナが入って来る。

ルナ　ミライちゃん。
ミライ　ルナちゃん。屋上で練習なんでしょ？
ルナ　う、うん。そうなんだけど。
ミライ　どうかしたの？
ルナ　ちょっと時間調整。
ミライ　なんの？
ルナ　打ち合わせとか、いろいろあって。
ミライ　ここにいたらマズイでしょ。
ルナ　そ、そうだね。
ミライ　なんか変、ルナちゃん。
ルナ　どど、どうしてそゆこと、言うの？
ミライ　なんか、怪しいなあ？
ルナ　ドキ。

ナナ、入って来る。

ナナ　あールナ。もういいよ。屋上上がって。打ち合わせするから。
ルナ　あーよかった。
ミライ　何が？
ルナ　何でもない。

ミライ ねえ、ミライもやっぱり、ちょっと行っていい？
ナナ・ルナ ダメ！
ミライ そんな厳しく言わなくても。
ナナ ほら、後で練習観るでしょ。お楽しみに！
ミライ わかった。
ナナ・ルナ じゃあ、またね。
ミライ バイバイ。

ナナ・ルナ去る。

ミライ あーあ。つまんない。部屋戻るかあ。

ピーター、ピーターパンの格好をして入って登場。

ピーター こんにちは！　僕、ピーター！　ピーターパンだよ！
ミライ えっ？　あー、みんな屋上に集合して、発声練習とか打ち合わせするって。
ピーター 何のこと？
ミライ 南中の演劇部の人でしょ？　見たことないけど。
ピーター ぼくは、ピーター。ピーターパン知らないの？
ミライ 知ってるよ、その衣装だし。アニメも観てるし。今回のダブルプリンセスの相手役なの？
ピーター 君の言ってることがよくわかんないけど。僕は子どもたちの味方だよ。
ミライ 味方？
ピーター 君の名前は？
ミライ ……ミライ。
ピーター ミライ！　いい名前だね。
ミライ ピーターの名前は？
ピーター ピーターパン！
ミライ それは役の名前でしょ？
ピーター 役？　よくわかんないけど、僕はネバーランドから来たんだ。
ミライ 知ってる、知ってる。だから本名は？
ピーター ピーターパン！
ミライ もお。じゃあ聞くけど、ティンカーベルは？
ピーター あいつは他の仕事があってね。
ミライ そうか、今回は出ないんだ。
ピーター ミライ、僕ね、君を助けに来たんだ。
ミライ それって、演劇で？
ピーター 演劇？　よくわかんないけど。
ミライ ピーターの方がよくわかんないよ。
ピーター 君、今困っているだろ？
ミライ えっ？
ピーター お姉さんに、ちゃんとお別れしたいって。
ミライ どど、どうしてそれを？
ピーター だから、僕は子どもたちの味方だって。

ミライ　南中の演劇部の人じゃないの？
ピーター　僕は、ネバーランドのピーターパン。
ミライ　本物のピーターパン？
ピーター　誰かにお別れをする子どもを助けるのも、僕の仕事さ。
ミライ　私のために来たの？
ピーター　そうだよ。
ミライ　本当にピーターなの？
ピーター　そう言ってるだろ？
ミライ　ホントのホント？
ピーター　結構疑り深いねえ。
ミライ　ホントに、助けてくれるの？
ピーター　もちろん。どうしたいの、ミライは？
ミライ　えっと、えっとね、お姉ちゃんは私がいなくなったら、おかしくなっちゃうんじゃないかなって、心配。
ピーター　ふむふむ。
ミライ　自分のことより、ミライのことを、いつもずっと一番にしてきたから。
ピーター　ほおほお。
ミライ　だから、私がいなくなっても、ずっと明るく楽しく生きていてほしいの。
ピーター　ミライの言うことは、先に亡くなる人たちが言うことと同じだね。
ミライ　えっ、そうなの。
ピーター　お年寄りでも子どもでも、みんな先に逝ってしまう人は、同じことを言うんだ。
ミライ　あたしだけかと思った。
ピーター　「私がいなくなっても、ずっと明るく楽しく生きてほしい」って。
ミライ　みんな、言うんだ。
ピーター　でも、僕知ってるよ、一番良い方法！
ミライ　なになに？　教えて？
ピーター　それはねー。
ミライ　なあに？
ピーター　生きてるうちに、伝えたいことをしっかり言えばいいのさ！
ミライ　なあんだ、そんなことなの？　それでうまくいくの？
ピーター　そうさ。だから、ちゃんと伝えて。
ミライ　え？　なんて言ったら……
ピーター　教えてあげるよ。「お姉ちゃん、私がいなくなっても、明るく生きてね！」
ミライ　ムリ、ムリ、ムリ！
ピーター　どうしてさ？　それが言いたいことでしょ？
ミライ　なんか、ストレート過ぎる。言いにくい。
ピーター　じゃあさ、小出しで言うのはどう？
ミライ　小出し？
ピーター　うん。ちょっとずつ、伝えるってこと。いっぺんに言いにくい人は、そうするといいんだよ。
ミライ　ふーん。そんなもんか。
ピーター　じゃあさ、早速やってみようよ、この後。
ミライ　はあ？
ピーター　僕がついてるよ！
ミライ　ムリムリ。この後は南中演劇部の練習あるし。
ピーター　大丈夫。さりげなくサポートするよ！
ミライ　見た目がこんなに目立ってるのに？
ピーター　小出しにお姉ちゃんにアピールしていこう！
ミライ　演劇部の人もいるのに。
ピーター　あーそうか、そうか。大丈夫だよ。僕は他の人からは見えないから。
ミライ　またまたあ！
ピーター　ミライにだけ、見えるんだ。だから、いい感じのアドバイスをしてあげるね。
ミライ　なんか、超自然現象というか、ファンタジーというか。
ピーター　ほらほら、人が集まって来た。あの中にお姉ちゃん、いるんでしょ？
ミライ　う、うん。たぶん。
ピーター　じゃあ、まずはお姉ちゃんの近くに行ってみよう。
ミライ　わかった……

演劇部のメンバーが集まってくる。

ナナ　あれー、ミライちゃん、部屋戻らなかったの？
ミライ　う、うん。(ピーターをチラチラ見る)お、お姉ちゃんは？
ミキ　もうすぐ降りて来るよ。ケンにダメ出ししてた。
ミライ　ダメ出し？
ナナ　細かく、チェックして演技の指導してるってこと。
ミライ　あのーふたりには見えないのかな？(ピーターを指さす)
ミキ　えっ、なんのこと？
ナナ　どうかしたの？
ミライ　いやーあのーピーターパン的な？
ミキ　ピーターパンの本、読みたいの？
ミライ　いやーそうじゃなくて。ピーター本人がここに。

ピーター、手を振ったり、いろいろアクションする。

ミライ　ちょっとふざけないで。
ナナ　ミライちゃん、誰に言ってるの？
ミキ　ねえ、ちょっとベッドに横になった方がいいんじゃない？
ミライ　いやいやいや、大丈夫。むしろ絶好調。
ナナ　なんか変だね。

ミキ　やっぱり、疲れてるんじゃないの？
ミライ　やっぱ見えないんだ。
ピーター　言っただろ？
ミライ　不思議。
ナナ　大丈夫、ホントに？
ミライ　うんうんうん。
ミキ　あ、ユメ！

ユメ、ケンと他の生徒たちも入って来る。
ピーターはこそこそとミライの近くのイスに隠れている。

ケン　おーミライちゃん、オレのこと待ってたの？
ルナ　先輩、アホなこと言ってないで準備してください！
ケン　また後でねー！

ケン、ルナに引っ張られて舞台の端へ。

ユメ　ミライ、部屋に戻りなさいよ。ちゃんと休んで。
ミライ　あーそーだねー。でもさー。（ピーターをチラ見する）
ピーター　もうちょっと、お姉ちゃんと一緒にいたい。
ミライ　えーやだーそんなセリフ。
ユメ　何？
ピーター　お姉ちゃんと、いたい！（気持ちたっぷり）
ミライ　お姉ちゃん……が、イタイ。
ユメ　はあ⁉　私の何がイタイのよ？
ミライ　じゃなくて……お姉ちゃんの……練習が見たいなーって。
ユメ　でもあんた休憩してないでしょ。
ミライ　今日は調子がいいから、大丈夫。
ユメ　またそういうこと言うの！
ミライ　もーうるさいなー！
ピーター　今のはダメ！
ミライ　今のはダメ！
ユメ　ええっ⁉
ミライ　あーもー気にしないで。
ピーター　そばにいたい！
ミライ　そばにいたい！
ユメ　えっ？
ミライ　そ、そば、そばがが食べたいなーって。
ピーター　もうちょっとなのに、言えないねえ。
ミライ　うるさい！
ユメ　ちょっと、ミライ！
ミライ　やばいよ、ピーター。
ピーター　練習見せてください！
ミライ　練習見せてください！
ミキ　ユメ、ちょっとだけならいいんじゃない？
ナナ　せっかくだからさ。

ユメ　この子おかしいんだけど。
ミキ　三十分くらいならいいじゃない。
ミライ　ミキちゃん、ナイスフォロー。
ユメ　ミキは甘いんだから。（ため息）わかった。ちょっとだけだよ。
ミライ　わーありがとう！　うまくいったね、ピーター！
ミキ・ナナ　ピーター？
ピーター　名前はダメ！（手をバッテン）
ミライ　あ、そうだった。ピーターの本、後で読もうっと。
ミキ　確かにちょっと。
ナナ　変だよね。
ユメ　まあ、いつも変だけどね。
ミキ　ま、いっか。ミライ、ムリはだめだからね。
ミライ　はーい、わかってます！
ユメ　ありがとう、ミキ。
ナナ　じゃ、さっきの続きから、また始めるよ。ミライちゃん、お客さんの反応知りたいから、協力して。今日は劇を観ながら、思ったことを自由に言っていいからね。
ミライ　わーい、やったあ！
ユメ　調子に乗らないでよ。
ミライ　了解です！
ナナ　じゃ、いくよ、準備いい？
全員　はーい。
ナナ　用意、スタート！（手を叩く）音楽も流れる。

ケン　こんな程度で私を倒せると思うなよ。
ルナ　そうだ、そうだ！　王様の真の力を見てろ！
ユメ　ダブルプリンセスが絶対に許さない！
ナナ　何度だって戦ってやる！
ミライ　ダブルプリンセス、がんばれ！
ケン　受けてみよ、秘宝「ファイナル波動砲‼」
ミライ　うわー強そー！
ユメ・ナナ　ああーっ！　く、苦しい。
ルナ　ほーっほほ！　これが我らが王の真の力‼
ナナ　動けない、どうしよう。
ユメ　あ、危ない！（ルナの攻撃からナナを守ろうとする）
ミライ　やられちゃうよ！
ルナ　くらえ‼
ユメ　ああーっ！
ナナ　ううっ、やられた！
ユメ　しっかりして！　勇者ナナ！
ナナ　助けを呼んできて。我らの剣を持ってきて。
ユメ　わかった。すぐ戻るから。待ってて。
ナナ　（ごめん、屋上の一番奥の箱の中！）
ユメ　（うわ、遠い！　最悪！）
ミライ　ハイハイ、本番では相談しないでください！

ユメ、去る。

ピーター、手をふりかざすと、突然、音楽が止まり、全員ストップモーション。

ミライ　がんばれ、ナナちゃん！　あれ？　みんな止まっちゃった。
ピーター　僕がみんなの時間を止めたよ、今だけね。
ミライ　なんで？　どうして？
ピーター　ミライ、本当はひとりで死にたくないんでしょう？
ミライ　えっ？
ピーター　大好きなお姉ちゃんと一緒にだったら、嬉しいんじゃないの？
ミライ　何言ってるの、ピーター？
ピーター　ねえ、ミライ。僕の力で君がひとりぼっちで逝かなくてもいいようにしようか？
ミライ　どういうこと？
ピーター　このまま、お姉ちゃんの息の根を止めてしまうこともできるよ。
ミライ　やめてよ、ピーター。変なこと言わないで！
ピーター　ひとりぼっちで、死ぬのはこわいでしょう。
ミライ　……
ピーター　ミライちゃんが死ぬ頃に、一緒に旅立たせてあげるよ。
ミライ　そんなの……ヤダ。
ピーター　僕は子どもたちの味方だって言ったでしょう？
ミライ　味方じゃないよ！　あんたはピーターパンなんかじゃない！
ピーター　こんなに応援しているのに？
ミライ　私は、お姉ちゃんに私の分もたくさん生きてほしい。絶対、私の道連れなんかになってほしくない。
ミライ　私のために、いろんなことを、たくさん我慢してきたんだから。
ピーター　それが、ミライの本当に願っていることなんだね。
ミライ　最初からそう言ってるよ!!
ピーター　言わなきゃ、相手には伝わらないんだよ。さあ！

ユメ戻ってくる。ピーター隠れる。

ユメ　遠い箱の中にも剣はないよ、勇者ナナ。……あれ？　みんな何で止まってる？
ミライ　お姉ちゃん！
ユメ　ミライ？　これどういうこと？
ミライ　あのね、あのね、私……
ユメ　ナナ、練習どうなってるの？　ちょっとケン？
ミライ　お姉ちゃん。みんな止まってるの、今だけ。
ユメ　はあ？　何それ？
ミライ　私ね、お姉ちゃんに伝えたいことがある。
ユメ　今この状況で？

ミライ　うん。お姉ちゃん……

ユメ　何がなんだかわかんないよ、もう。言うなら早く言って。

ミライ　お姉ちゃん、明るく生きてね。

ユメ　へ？

ミライ　私のぶんもたーくさん生きて、明るく楽しくやってね。

ユメ　なにそれ？

ミライ　私、もうすぐお別れなんだ。だから言っとく。

ユメ　ミライ？

ミライ　お姉ちゃん、だーいすき。だーいすきって、ミライが言ったのを覚えていてね。

ユメ　お別れって何よ？　聞いてない、そんなのあたし、認めないから。

ピーター　誰でもいつかはお別れの日は来るけど、ミライはちょっと早いんだよ。

ユメ　あんた、誰？

ミライ　見えるんだ。

ピーター　僕は、ピーター。ミライが言ったことを忘れないでいてあげてね。

ユメ　そんなこと一方的に言われても。

ミライ　お姉ちゃん！（抱きつく）

ユメ　ミライ。絶対あんたを長生きさせてやるから、変なこと言わないで！（泣く）

ミライ　うん、うん、ありがとう、お姉ちゃん。（ゆっくり離れる）

ピーター　とうとう言えたね。

ミライ　うん、言えた。ピーターにも感謝。

ピーター　じゃ、僕の役目は終わったから、もう行くよ。バイバイ、ミライ。

ミライ　バイバイ、ピーター！

ピーター、去る。

突然、ストップモーションとけて、音楽。全員劇の続きをする。

ユメ　なに突然！

ナナ　助けを呼んできて。我らの剣を持って来て。

ユメ　遠い箱の中にも剣はないよ、勇者ナナ。

ユメ　（これどういうこと？）

ナナ　（大丈夫？）ではダブルプリンセスで挑もう！

ユメ　（あ、ああ大丈夫。）私をなめるなよ！　この邪悪な者よ。お前は王でも何でもない！

ミライ　変な会話しないでくださーい！

ケン　何だとー！

ルナ　とどめを刺してやる！　とりゃー‼

ナナ・ユメ　プリンセスバックボーンショット‼

ケン・ルナ　な、なんだこれは！　ううっ‼（ふたり倒れる）

ナナ　王国は私たち。
ユメ　ダブルプリンセスが。
ナナ・ユメ　絶対守る！

ふたり、決めポーズ。

ミキ　はい、第一幕は終わり。（手を叩く）

みんな、緊張がとけて素に戻る。音楽も止まる。

ミライ　（拍手をしながら）すっごく良かった！
ユメ　ミライ、あんた……
ミライ　おもしろかった！
ルナ　ありがとう、ミライちゃん。
ケン　オレ、カッコ良かった？　どうだった？
ライ　カッコよかったよ、ケンちゃん！
ケン　やっぱやっぱ!?
ルナ　先輩、おせじですよ。
ケン　えっ、そうなの？
ミライ　いやいやいや。
ユメ　ちょっと、ミライ、さっきのは何だったの？
ミライ　えっ!?
ユメ　みんなも、さっきなんで？
ナナ　みんな、ちょっと聞いて。

全員　はい。
ナナ　ラストシーンで協力してくれる、北中の演劇部の人が、さっき到着したんだ。たぶん着替え終わって、そろそろ来るから。元気よくあいさつして。
全員　はい。
ユメ　プリンセスの助っ人の妖精役？
ミキ　そう。ラストシーンを印象的にしたいなって思って、お願いしたんだ。
ルナ　おととしも、北中の別の先輩が協力してくれましたよね。
ナナ　北中と南中は姉妹校だからね。
ケン　どんな子が来るのかな？
ルナ　ケン先輩！
ケン　いてて。
ナナ　あ、来た。
ピーター　こんにちは！　北中から来ました、一年のイトウです。
ケン　男子だ。よろしく！
ミライ　あっ、ピーター！
ユメ　こ、この人、さっき！
ミキ　知ってるの？
ピーター　初めまして、よろしくお願いします。
ミライ　ピーターじゃないの？
ピーター　あれ？　患者さん？

ミキ　うちの部員のユメの妹。たまたまここで入院中。
ピーター　そうなんだ。じゃあ、元気になってもらえるようにがんばるね。
ミライ　えっ、別人??
ユメ　もうわけわかんない。
ナナ　じゃあ、せっかく来てくれたから、ラストシーン行くよ！
ミライ　ピーター……
ミキ　ミライ、大丈夫？
ユメ　いいかげん疲れてるよね。部屋に戻ろう。
ミライ　うん、そうする。
ユメ　ごめん、やっててくれる？　ミライを部屋に送ってくから。
ナナ　あ、いいよ。ユメは最初出番ないしね。
ミライ　みんな、ごめんなさい。部屋に戻ります。
ルナ　お大事にね！
ケン　また、明日。

みんな、バイバイなど声をかける。
ユメとミライ、舞台の端で。ミライはだるそうになっている。

ナナ　じゃあ、ラストシーンの位置について。
全員　はい。
ナナ　用意。（手を叩こうとするが）あ、その前に、ミキ。

みんな小さく集合する。

ミキ　さっきはご協力ありがとうございました！
ケン　オレ、ストップモーション、ホントに苦手なのに、すんごいがんばったよ。
ナナ　確かに、ケン、さっきはグッジョブ！
ルナ　ルナも時間稼ぎ、辛かったですう。
ナナ　イトウくんと打ち合わせの時間なくってさ。ルナもえらい！
ピーター　さすが南中演劇部。いいチームワークですね。
ミキ　ピーター役、ありがとうね、イトウくん。
ピーター　楽しかったですよ。でも来たらいきなり無茶ぶりで焦りました。
ナナ　素晴らしい演技力！
ルナ　ミキ先輩が急に考えた脚本もすごかった！
ミキ　ミライのセリフを予想して書くのしんどかった。
ピーター　でも、ドンぴしゃで、ほぼその流れでできました。
ナナ　ミキ、プロ目指したら？
ミキ　えーやってみようか？
ナナ　（みんな笑う）きっと、ユメとミライちゃん、仲直りできたと思う。
ミキ　このところ、ずっとギスギスしてたし。

ミキ　思い切って、ミライから聞いた話を屋上でみんなに相談してよかった。
ナナ　今日は、最初で最後のシーンを演じられたね。
ケン　オレなんか、ずっとこの内緒のシーンがユメにバレないように、厳しい読み合わせをユメと一対一で屋上の端でやったし。イトウくんのことも、うまくカモフラージュしたし。
ルナ　ケン先輩、やっぱりグッジョブ！
ピーター　いい部活ですね、ケン先輩。

みんな、笑う。

ルナ　でも、寂しい。
ケン　ミライちゃん……あと半年か。
ピーター　あんなに明るい子なのに。
ナナ　できることは、これからもやろうよ。
ミキ　うん。あのふたりのために。
ナナ　よし！　じゃ、いくよ、ラストシーン。用意、スタート！（手を叩く）

ユメ、ミライを送りながら、並行して歩いている。
舞台上で全員が回り舞台のように回転。
小さく音楽。向こう側では劇の練習が続いている様子。（音は聞こえない）

ユメ　だから、ムリするなって、言ったでしょ？
ミライ　うん。ごめんね、お姉ちゃん。
ユメ　別に謝らなくていいんだよ。
ミライ　お姉ちゃん。
ユメ　何？
ミライ　ありがとう、いろいろ。
ユメ　はいはい。
ミライ　私……お姉ちゃんの妹で本当に良かった……
ユメ　ええ？
ミライ　あー言えた。よかった、よかった。
ユメ　ねえ、私も……
ミライ　お姉ちゃん、部屋まで競争しよ！
ユメ　それは、ダメだって。
ミライ　よーい、どん！　わーい！（走り去る）
ユメ　ミライ、走ったらダメ！……私もあんたのお姉ちゃんで良かったってば！

二人、去っていく。再び、周り舞台のように劇のシーンが正面に来る。
音楽、一度高まってから、小さくなる。（十年後になっている）

ミキ　（着替えている）さあ、ここで、照明と音響をピタッとあわせて！
全員　はーい。
ミキ　一度声だけあわせるよ！　せーの！
全員　（二手に分かれて波動砲を）やーっ！
ミキ　いいタイミング！それでいこうね。
全員　ありがとうございます、先輩。
ミキ　じゃ、ちょっと休憩して、屋上で声だしね。
全員　はいっ。

ミキ以外、わらわらとあちこちへ別れて去る。
白衣を着たユメが登場。

ユメ　ミキ、おつかれ。
ミキ　あー、ユメ！　今年も来たよ！
ユメ　毎年、ありがとう。
ミキ　もう十年以上、経つね、あれから。
ユメ　そうだねえ。
ミキ　まさか、あの「ダブルプリンセス」がこんな人気になるなんて。
ユメ　すごいよね、ミキ。あれから高校生で小説も出版して。すぐプロになって。ダブルプリンセスはシリーズ化しちゃって、アニメにもなったよね。
ミキ　まあ、運が良かったんだよ。明日はテレビの取材も来るよ。
ユメ　おかげさまで、「大野南こども病院」も有名になったし。
ミキ　ユメもこうして、ここで働いている。ドクターになって。
ユメ　まだ一人前じゃないけどね。
ミキ　ミライはきっとすごく喜んでいるよ。
ユメ　だといいけど。
ミキ　自慢のお姉ちゃんだね。
ユメ　さあ、どうかな。
ミキ　ちょっと屋上行って、喝入れて来るね。
ユメ　南中のコーチ、ごくろうさまです。
ミキ　いえいえ、みんなと楽しくやったことが一番の思い出だから。今の後輩たちもかわいいし。
ユメ　みんなも元気かな？
ミキ　ケンが小学校の先生になったのはびっくり！　北中のピーターパンは今テレビドラマで活躍中だしね。
ユメ　イトウくんには、まんまとだまされちゃったよ、もう。
ミキ　ナナは海外でバリバリ仕事して、ルナとユウも横浜でがんばってる。いい仲間だったね。あの頃はミライもいた。
ユメ　ミライ、きっとすごく喜んでいるよ。今日もどこかで今年の発表を見ると思う。
ミキ　そうだね、きっと。じゃ、またあとで。
ユメ　うん。じゃあね。

音楽。ミライ、入って来る。

ユメ　あんたは、ここで毎年お芝居観てるよね、たぶん。

ミライ　お姉ちゃん、がんばって！（嬉しそうにイスに座る。ユメにはもう聞こえない）

ユメ　あたし、あのとき、もっとはっきり言えばよかった。ミライは言ってくれたのに。ごめんね。私も、あんたのお姉ちゃんで良かった……おーい、聞こえる？　ミライが妹で、短い間だったけど、すごく幸せだったよ！　それからね、ミライがいないのは悲しいけど、私は今、好きな仕事ができて、とても幸せだから！　心配しないで、これからも見ててよ。ミライはいつも、私と一緒にいるんでしょ？だーいすきだよ、今でも!!

ミライ　お姉ちゃん、私もだーいすき！（笑って手をふっている）

ユメ　でも……でも、もう一回、会いたいよ！　ミライ!!

音楽高まって。

——幕——

この空のどこかで

一見明るく前向きなトモ。でも本当は心に闇を抱えていた。なぜなら、
あの日からずっと、トモは解けない大きな宿題を抱えていたから……
それを解くために、トモは勇気を出して弟のカイトと大事な友達に
自分の思いを伝えようとするが……
愛と再生の物語。

キャスト

トモ
カイト
リョウ
サヤ
イト

ヒナ
マオ
リカ
アイミ

通行人

音楽。いろんな人が行き交う公園。八月上旬のまだ明るい夕方。ベンチにトモがひとり、すわっている。
何人かが、公園を行き交う。トモ、ひとりごとを言っている。

トモ あーもうどうしようかなあ。なんて言えばいいのかな……

何人かが通りすぎたり、ジョギングをしている。

トモ ……どうしよう、来ちゃう！ あせる!!

サヤ、通りかかる。

サヤ あれ～トモ！ 何やってんの？ 誰かと待ち合わせ？

トモ （びっくりして）サヤ！ う、うん。そんなとこ。でも時間なくてさ。

サヤ あたしはこれからいつもの買い出し。明日の分も買うんだ。もうすぐタイムセールだから、早く行かなくっちゃ。

トモ そっか、買い物なんだ……。

サヤ うん。……あのさ、トモ。

トモ ん？

サヤ 今日……カイトは？

トモ あーどうだろ？ まだ見かけてないけど。

サヤ そう。じゃ、私がアニメの話をしたがってたって伝えてくれる？

トモ サヤ……

サヤ ごめん、こんなこと伝えて。

トモ ううん。言っとくね。

サヤ ありがとう。

トモ うん！

サヤ バイバイ！ またね！

サヤ、去っていく。

トモ またね、かあ……はあ……あ、そろそろ来るのかな？ あ――――どうしよう!?

カイト、通りかかる。

カイト なーにしてんだよ!?

トモ カ、カイト！（驚く）

カイト 姉ちゃん、いつまでたっても帰ってこないから、何かあったのかと思ったよ？

トモ いや、別に、何も。

カイト だったら、なんでまた公園のベンチにいるんだよ？

早く家に帰って、おやつ食べながら、テレビ見ようよ！　今日はシュークリームだよ！　三コだからジャンケンだからね。負けないよ！

トモ　あ、うんうん、そうだよね。えっと。

カイト　なに、もごもご言ってんの？　変なの！

トモ　ほら、あれ、しゅ、宿題だよ！

カイト　宿題？

トモ　そう、わかんないとこがたくさんあってさ。

カイト　ふーん。

トモ　でさ、クラスの友達に教えてもらおうと思って。

カイト　ここで？

トモ　う、うん。

カイト　家に来てもらえばいいじゃん。

トモ　ほら、その子も忙しいしさ。

カイト　はあ？

トモ　この公園は通り道だからさ、塾行く前の。

カイト　そうゆうこと。

トモ　そ。そうゆうこと！

カイト　じゃ、しょうがないな。

トモ　だから、先に、家、帰ってて。（はっきり言う）

カイト　わかったよお。姉ちゃんも早く帰って来てよ!?　最近さあ、お母さん、返事してくれない時もあってさ。

トモ　そ、そう？　ほらパート忙しいからじゃない？

カイト　そうなのかな。おやつ用意してくれてるのにさ、食べていい？って聞いても無視するんだよね。変なの。

トモ　まあ、いろいろあるんでしょ。あ、そういえばカイト！

カイト　なあに？

トモ　サヤが、今度アニメの話、したいって。

カイト　おおっ、やった！　このあと来るの？

トモ　いや、これから買い出しだって。

カイト　ふーん。まあいいや。早くサヤに会えるといいな。

トモ　もしまた会えたら、言っとくね。

カイト　じゃ、オレ、とりあえず行くよ！

トモ　うん、またね、カイト。

カイト、去る。

トモ　あーびっくりした。カイトが先に来ちゃったし。

マオ、ヒナ通りかかる。

ヒナ　ヒナ　あれ～トモ！　何やってんの？

マオ　ねえ、さっき話してたのは彼氏？

トモ　ち、違うって。（かなり驚く）

マオ　じゃ、誰？

トモ　見たんだ。あれは……弟。

マオ　えーそうなの？　なんかいい感じだったけど。

トモ　まさかあ。やめてよ、マオ。
ヒナ　本当？　あたしよくわかんなかった。いたっけ、人？
マオ　ヒナ、見てないの？　いたじゃん、ね!?
トモ　あ、うん。
ヒナ　えー見れば良かった！
トモ　そんなたいしたもんじゃないから。
マオ　今度紹介してよ！　弟くん、大きいよね、ひとつ下？
トモ　ううん、ふたつ下で、小5。
ヒナ　ヤダー、ふたつ下なら中1でしょ？
トモ　あー、そうだった。
マオ　しっかりしてよ、トモ。
トモ　ははは。（マオとヒナもつられて笑う）
マオ　それで、何やってんのこんな公園で？
トモ　あ……人を、待ってて。
マオ　あ〜それが彼氏ね？
トモ　違うって。しゅ、宿題をさ、前の学校の友達に教えてもらおうかなって。
ヒナ　あ、トモは二年から転校してきたんだよね。その人彼氏？
トモ　いやいや、だから、私、本当に宿題に困ってて。
マオ　わざわざ前の学校の子に聞かなくても。うちらに聞けば？
トモ　あ、ありがと。でも、……しゅ、宿題の範囲も同じだったし、たまには会おうかなって。
ヒナ　仲いいんだ。トモは公園の向こう側の、隣の地区の中学校だったよね。
マオ　その学校の生徒って、おととし確か。
トモ　ままま、そういうわけだから、心配しないで！
マオ　ふぅ〜ん。やっぱり？
ヒナ　彼氏っぽいねぇ〜。
マオ・ヒナ　あやし〜い！（冷やかすように笑う）
トモ　（否定して手をふりながら）ふたりはどこかに行くところ？
マオ　先週、大会で活躍したレギュラーの子たちに感謝の色紙を買いに行くとこ。
トモ　そっか。バレー部もとうとう試合終わったんだ、おつかれさま。
ヒナ　ありがとう。長かったよね〜もうとっくに八月で夏休みなのに。まあ県大会も準優勝したけど。
トモ　おめでとう！
マオ　サンキュ。うちらはこれからやっとホントに夏休みが始まるよ、短いけど。受験勉強も始まっちゃう！
ヒナ　だね！
マオ　このあと、駅ビルでリカとアイミとも待ち合わせてるんだ。
ヒナ　みんなでワイワイ相談しようって。
トモ　色紙、いいのが買えるといいね。
マオ　うん、ありがと。じゃ、またね、トモ！

ヒナ　バイバイ！
トモ　うん、またね！

マオ、ヒナ去る。

トモ　今日に限って次から次に、どんどん来るし。

リョウ、さっと入って来て、ベンチの隣に座る。

リョウ　トモ！
トモ　リョウ。
リョウ　またあの人、待ってんの？
トモ　うん。
リョウ　今回はうまくいきそう？
トモ　わかんない。でも、なんとかしたいんだ。
リョウ　あれから、もう二年だね。
トモ　早いよね。
リョウ　でも、カイトは相変わらずわかってないんだろ？
トモ　そうなの。だから困ってる。
リョウ　そうだよなあ。
トモ　ホントはこのままでもいいかなって、時々思っちゃう。
リョウ　ふうん。
トモ　でも、タイムリミットだし、やっぱりけじめつけないとダメかなって。
リョウ　そうだね。オレもその方がいいと思うよ。
トモ　えーリョウが言う？
リョウ　オレは自覚あるからね。
トモ　そっか……今日はあの人も来るから、相談しようと思って。
リョウ　オレ、手伝えることがあったら、やるから。
トモ　リョウ？
リョウ　幼馴染みだし。あいつかわいいし。でもかわいいから、やなんだよなあ。
トモ　うん。（泣きそうになる）
リョウ　せっかく向こうの地区から引っ越してきたのにな。
トモ　そう。引っ越して、何か変わると思ったのになあ。
リョウ　変わった？
トモ　あんまり。
リョウ　気分は少し楽になった？
トモ　まあね。
リョウ　でも、他の人はあんまり詳しく知らないから。あ、サヤには会うか。
トモ　うん。サヤは、たぶん反対だと思うけど。
リョウ　トモ、自分の家族のことだろ。
トモ　迷ってる。
リョウ　まあ、オレとかサヤの家みたいだったら苦労するだろうけど。でも、決めたんだろ？

トモ　うん。そうだった。ありがと、リョウ。

リョウ　いいって、いいって。じゃ、オレもう行くね。

トモ　どこへ？

リョウ　これでもいろいろ忙しいんだよ。

トモ　そっか。

リョウ　じゃあな。

リョウ、去る。

トモ　真夏なのに、今日はちょっと肌寒いなあ。

イト、やってくる。

イト　こんにちは、トモさん。もしかして私のこと待ってました？

トモ　あ、はい。こんにちは、イトさん。

イト　ご無沙汰してましたね。私もあちこち行かなきゃなんなくて。

トモ　お忙しいんですね。

イト　そうですね。まあ、私が忙しい方が世の中的にはいいんでしょうけど。

トモ　私、あの、ずっと考えてて。カイトのこと。

イト　おおっ、やっと手放す気になりました？

トモ　手放すも何も。でも私のせいなんですか？

イト　まあ、本人の無意識の意思ももちろんありますけど。あなたも確かに要因を作ってます。

トモ　すみません。

イト　私に謝らなくてもいいんです。

トモ　でも何か悪くて。

イト　罪悪感ですね。

トモ　はあ。

イト　今日ははっきりさせるんですね？

トモ　はい。お願いします。

イト　じゃ、振り返りからきっちり、始めますよ。

トモ　（下を向いて）は、はい。

イト　あなたの弟さん、カイトさんですが。

トモ　はい。

イト　（ニュースを読むように業務的に）彼はちょうど二年前、大型トラックがこの公園に突っ込んで来て、巻き込まれ、お亡くなりになりました。

車の激しいエンジン音と子どもたちの叫び声。

トモ　はい、そうでした……

イト　他にも何人かの子どもたちが巻き込まれ、当時現場はひどいありさまでした。

トモ　思い出すのもイヤです。

イト　近くにいたあなたは、たまたま現場に遭遇し、第一発見者になり、警察にも通報しましたね？
トモ　はい、そうです。弟を迎えに来たところだったんです。（苦しい）
イト　何の罪もない子どもたちが一斉に殺される、しかも飲酒運転のトラックに。当時も大きなニュースになりました。
トモ　もうわかってるから、先へ行ってください！
イト　事件後、この公園で合同慰霊祭が行われ、あなたは代表者として、お別れのあいさつもしました。
トモ　そうでした。
イト　しかし、ここから、困ったことが起きました。あなたは、弟さんと別れるのが辛くて辛くて……
トモ　はい。
イト　どうも、あなたは何万人にひとりくらいの、ものすごく霊感が強い人だったようです。
トモ　自分じゃわかりませんけど。
イト　彼は、この場所に残って、存在してしまっている。
トモ　カイトは……カイトはすごくいい子で。
イト　おまけに、本人にその自覚がない。
トモ　だって……
イト　魂とか身体が彷徨っていても、亡くなっている自覚とか意思は、普通あるんです。
トモ　あの子は素直だから。
イト　ですけどねー、私も長いことこの仕事してますけど、ホント、レアなケースなんです。
トモ　そうなんですか？
イト　普通はねー、まあ残念な事故とはいえ、本人の意思で、ちゃんと次のステップ、つまり生まれ代わるか、あえて亡くなった場所、つまりこの公園に留まるのか、どっちかはっきりしてます。
トモ　はあ。
イト　でもねー、彼はどっちでもなくて。まるで前と同様に生活しようとしている。もちろん、本当はこの公園から遠くへは行くことはできないけれど。おまけに時々、霊感の強い人には見えたりとか。
トモ　さっきも、クラスの子が見かけたって。
イト　それも大変ですね。
トモ　でも、お母さんとお父さんにはカイトが見えなくて。だから家での会話も混乱しちゃって。なんとなくカイトがしゃべったのを私が間でつないで、親が返事している微妙な感じになってて。
イト　苦労してますね。
トモ　カイトもこの環境になじんじゃって。本当はおかしいのに。
イト　そうですね。そして、彼の中では時間が止まっているんです。おや、あの方は？

サヤ、走って来る。

サヤ　トモ！　あ、この人……

トモ　サヤ、買い物？　じゃなかったっけ？

サヤ　うん。でも向こうで、リョウに会った。

トモ　サヤ。

サヤ　ねえ、カイト、どうなるの？　もう会えないの？

トモ　それは……よくわかんないけど。

イト　まあおそらく、会えないでしょうね。でも彼の選択なんですから。

サヤ　わかってるけど。でも、でも。

トモ　サヤ、ホントにわかっているでしょ！

サヤ　私、カイトがずっと好きだったから。今みたいに時々でも会えるなら、それで十分で。

トモ　ダメだよ。サヤはサヤで自分のこと考えて！

サヤ　トモ、なんでそんなに厳しいこと言うの？　私は今のままでいいのに。

トモ　サヤ……今は買い物、行ってきて。

サヤ　ごめん、トモ。私、頭の中、ぐちゃぐちゃ。またあとでね。

　サヤ、泣きながら、去る。

トモ　謝んなきゃいけないのは、私の方だよ。

イト　あの方もせつないですね。

トモ　イトさん、この夏のお盆の時が、最後の選択のチャンスですよね？

イト　そうです。お亡くなりになってから、二年間は彷徨ったり、生まれ直すことが自由です。ですが、この二年を過ぎたら、魂は永遠にその場に、つまりこの公園に残ってしまいます。

トモ　来週お盆だから、もう決めなくちゃいけないんでしょ？

イト　はい。

トモ　もし、放っておいたら？

イト　そしたら、カイトくんは永遠にこの公園を彷徨い続けます。ずっと子どものまま。時間が過ぎることも理解できないままです。

トモ　でもでも、今みたいにずっと明るく笑っていられるの？

イト　それは、たぶんそうですね。でも、あなたは違うでしょ？

トモ　え？

イト　あなたはいずれ大人になり、この地区から遠く離れたところで暮らすかもしれません。

トモ　じ、地元の高校や大学に行って、近くで就職するかもしれないし！

イト　今みたいに、毎日公園に来るのも難しいでしょう。

トモ　じゃ聞くけど、カイトは、絶対にいいひとたちのところに生まれ代われるの？
イト　そんな保証はできません。
トモ　私、私……（泣きそうになる）

リョウがやって来る。

リョウ　何やってんだよ！
トモ　リョウ。
リョウ　さっき、決心できたって、言ってただろ？
トモ　うん。
リョウ　潔くなれよ、トモ。
トモ　ごめん。
リョウ　謝らなくていいから。
イト　お久しぶりですね。
リョウ　あ、あんたか。
イト　人の心配ばかりしてるんですね、相変わらず。
リョウ　余計なお世話だ。
トモ　私、いざ決めようとしたら、不安になっちゃって。
リョウ　わかるよ。すごく決心がいることだし。
トモ　リョウとか、サヤは、えらいよね。自分のことより周りを優先してて。あたしはダメ。結局、自分がカイトと別れるのが辛くて。
リョウ　あんなことさえ、起きなきゃ、オレら、違ってたよな。
トモ　どうしてこんなことになっちゃったんだろ？　リョウにもサヤにも迷惑かけてるし。私、もうやだ！
リョウ　今、そんなこと言うなよ……
イト　仕方ないですね。トモさん、もう一回思い出してみませんか？　これ、ショック療法ですけど。
トモ・リョウ　えっ？

イト、大きく手を振り下ろすと暗転。救急車の音。中央のみ明るく。
トモとカイト。カイトは血だらけでベンチに力なく座っている。

トモ　やだやだやだ！　カイト、しっかりして！
カイト　ねーちゃん。昼間なのになんで空、暗いんだろ？
トモ　もうすぐ、救急車来るから！
カイト　ねえ、今日のおやつはシュークリーム三コだろ？早く食べたいなあ。
トモ　そんなのどうでもいいよ！
カイト　オレ、今日はココア飲みたいなあ。家に帰ったら、つくってくれる？
トモ　うん、つくるよ。
カイト　喉がカラカラだ。さっきジュース飲んだばっかなのになあ。
トモ　もうしゃべらないで。
カイト　ねえ、宿題も手伝ってくれる？

トモ　うん。
カイト　じゃあさ、今度肩もんであげるから！
トモ　あんたはへたくそだから、いいよ。
カイト　ひどいなあ、姉ちゃん。
トモ　しっかりして！
カイト　シュークリームさあ、ねーちゃん大好きだろ？　オレ二コでいいよ。姉ちゃんが二コ食べなよ！
トモ　カイト……カイト、ヤダヤダヤダ！

突然、リョウとサヤが入って来る。

リョウ　カイト、大丈夫か？（血だらけのシャツを着ている）
トモ　リョウ……
サヤ　カイト、しっかりして！（同じく血だらけのシャツを着ている）
トモ　サヤ！　サヤとリョウの方こそ……
サヤ　いやだ、カイト、死なないで！
リョウ　死ぬな、カイト！
カイト　ふたりとも、血だらけ？　どうしたの？　あれ、なんか、急に真っ暗で夜なの？　まだおやつも食べてないよ。姉ちゃん、そこにいるの？
トモ　カイト、カイト！　ここにいるよ！　返事して！　カイトー!!　行かないで、行かないでぇ！

暗転。やがて明るくなると、トモとイトのみ。

イト　どうです？　あの時の気持ち、思い出しました？
トモ　な、なんでこんなひどいこと、思い出させるの!?　いくら死神だからって、ひどすぎる！
イト　あの時、あなたはどうしたかったんですか？
トモ　私は、私は……私が代わりに死ねばいいのにって、思った。
イト　それから？
トモ　それができないなら、一緒に死にたいって。でも……
イト　でも？
トモ　お父さんとお母さんが……もし私もカイトも、ふたりとも死んじゃったら……すごく悲しむって思った。
イト　だから？
トモ　だから、私、ひとりでも明るく生きていこうって。カイトの分も生きていこうって。

リョウ、サヤ入って来る。

リョウ　トモ、思い出した？
トモ　うん。
サヤ　トモがしっかりしないとね。
トモ　うん。

リョウ　大丈夫。きっとカイトはたくましいから、どんなとこでも生き抜くって。
サヤ　案外、セレブのお坊ちゃまになるかもよ？
トモ　私のことなんて、忘れちゃうんだね。
リョウ　新しい人生で、楽しく暮らしていけるよ。
サヤ　トモも、新しい人生を楽しく暮らさなきゃ。
リョウ　トモには、オレがついてるから、大丈夫。
サヤ　私もいるよ、トモ。
トモ　リョウ、サヤ、でも！……あ、カイト。

カイト、やって来る。

カイト　お姉ちゃん、まだぐだぐだしてんの？　あ、サヤ、リョウ！
サヤ　やっほー、カイト。
リョウ　久しぶり！
カイト　（嬉しそうに）ねえ、サヤ、アニメの話、しよ⁉
サヤ　うん、ちょっと待っててね。
カイト　じゃ、リョウ、サッカーやろう！　あーなんか不気味な人もいる！
イト　失礼な人ですね。さあ、トモさん！
リョウ　トモ！
サヤ　ファイト！
トモ　う、うん。カイト、ちょっと話があるんだけど。
カイト　なあに？
リョウ　オレたち、すぐそこにいるから。

トモとカイト、ベンチに座る。他の三人は一度いなくなる。

トモ　大事な話なんだ。
カイト　早くしてよ！　せっかくリョウとサヤとも遊べるのに！　そのあとさ、家帰ったら、シュークリームも食べよ！
トモ　うん。あのね、二年前、ここで大きな事故があったの覚えてる？
カイト　覚えてる！　リョウとサヤが血だらけだったよ。びっくりした！
トモ　カイト……あんたね、あの時、もう……命が終わっちゃったの。
カイト　え？　何言ってんの？　やだなー姉ちゃん、ハハハ。ほーら、今日もこうして、元気いっぱい！
トモ　うん、あたしのせいなの。あんたにいてほしくて。「行かないで！」って何百回も言っちゃったから。
カイト　え、なに、これドッキリ？　カメラどこ？
トモ　違うんだよ、カイト。あんたは新しい子どもになって、生まれ直すんだ。
カイト　はあ⁉　姉ちゃん、頭大丈夫？
トモ　もうあたしは、あんたの姉ちゃんじゃない。

カイト　なんで？　なんで？　なんで？
トモ　来週お盆でしょ？　新しく生まれ直すんだよ。
カイト　意味わかんない。は？　何それ？　姉ちゃんオレを見捨てるの？　オレのことキライ？
トモ　んなわけない。んなわけないよ！　だーい好きだよ、カイト。……だから、お別れする。（静かにはっきりと）

リョウ、サヤ、イト入って来る。

リョウ　カイト、トモはカイトのことをすごく思っているよ。
サヤ　カイト、新しい人になってがんばろう。
カイト　やだよ！　だいたい、オレ、死んでないから！
トモ　カイト……（泣いてしまう）
リョウ　カイト、オレは、あの時、おまえとここでサッカーしてた……
サヤ　私は、夕食の買い出しに行く前で、ふたりがサッカーするのを見てた。そこに……突然……トラックが……！　道路から、急に突っ込んで来て。
リョウ　オレとサヤとカイトは……もう、死んだんだ、二年前に。

音楽。

カイト　な、何言ってんだよ、リョウ！
サヤ　私たちの方が……先に……即死だった。でも、カイトは死んじゃう前に、少しトモと話ができてよかった。
リョウ　思い出しただろ？
カイト　あの時……目の前が真っ暗になった……
リョウ　あのな、きっと生まれ代わっても、おまえは幸せだ、絶対。家族、いいひとばっかりだったろ？　親も姉ちゃんも。だから次も大丈夫だ。
カイト　リョウ。
リョウ　オレなんか、オレなんかさ、しょっちゅうオヤジに殴られてばっかで。母さんも家出てって帰って来ないし。ウチの中もオレの気分も、いつもめちゃくちゃだった。でも、カイトやトモやサヤがいたから、何とかやれたんだ。
トモ　リョウはがんばってたよ、すごく。
サヤ　あたしも小学生の時、お母さん死んじゃってから、ずっと家事やってきて。お父さんも仕事が忙しくて。妹たちふたりの面倒も見てきた。あたしがいなくなって、ふたりとも施設に入ったけど、元気そうなんだ。
トモ　サヤはいつも、えらいよ。
カイト　なんで今、そんな話するの？
リョウ　だからさ、きっとおまえはうまくいくから。ちゃんとあっちへ行きな。トモのことは心配いらないよ。オレ、この辺でフラフラしてるから。
サヤ　私も、ここに残るよ。トモには私たちがついてるから。

カイト　ええっ？
トモ　ダメ‼　それは絶対ダメだよ！　みんな、あっちへ行って！
イト　……やっと全部、言えましたね、トモさん。
トモ　私のせいで、カイトだけじゃなくて、リョウもサヤも、こっちに残らないで。
リョウ　トモのせいじゃないんだ。オレさ、こわいんだ。生まれ代わっても、次も殴るような親だったら？　オレがこんなんだからさ。
トモ　そんなの、全然リョウのせいじゃないよ。
サヤ　わかる、わかる。あたしも家事ばっかで、部活も塾もまた行けない家かも。せっかくできた友達も、ここにいるみんなだけなんだもん。離れたくないよ。
トモ　サヤ、ダメだってば。ちゃんとサヤもリョウも、生まれ直して！　お願い！
リョウ　このままの方がいいんだよ、オレたちは。ずっとトモを応援しているから。それに……あんな親だけど、ひとりぼっちになったオヤジも見守らないと。
トモ　リョウ、自分の人生じゃないの。
サヤ　私もね、妹たちもトモも応援するんだ。トモのそばで。
トモ　サヤ……
イト　困った展開ですね、トモさん。
トモ　もう、どうしてみんなそうなの？　私みたいに自分勝手な人間の方が死ねば良かったのに。
リョウ　トモ、軽々しく言うなよ‼　せっかく……生きているんだからさ。
トモ　ごめん……リョウ……
リョウ　だから、謝らなくていいって。オレが決めたことだから。
トモ　そんなの悲しすぎる。
サヤ　トモが気にしなくていいんだよ。
トモ　カイトも、リョウも、サヤも。みんな私の大事な人だったのに……会えないのは辛いけど、やっぱりみんなに幸せになってほしいの。だって、だって。……ここに留まることはそうじゃない。未来がないんだから。生まれ直して、新しい人生を生きて！　お願い！
カイト　姉ちゃん……もしも、オレが生まれ直したら、姉ちゃんのこと、忘れちゃうの？
トモ　たぶんね。でも、私が覚えてるから大丈夫。
カイト　姉ちゃんが、覚えてるの？
トモ　私ね、一生忘れないから。この空のどこかで、みんなが生きて、がんばっていてくれてる、って思っただけで、この空を見るたんびに、あたしもがんばれる。
カイト　この空のどこかで？
トモ　うん。だからさ、私のためにも、こんな公園で彷徨っていないで、ちゃんと生まれ直してほしい。じゃないと、じゃないと私……

カイト　姉ちゃん……苦しいよね、オレがここにいると、ずっと。

トモ　いてくれたら、嬉しい。でも苦しい。だって、カイトはもう、一緒に年をとらないし。

リョウ　そっか……トモ……幸せになれないな。

サヤ　私たちがいたら、きっと、トモの負担になる……

トモ　そうじゃない……みんなに会いたい、毎日会いたいよ……でも。

リョウ　……仕方ないなー。わかったよ。……サヤ、カイト、行くか？

サヤ　……うん。

カイト　姉ちゃん、オレ、やっぱやだよ。姉ちゃんにも、母さんや父さんにも、リョウやサヤにも、もう会えないの？

トモ　カイト……

リョウ　カイト。トモはおまえのこと、ずっと覚えていてくれる。トモの中にカイトもオレも残るんだ。だから、もう困らせたらいけない。

トモ　あたしだけ、生き残っちゃってごめん。

サヤ　やめてよ、トモ。あたし、トモの中で生きているんだね、サヤとして。

トモ　サヤ、絶対忘れない。リョウも。カイトももちろんだよ！

リョウ　この空のどこかの場所で、別の人間になって、生きていくんだな。

サヤ　トモと同じ空を見るんだね。ね、カイト、私たちまた同じ空を見るんだよ。

カイト　空なんかどうだっていいよ、姉ちゃんと一緒にいたいよお。

トモ　（泣きながら）あんたが新しい子になって、同じ空を見ているんだと思うと、あたしは勇気がわいてくるよ。

カイト　姉ちゃん……（泣いてしまう）オレの分もこれからたくさん、おやつ食べなよ。

トモ　うん、食べるね。いつもカイトとケンカしながら食べてたことを思い出すよ。

カイト　あとさ、オレの宿題見なくていい分、自分の勉強がんばれよ。

トモ　そうするね。あんたも宿題後回しにしちゃダメだよ。

カイト　うん、すぐやるよ。

トモ　約束だよ。

カイト　うん。姉ちゃん……

リョウ　……カイト、もういいだろ？　トモを自由にしてやろうよ。

サヤ　行こう、カイト。

トモ　私、忘れないから。みんなのこと、絶対。

イト　やっと私の出番ですね。ああ、助かりました。じゃみなさん、こちらですよ、行きましょう。トモさん、もうしばらくは会わないと思いますので、お元気で。

トモ　イトさん、お世話になりました。二年も引き延ばしてごめんなさい。

イト 仕事ですから、大丈夫です。お盆に間にあいましたしね。では！

音楽。

リョウ じゃあな、トモ。オレ、今度こそ、あったかい家に生まれるよう祈ってくれよ。

トモ 祈ってる、リョウ。

サヤ トモ、私も、もっと幸せになるね。友達になってくれてありがとう。楽しかった。

トモ 私もサヤがいてくれて、すごく楽しかった。ありがとう。

カイト 姉ちゃん、さようなら。

トモ カイト、さようなら。

カイト 大好き。

トモ 私も。

カイト ずっとずっと、姉ちゃん、大好き。

トモ 私も。ずっとずっと、カイト大好き。みんな大好きだよ！

リョウ じゃあな！

サヤ ありがとう！

カイト 姉ちゃん!!

トモ カイト、カイト！

イトが去り、そのあとに三人も去る。

トモ、ベンチ座って、しばらく泣いたあと、空を眺める。

トモ この空の下のどこかで、みんな生まれ直して、生きてて、同じ空を見ててくれる、きっと。この空のどこかで。

（音楽一旦終わって）

リカ、アイミ、マオ、ヒナ通りかかる。

リカ トモ～久しぶり！

アイミ 元気だった？

トモ あーリカ、アイミ！　元気そうだね！（慌てて涙を拭く）

マオ あれ～、トモまだここにいたんだ。

ヒナ ずっといたの？

トモ うん。あのね、大きな、大きな宿題が、やっと、終わったんだ。

マオ そうなんだ、よかったね。

トモ うん。

リカ・アイミ へえー。

ヒナ ねえ、明日時間ある？

トモ 明日？

マオ 明日、駅前で、お昼にマジックショーやるんだって。

一緒に観にいかない？
ヒナ　行こうよ、おもしろそうだよ！
リカ　うちらも行くよ！
アイミ　一緒に行こう！
トモ　ん……行こうかな。
マオ・ヒナ・リカ・アイミ　わあー！（など喜んで）
マオ　よかった〜！　今まで誘っても、うんって言ってくれなかったから嬉しい！
ヒナ　めっちゃ嬉しいよ！
トモ　そ、そう？
リカ・アイミ　うんうん！
マオ　あ、もう帰らないの？
ヒナ　一緒に帰る？
トモ　そうだね、帰ろう。（ベンチから立ち上がる）
マオ　夕焼けになってきたね。
ヒナ　きれいだね。（全員夕空を見る）
トモ　うん。……この空のどこかで。
ヒナ・リカ・アイミ　えっ？
マオ　この空のどこかで？
トモ　ううん。何でもない。
マオ　そお？
トモ　うん。
ヒナ　帰ろっか。
トモ　うん、帰ろう！

五人、笑いあって。ヒナ、マオ、リカ、アイミ去る。
トモ去る、ゆっくりと空を見上げながら。音楽、高まって。

——幕——

なんとかなあーる！

なんでもテンポが遅く、周りに迷惑をかけてしまうミカ。
いつも幼馴染みのユイとナオに助けてもらい、
他の友人や後輩にもあきれられながら生活しているミカの前に、
ある日突然『神』が現れて、救いの手を差し伸べてくれるが……
果たして、ミカは変わることができるのだろうか!?

キャスト

中3
ミカ
ナオ
ユイ
タカシ
リコ
マイ
ラン
タク

中1
ヒロ
アヤ
サチ
ユメ
ハナ
カナ

学校の放課後。中庭のベンチの前。クラス全員でダンスの練習をしている。

ミカがズレて、オロオロしながら踊ってしまう。途中でダンスが止まる。

リコ だからさ、ここはAチームの振り付けでよくない？

マイ Bチームだって、いろいろ考えたんだよ⁉

ラン でも、うちらAチームの方が、ダンス習っている人も多いし。

カナ 確かにそうだけど。

タク 両方見せ合って、良い方にしたら？

リコ そんな時間ないよ。

ラン だいたいさ、Aチームメインでつくるって、いう話だったし。

マイ そりゃ、Bチームは人数も少ないけど、でもやる気はあるよ。

カナ そうだよ。うちらもがんばったんだよ。

ラン がんばれば、なんでもいいわけ？

リコ ラン、言い過ぎだよ。

ラン ゴメン。

リコ でもね、うちらに任せてよ、時間ないし、いいでしょう？

タク しょうがないのかな。

マイ そんなあ。

カナ なんか、くやしい。

タク でも、Aチームの方が確かにメンバーも多いし、経験も豊富だよな。

マイ わかった。

リコ あーよかった、わかってくれて。じゃ、次の振り付けは教室で確認しよう！

みんな、納得したり、しなかったりしながら、去る。（ミカ、バイバイ、など）

マイ なんでーもー。

タク しょうがないよ。

カナ もうやだ！

ユイ じゃ、うちらはここに残るね。

みんな、ユイとリカにバイバイなどと言って去る。

そのまま、ユイとミカが話をしている。

ユイが明日発表の総合のまとめ文を読もうとしている。

ユイ よーし、じゃあ、明日の総合の発表の出だしを読むね。

ミカ お願いします！

ユイ 『ロシアが二〇二二年二月二十四日にウクライナに攻め込み、戦争が始まりました。ウクライナ市民の犠牲は増え続けており、国際社会からはロシアへの厳しい非難の声が上がっています。ロシアはなぜ、「兄弟国」とも言われたウクライナに侵攻したのでしょうか。』

ミカ　仲良かったのになんでなんだろ？

ユイ　地下資源、核施設、あと農地も。狙うものは多いんじゃない？

ミカ　だけど、戦争しなくっても、方法はあるよね。

ユイ　そこが問題でしょ？　全面的にロシアのやり方でロシアはいきたいわけ。ウクライナの意向なんか、聞く気はないわけよ。

ミカ　だからって、あんなひどいやり方で、攻めるなんて。

ユイ　戦争にひどいも何もないんだよ、きっと。

ミカ　えーやだなあ。兄弟国とまで言われていたのに戦うなんて。

ユイ　目指すものや価値観が違うからじゃない？

ミカ　そんな理由で人を殺すなんて。

ユイ　うちらも今は戦争とまだ離れたとこにいるけど、いつどうなるかなんて、誰にもわかんないね

ミカ　ユイ～こわいよ！

ユイ　あのさ、総合の打ち合わせは続けたいけど、ミカ、もう英語の宿題終わったの？

ミカ　全然だよ。それより明日の発表の分担のとこも全くさあ……

ユイ　全く？　早めにどっちもやっときなって、言ってたのに。

ミカ　言われてました。

ユイ　まただね。

ミカ　いや、これからは、たぶん。

ユイ　いつになったら、直るのかな。

ミカ　がんばってるんだよ、これでも。

ユイ　直らないね、きっと。

ミカ　ユイ、ひどいよお。

ユイ　だって、幼稚園の頃から同じこと言ってるし。

ミカ　ううう。それ言われるとつらい。

ユイ　成長がないって、なかなか中学生としてどうかね？

ミカ　だから、反省してますって！

ユイ　ナオも聞いたら、あきれるだろうねえ。

ミカ　ナオには黙っていて！

ユイ　ムリでしょ。

ミカ　やだー、ユイにもナオにも怒られるなんて。

ユイ　安心して。怒んないから。

ミカ　ホント？

ユイ　あきれるだけ。

ミカ　ひどい。

ユイ　どっちがひどいの？

ミカ　私です。

ユイ　だね？

ミカ　だす。ああ、神様！

ユイ　いつも神だのみ！

　ユイ笑う。ミカ、必死で祈っている。
　ナオ、やって来る。

ナオ　おーい、プリント作っておいたけど。あれ？
ユイ　ナオ、感じる？
ナオ　うん、なんか。
ミカ　ううう。
ナオ　あー、またか。
ユイ　そう。
ミカ　ううう。
ナオ　なんとか直らないのかね？
ミカ　すみません。
ユイ　ムリっぽいよ。
ナオ　そっか。
ミカ　納得しないでよ、反省はしてるんだから！
ナオ　いばって言うな。
ミカ　すまんです。
ユイ　しょうがないから、できる範囲で、発表の内容を考えよう。
ナオ　だな。
ミカ　ううう。
ナオ　とりあえず、このプリントで最初のつなぎはなんとかなるかな。
ユイ　ありがと。じゃあ、私が調べたことをこのあと続けて。
ミカ　あの、私は？
ナオ　そうだな。まとめはさ、プリントのここを使えば？
ユイ　あ、それいいね。前にタブレットに入れたとこもあわせようか？
ミカ　なんか手伝わなくていい？
ナオ　じゃ、あとで送って。そしたら編集しとくから。
ユイ　助かる。じゃ、調べたのをすぐ送っておくね。
ミカ　すみません～あのう～。でも私なんか、ムリかもしれないけど。
ナオ　これでウチの班の発表、なんとかなるかな。
ユイ　うまくいきそう。あとケンジとルイにも伝えとく。
ミカ　私～よろしいんでしょうか？
ナオ　じゃ、完成版を夜みんなに送っとく。
ユイ　やった！　しゃべるのは、ルイがうまいから、発表はルイ中心に頼もうよ。
ナオ　だな。あれ、ミカ何やってんの？
ミカ　私～なんもやらなくていいのかなって。
ユイ　大丈夫。ミカの分もなんとかなったし。
ナオ　へえ、めずらしく気にしてたんだ。
ミカ　当たり前だよ。だっていつもふたりにやってもらっちゃって。

ナオ　それが当たり前だろ。もうずっと、幼稚園の頃から、言い出すのはミカだけど。
ユイ　実際にやるのは私とナオだよね。
ナオ　そ。「かぶと虫とりたい！」ってミカが言い出して。
ユイ　あたしが虫かごを用意して。
ナオ　オレが木に登って捕まえたし。
ミカ　おそれいります。
ユイ　それの繰り返しだよね。
ナオ　そ。明日の総合の「平和学習」の発表だって。
ユイ　「私、ロシアがウクライナを侵略したことについてやりたーい」ってミカが。
ナオ　オレとユイが資料集めて、結局まとめてるしな。
ユイ　ミカは、たまった宿題に追われるし。
ミカ　ありがたいです。
ナオ　いつもそのパターーン。
ミカ　ううう。感謝しています。
ユイ　うちら、そういうバランスはいいね。
ナオ　まあ、ミカみたいな存在も貴重だよ。
ミカ　ホント？
ナオ　あとがないから、オレらがやるしかないし。
ユイ　あきらめて、開き直る力がわいてくるよね。
ミカ　ええっ？
ナオ　それで、最後、神だのみだろ？
ミカ　ううう、神様！
ユイ　どっちかって言ったら、ユイ様、ナオ様じゃない？
ミカ　神様、ユイ様、ナオ様！

ユイ・ナオ笑う。ミカもしかたなく笑う。

ナオ　じゃ、オレ部活に顔出してくるから。
ユイ　あたしも職員室に用がある。
ナオ　帰りタイミングあったら。
ユイ　また一緒に帰ろ。
ナオ　どうせ、三人とも近所だしな。
ミカ　わ、私どうしようかな？　部活もあるけど。
ユイ　ここで、この中庭でもう少し、まずは宿題をやって、提出しちゃったら？
ナオ　職員室も近いんだから、ここでやった方がよくない？
ミカ　うん、そうだね。じゃ、そうする。
ユイ　せいぜいがんばって。
ミカ　厳しいなあ、ユイ。
ナオ　当たり前だろ？　ムダかもしれないけど、がんばれよ。
ミカ　全く励まされている気がしない。

ユイ・ナオ、じゃあなどと言って去る。

ミカ　あたし成長してないよなあ、確かに。あーあ、私なんか、どうせ。幼稚園児のままで。どうしよう。

リカ、たどたどしく、ふたたび英語を読み始める。

リコ、マイ、ラン、カナ、タクやって来る。

ミカ、ちょっとあわてて、ベンチの裏へ隠れようとする。

リコ　ここで練習する？

ラン　あたし、時間ないんだけど。

マイ　二、三分でいいんでしょ？　私も部活だし。

カナ　早くチャチャッとやろうよ。

タク　オレ、先生に呼ばれてるんだけど。

リコ　また、やらかした？

タク　いやいや、なんも。

マイ　また身に覚えがないよね、タクって。

タク　まったくないす。

ラン　ねえ、早くやろうよ！

カナ　並ぼう！　あれ、ミカ？

ミカ　あ、ども。

リコ　何してんの？

ミカ　あの、英語の宿題がまだで。

タク　仲間がいた！　オレもオレも！

ミカ　ホント？　よかった！

マイ　よくないでしょ、ふたりとも。

ミカ・タク　すみません。

カナ　練習始めようよ！

ミカ　なんの練習？

カナ　ダンスに決まってるでしょ？

ミカ　あ、そうか。

ラン　ミカは気楽だよね、ホント。

リコ　ラン！

ラン　だってそうじゃん。ウチらは忙しいのに体育祭のダンス創ってて。ホント、気楽だよねー。

ミカ　うー。

ラン　それに、Bチームにも文句言われるし。

マイ　文句じゃなくて、意見だよ！

リコ　終わったことを蒸し返さないで。

カナ　マイのせいじゃないよ。

リコ　お互い時間、ないよね。だから、決まったことに合わせるのが大事でしょ。

ミカ　あのあの、よくわかんないけど、感謝してます！

マイ　トゲのある言い方はやめよ。

ラン　悪かったよ。

ミカ　なんか、ゴメン。

リコ　そういう、やたら謝るのもダメだよ、ミカ。

ミカ　うん、リコ、わかってるんだけど。

カナ　ねえ、じゃミカも一緒にやろうよ。

マイ　忙しいんじゃないの？

ミカ　でもでも、せっかくだから、ちょこっとでも、やらせて。

リコ　わかった。じゃ、出だしのとこだけでもあわせようか。音楽いい？
カナ　（走りながら）じゃあ、ＣＤかけるよ！
リコ　せーの！

音楽が流れ、みんなそれなりに踊り出すが、ミカはずれまくる。

ミカ　あーダメだ。みんなの足を引っぱっちゃう。やっぱ、ムリ。
カナ　もう一回、やってみようよ、ミカ。
タク　カナ、ミカは宿題あるんだろ？
カナ　あ、そっか。
ラン　うちらの振り付け覚えた？
ミカ　うーん、もうちょっと。あれ、最後のところ、変わった？
タク　結局、Ａチームの振り付けになったんだよ。
ミカ　へ？　そうなったの？　Ｂチームのも良かったけど。
カナ　ミカもそう思うでしょ。
ラン　もう決まったことなんだから、従ってよ。
マイ　従う？　何それ。
ミカ　あのさ、従うっていうか、協力じゃないのかな？
マイ　そうだよ、協力だよね。でしょ、ラン？
ラン　ハイハイ、スミマセン。
タク　ミカ、宿題、大丈夫か？
ミカ　あ、いっけない。
リコ　じゃあ、あっち側の方でやろうか？
マイ　オッケー。
ラン　ミカ、振り付け覚えといてよ！
ミカ　う、うん。
マイ　じゃ、またね、ミカ。
ミカ　マイ、みんな、ありがとう。あと、協力できなくて、ホントごめんね。
タク　いいって、いいって。気にすんな。宿題やれよ！
ラン　おまえが言うな！
リコ　ラン！　乱暴！
ラン　ハイ、スミマセン。
カナ　じゃあね！
タク　ねえ、宿題どのくらい、終わった？
ミカ　全然だよー。
タク　同じ、同じ！（タク・ミカ喜びあう）
マイ　ふたりとも！

お互いにバイバイなどと言って、四人は去る。

ミカ　なんだかなー。はあ……また私って、使えないというか。ダンスもズレまくりだし。しかもなんだか、一生懸命やってくれてるのに、ダンスでギクシャクしてるし。ううう、神様、私もこの状況も、もうちょっと、何とかなりませんか？　でも……やっぱ、ムリ？

ヒロ、アヤ、サチ、ユメ、ハナがやって来る。

ヒロ　あれ～ミカ先輩、何してんですかあ？
ミカ　えーっとね、いろいろ。
アヤ　人には言えない事情もあるんだからさ。
サチ　そうそう。詮索しちゃったら、悪いよ。
ユメ　悩み事ですか？
ミカ　いやいやいや。
ハナ　恋愛問題とか？
ミカ　ち、ちがいます！
ヒロ　なんか、気になってきた！
アヤ　やめなよ、ヒロ。
ミカ　みんなは、どうしたの？　部活もうすぐ始まるでしょ？
サチ　私たち、バドミントン部の練習方法の改善を考えて
て。
ミカ　へえ。
ユメ　今のままじゃいけないって。
ハナ　もっともっと、強くなりたい。
ミカ以外　もっともっと、強くなりたい！（ポーズ）
ミカ　はあ、すごいねえ。
アヤ　ミカ先輩は、今のやり方で満足ですか？
サチ　強くなれるって、思います？
ミカ　そ、そうねえ。
ヒロ　私たち、今から顧問のカナツ先生に相談しようと思って。
ミカ　すごいねえ。
ユメ　勝ちたいんです。
ハナ　試合で負けたくない！
ミカ　感心しちゃうなあ。
ヒロ　ミカ先輩、大丈夫ですか？
ミカ　えっ？
アヤ　ウチの部のことなのに、のんびりしてますよね？
サチ　アヤ、失礼でしょ？　これでも先輩なんだよ！
ヒロ・ユメ　サチ！
サチ　私、失礼なこと言ってないですよお。
ミカ　まあまあ、いいよ。じゃ、とにかくがんばってね。

ミカ以外、はーい、がんばります、などと言って去る。

ミカ　私って、やはりお荷物なのかなあ、どこでも。ううう、神様、やっぱり助けてください！　私、本当は変わりたい。迷惑かけない人間になりたい。私、私、今度はホントにホントに、真剣です、神様！　お願いします、神様!!

神のベルの音。

タカシ（神）やって来る。

タカシ(神)　ホントに？　ホントに変わりたいのか？

ミカ　へ？　タカシ？

タカシ　私は『神』です。

ミカ　紙？　ペーパー？

タカシ　ゴッドの方です。

ミカ　ゴート？　ヤギ？

タカシ　ゴッド！

ミカ　グッド？　あ、これ？（親指を上へ）

タカシ　いや、これ！（手を広げて十字のように）

ミカ　ああ、グリコ！

タカシ　グリコはコレ！（グリコのポーズ）

ミカ　そうそう、グリコだよね！

タカシ　ちがう！　ゴッドファーザーのゴッド！

ミカ　マフィアの？　えータカシ、マフィアなの？

タカシ　ちがーう！　ゴッド!!　『神』なわけ！

ミカ　ええっ？　誰が？

タカシ　私が。

ミカ　タカシが？

タカシ　そう。やっと通じた？

ミカ　へえ、神の役かなんか？　文化祭で？

タカシ　私の存在が、『神』です。

ミカ　ふえーっ。いつから？

タカシ　本当はずっと前から。でも今初めて告白した。

ミカ　ホントにホント？

タカシ　いかにも。迷える子羊よ。

ミカ　助けてくれる？

タカシ　仕方ないな。

ミカ　先月階段からこけて足を折っちゃった、社会科が得意で、納豆が苦手なタカシかと思ってたら、神だったんだね？

タカシ　誰でも苦手なものくらいある。しかし、信じたのか、本当に？

ミカ　助けてくれるなら、この際、信じる!!

タカシ　なんかテキトーだな。

ミカ　私さ、みんなに迷惑かけてばっかの人生なの。助けて、タカシ！

タカシ　『神』です。

ミカ　神様、タカシさま！

タカシ　頼めれば、何だっていいのかよ？

ミカ　ううう、すみません。本当に神にすがるって、こういうことだわ。

タカシ　納得してないで、具体的にどうしたいわけ？

ミカ　えーっ、神ならわかんないのぉ？

タカシ　今時、全て叶うと思ったら大間違いだよ。

ミカ　頼みたいことが多すぎるんですけど。

タカシ　ひとり、三つまで。
ミカ　たったそれだけ？　足りないよお。
タカシ　じゃあ、やめる？
ミカ　文句言いません。三つでも助かります。
タカシ　ひとつずつ、言ってみよ。
ミカ　神様！　絶対かなえてください！
タカシ　仕方ないな。絶対はないからな。では、最初に困っていることは？
ミカ　えーっと、とりあえず明日の発表はナオたちが何とかしてくれたので……あ、宿題だ。あの英語のテストに向けての読み練習ができなくて。練習しないと、プリントも提出できないし。このページなんだけど。
タカシ　では、とりあえず、これができればいいんだな？
ミカ　はい、そうです。
タカシ　この手を見よ。
ミカ　はい？
タカシ　あなたはだーんだん、読めるようになーある。「なんとかなあーる！（くりかえす）」

タカシ、あやしい感じで、手を叩く。神のベルが鳴る。

タカシ　さ、読んでみなさい。
ミカ　えっと……（スラスラと英語が読めてしまう）うおー、しゅごい！　しゅごすぎる！

タカシ　興奮して言葉おかしいぞ。
ミカ　なんで、スラスラ読めたんだろ？
タカシ　『神』の力ぞ！
ミカ　ありがたや～。
タカシ　さあ、二つめを述べよ。
ミカ　ハイ、えっと、その、クラスの他の友達に迷惑かけてて。
タカシ　具体的には？
ミカ　ダンスをつくってくれているのに、私は何にも協力できなくて。ズレて踊ってばっかだし。しかも、AチームとBチームでギクシャクしちゃってて。私がヘタなせいもあるし……タカシも知ってるでしょ？
タカシ　『神』です。
ミカ　すみません、神様、タカシ様、どうかお願いします。
タカシ　では、ダンスの振り付けができればいいのか？
ミカ　そりゃ、できればいいけど。あと、みんなで仲良くやりたい。でも私、ものすごく下手だし。
タカシ　あなたは、だーんだん、できるようになーある。「なんとかなあーる！（くりかえす）」

タカシ、あやしい感じで、手を叩く。神のベルの音。

タカシ　さ、踊ってみなさい。
ミカ　そんな急にムリでしょ。いくらなんでも。

タカシ　体を動かして。ミュージック、スタート！

音楽が流れると、ミカがいきなりなめらかに動く。

ミカ　あれ～なんでなんで？　私ダンスのセンスなんて、ないのに踊ってるし♪

そこへリコ、マイ、ラン、カナ、タクやって来て、再び一緒に踊る。

リコ　すごいよ、ミカ！
マイ　びっくり！　どうしたの！
ラン　やるね！　本気だした？
カナ　ミカ、ホントは上手いんだね。
タク　おまえすごいなあ！　あれから練習したのか？
ミカ　あ、うん、少し練習して、ましになったかな？
四人　すごいよ!!
ミカ　ありがと。でも、実力じゃないけどさ……
リコ　どういう意味？
ミカ　なんでもない。みんなの負担になりたくなくて。
マイ　そんなの気にしないでよ。誰も思ってないから。
ミカ　ありがと。あのさ、最後のところ、Bチームの振り付けじゃダメかな？
リコ　ミカ、蒸し返さないで。もう決めたんだから。
ラン　うちら、Aチームの方が、経験豊富なダンサーばっかでしょ？　それに比べてさ。
マイ　だから、そういう言い方がイヤなの！
カナ　意地悪だよ、ラン。
ラン　はあ？　ホントのことをはっきり言って、何が悪いわけ？
リコ　やめなよ。あのさ、マイたちは、このダンス、どう仕上げたいわけ？
マイ　どうって。それは楽しく発表したいよ。
リコ　私はね、全クラスで一番上手い発表をしたいわけ。
タク　全クラスって？
リコ　やるからには、一番を目指したいわけ。マイはどうなの？
マイ　私は……それは、協力していい発表にはしたいけど。一番とかまで、考えてなかった。
リコ　三年で発表するダンス、今年最後でしょ？　私、悔いのないようにやりたい。
タク　でも、これ、クラスの発表でクラブチームとかじゃないよ。
ミカ　私みたいな、ゴメン、レベル低いダンサーもいるわけだし。
リコ　わかってる。だから、みんなで練習して、強くなりたいんだ。
カナ　リコのやる気はわかるけど、みんながみんな、そうじゃないし。

タク オレだって、ついていけないよ、そんな一番なんて。
リコ じゃあ、どうでもいいの？
タク そうは言ってないけど。
リコ 手を抜いてもいいわけ？　完璧じゃなくても、上を目指そうよ！
マイ 誰もそこまで言ってないのに
ミカ （ひとりはずれて）ああ、神様、助けて！　みんな仲良くしてほしいだけなのに。
全員 …………
ラン リコ。ちょっと一旦落ち着こうよ。
タク え？　ランが言う？
ラン リコは、リコなりに一生懸命考えてくれたんだよね？
リコ それは……そうだけど。
ラン 私はリコの気持ちもわかるけど、マイやタクやカナ、それからミカが苦しいのもわかる。
タク ラン、どうした？
ラン 私、すっごくダンス苦手だったし、今も自信ないけど、リコのおかげで、ダンスが楽しくなったんだよ。

ユイ、入ってきて。

ユイ あれ、これなんか、紛争起きてた？
ミカ ユイ、シーッ。
ユイ コピーを忘れて、教室に戻ろうかと思ったら、びっくり。なに、この雰囲気？
ミカ ダンスのことで、みんな良かれと思って、言い合いになっちゃったんだよ。
ユイ 価値観の相違ってヤツ？　グループで前からすれ違ってたよね。ウチのクラスでも、ロシアとウクライナみたいなことが起きてんの？
ミカ そんな極端な。
リコ ……そうかもしれない。
全員 えっ？
リコ 私が、私が、一番正しいって思って言ってきたけど。
マイ リコ。
リコ ちゃんとみんなと話もしないで、私の価値観を押しつけてたのかも。
マイ ……私も、同じだよ。もう一回、AチームとBチームで話しあわない？
タク 賛成！
カナ 私も。
ラン 時間ないけど、いそいで教室、行こうか。
ユイ ミカは、宿題、ね？
ミカ はぁーい。

リコたち、うん、などと言って、穏やかに退場。ユイも退場。

ミカ　神様、ありがとうございました！
タカシ　どうよ、ミカ。
ミカ　あれって、神様のおかげ？
タカシ　あれは、偶然だ。神の力というより、人間の協力しようっていう願いの力かな。
ミカ　そうなんだ。ダンスも合わせて気持ちよかったけど、ああして歩み寄って話ができて、初めてみんなでダンスつくっているって気がして、ホントに楽しかった。
タカシ　人はきっかけがあれば、変わるし、変化するんだよ。
ミカ　本当にそうだね、今まで信じてなかったけど。
タカシ　ミカが信じてないのは、「自分」だろ？
ミカ　え？
タカシ　いつもいつも、「私なんか、どうせ」とか「やっぱ、ムリ」とか、ばっかだろ？
ミカ　うん。そうだよね。いつもどうしよう、どうしようって、思いながらやってたから。
タカシ　『神』の力を借りても、ミカが本当に変わろうと思わないなら厳しいよ。
ミカ　……
タカシ　どうなんだ？　ホントに変わる気、あるのか？
ミカ　さっき、英語がしゃべれたり、少し踊れて、すごく嬉しかった。あと、私だけじゃなくて、みんな悩みながら、これでいいのかなって考えながら、生活してるんだなって。だったら、私でも、なんか少しはできるのかなって。
タカシ　できるさ、きっと。三つめはどうする？
ミカ　三つめは……いいよ、もう。
タカシ　は？　権利を捨てるのか？『神』の力を？
ミカ　うん。なんかね、もう十分な気がしてきた。
タカシ　本当は三つめは、どうしたかった？
ミカ　三つめは……後輩にアドバイスをしたかったけど……自分の力でやってみようかなって。
タカシ　自分の力で？
ミカ　そう。今ならできる気がしてきた。
タカシ　ほぉ。
ミカ　後輩ちゃんたち、どうしてるかな？
タカシ　少し、サービスしてやるよ。
ミカ　え？

タカシ、手を叩くとベル。後輩のヒロ、アヤ、サチ、ユメ、ハナがやって来る。

ヒロ　あれ～先輩、まだここにいたんですか？
ミカ　うん。やることがいっぱいあってね。あ、この人、神、じゃなくって、タカシ。クラスメイト。(五人それぞれに軽くあいさつ)
アヤ　今、カナツ先生、会議中で会えなかったんです。

ミカ　そっか。みんな具体的にどう改善したいの？
サチ　うわー、ミカ先輩のセリフとは思えない！
ユメ　失礼だよ、サチ！
サチ　すみません、つい正直で。
ハナ　サチ！　先輩、ごめんなさい。（サチを謝らせる）
ミカ　サッちゃん、正直なのはいいことだけど、やっぱＴＰＯを考えてね。
サチ　は、はい。

サチ以外の四人、「先輩ぽ〜い！」

ミカ　先輩ですよ。コホン。
ヒロ　最初のダッシュ練習を少し減らして、柔軟と筋トレを増やした方がいいかなって。
ミカ　うん、いいアイディアだね。でも、ダッシュを減らすと持久力も下がっちゃうよ。
アヤ　そうなんですよね。別にダッシュがイヤなわけじゃないけど。
ミカ　でも、柔軟と筋トレを増やすのは賛成。だったら、活動前の自主練に入れてみたら？
五人　あー！
ユメ　考えてもみなかった。
ハナ　そうすれば、できない日もあるけど、自分でどんどん進められるし。
ユメ　早く活動場所へ行って、ダラダラしなくていいかも。
ヒロ　ミカ先輩、ありがとうございます！
５人　ありがとうございます！
ミカ　みんなの役に立って、嬉しいよ。

五人、お礼を言いながら去る。

タカシ　もう『神』の力はいらないようだな。
ミカ　最初にくれたから、目が覚めたんだよ。
タカシ　ふうん、そうか。じゃあ、『神』は去るかな。
ミカ　ありがとう、神様、タカシ様。本当に感謝してる。
タカシ　では、今からオレはただのクラスメイトに戻るぞ。
ミカ　オッケー。あ、読めたから、この英語のプリント提出してくるね。バイバイ、タカシ様！
タカシ　おう！　またな！

ミカ、去る。タカシ、まわりを見回してから。

タカシ　全く、こんな大変な役を、よくもやらせやがって。アイス一コじゃ、足りないからな……ナオ、ユイ！　早く出てこい！

ナオ、ユイ出てくる。

ユイ　お疲れさま～。（ユイ、ベルを鳴らしながら）
ナオ　ありがとな、タカシ。（拍手）
ユイ　タカシ、運動部だよね？　演劇部もいけるんじゃない？
タカシ　ふざけんな。クラスのやつらには頼んだのか？
ユイ　あ、あれは、ミカが気にしてるから誘ってみてって、カナには言っといたけど。
タカシ　まさか、あんな展開になって。ヒヤヒヤしたよ。
ユイ　ダンスの言い合いは、あれは予想外。
ナオ　結果、良かったんじゃね？
ユイ　もう絶対冷戦状態でうまくいかないと思ってたのに。なんか、ミカも感じるとこがあって良かった！
ナオ　リコとマイのやり取りに、ほっとしたよ。
ユイ　クラス的にもよかった！
タカシ　後輩たちは偶然の流れを利用したんだろ？
ユイ　そうなの。でも先生が会議なのは先に知ってたから。職員室の前で待ち伏せして声かけて、「ミカ先輩また話したいみたいだよ」って、タイミングよく伝えたんだ。
タカシ　うまいよな、ホント。
ナオ　タカシも上手いよ。オレらが合図したのに、自然に流して。迫真の演技だったよな！
タカシ　おまえたちに、一週間も前から、アイス一コでずっと頼みこまれて、仕方なくやったんだぞ。
ユイ　でもさ、さすが催眠術の研究しただけのことはあったよ。
ナオ　説得力あったな。
タカシ　違うって。あれはマネしただけで、ニセモノ。本当の力は、ミカが持っていたんだろ。
ユイ　そうなんだよね。ミカって、自信がなさすぎでさ。
ナオ　できること、たくさんあるのに、自分で芽をつんでるし。
ユイ　うちら、小っちゃい時から、よくわかってたんだ。
ナオ　でも、あいつが、ミカが、自分を信じないから。
タカシ　こんな面倒くさいプラン、よく考えたよな？
ナオ　タカシが本気で言ってくれたら、きっと違うって。
ユイ　ウチらだと、ミカは甘えちゃうから。
タカシ　おまえら、いい友達だな。
ナオ・ユイ　はにゃ？
タカシ　なんでびっくりしてんの？
ナオ　考えたこともなかったしなあ。
ユイ　ミカの面倒を見るのが「役目」って感じだし。
タカシ　ふうん。ミカも幸せだな。ああいう、素直ですぐ人を信じちゃうようなヤツってだまされやすいよな。でもそうだから、こんなに友達が思ってくれるのかな。
ユイ　タカシ、うっかりしてるぞ。
タカシ　え？　何が？
ナオ　タカシもうちらの仲間だろ？
タカシ　そっか？

ユイ　ミカの面倒を見る会に入会しちゃったね。あ、ミカが来るよ。

ミカ、走ってくる。

ミカ　やっと、終わったよ。神様、いや、タカシ様のおかげで、ね？
ナオ　宿題、どうした？
ミカ　あちゃー、部活に顔も出せなかった。
ユイ　そ。下校時間にもうすぐなるよ。
ミカ　あれ～、ユイ・ナオも！　もう帰る時間？
タカシ　オレは何も知らないよ。
ミカ　あ、そうだった、ごめん。
ナオ　なんか、あったの？
ミカ　いーえ、いーえ、何にも。
ユイ　ふたりの秘密？
ミカ　そんなんじゃあ。
ナオ　なんだよ、それ、おもしろくないな。
ユイ　あれ～嫉妬ですかぁ？
ナオ　うるさい、ユイ。
ミカ　そうだ！　ねえねえ、聞いて。
ユイ　どうしたの？
ミカ　私ね、ちょこっとだけど。
ナオ　なに？
ミカ　ちょこっとだけど、これからは、ふたりに頼らないで、がんばってみる。
ナオ・ユイ　まじか？
ミカ　うん。ね、タカシ！
タカシ　えっ、オレ？
ミカ　タカシのおかげでちょっと、目覚めた。
ナオ　ほおう、すごいな。
ユイ　ミカ、ホントに？
ミカ　私、いっつもふたりに甘えてばっかで、ごめんね。それに、いつも自分のことでうじうじしてて。悩んでない中学生なんて、いないかもしれないよね。
ナオ　悟りを開いたミカ仙人だな。
ミカ　そんなんじゃ、ないよ。えっと、ありがとう、ユイ・ナオ。あとタカシも。みんなの力を借りないと、まだまだのことも多いけど。でも、周りと、ちゃんと話して、協力して、時にはぶつかることも大事だよね。
ユイ　へえ、ミカからそんなセリフが出るなんて。まあ、そうだね。でも、それが聞けて……
ミカ　え？　何？
ユイ　なんでもない。
ナオ　嬉しいってさ。
ユイ　ナオ！
ナオ　だって、顔に書いてあるぞ。
ユイ　ああ、もう！　帰るよ！

ミカ　うん、帰ろ！　今日はタカシも一緒だね！

タカシ　オレも混ぜてくれる？

ナオ　当たり前だろ。帰るぞ。

ユイ　フフフ。ナオ、嬉しそうだねえ。

ナオ　これから、ミカに少しは振り回されないかと思うと、せいせいするよ。

ミカ　すまんです。

ユイ　寂しいかもよ！

ナオ　うるさい。

ミカ　なんで？

ナオ　いいから、帰るぞ！

タカシ　へえ～そうなんだ。

ユイ　そうなんだよ。

ミカ　はにゃ？

ナオ　帰るぞ！

タカシ　ミカ、明日提出の社会の課題は大丈夫なわけ？

ミカ　うっ、しまった！

ナオ　またかよ。

ミカ　あ、でも、何とかする。私はできる、なんとかなあーる、なんとかなあーる！

ユイ　なにそれ？

ミカ　おまじない。ね、タカシ。

タカシ　知らない。

ミカ　えーひどいよー、もお！

四人ともなごやかに会話をしながら、帰りはじめる。

ミカ　ねえねえ、「なんとかなあーる！」って言ってみて。

ユイ・ナオ、イヤだ、無理などと言って、とりあわない。ミカ薦め続けながら。

音楽高まって。

――幕――

ドッキリシマショウ！

さあ、伝説の謎のボールを手に入れて、
あなたの思い通りのことをやってみませんか？
そう、たとえば明日のクラスの人気投票！
ボールをゲットした人が、きっと一番ですね。
でもその前に、あのセワ先生の魔の手からどうやって逃れる!?

キャスト

カオル　（ユーレイ）
カズヒロ　（クラスキングを狙っている）
アスカ　（クラスメイト）
ミナミ　（カズヒロにライバル視される）
ウキョウ　（クラスメイト）
セワ先生　（世話好きな先生）

放課後の教室。カオルが嬉しそうに登場♪

カオル　みなさぁ〜ん、こんにちぁ♪（思いっきり手を振って）あれ〜返事はぁ⁉（強制する）こんちは、こんちは‼はーい、ありがとうございます♪　私はカオルっていいます。よろしく！　実は、私にはちょっと秘密があるんですよぉ♪　へへへへ（怪しい）それは、何かって？　あ、ちょっと待って！　今この放課後の教室で起きることをみた後で、私の正体を当ててくださいっ！

カズヒロ・アスカの騒ぐ声が聞こえてくる。

カオル　わ、わ、わ、あのうるさいヤツが来ちゃったよ。
アスカ　もーわかった、わかったからさ。
カズヒロ　いーや、全然わかってないだろ、アスカ？
カオル　えー何？
アスカ　はいはい、カズヒロがすごいって。
カオル　まじ？
カズヒロ　すごいんじゃなくて、カンペキって言ってくれ。
アスカ　それはちょっと、言い過ぎじゃ……
カズヒロ　あまいっ！　さっきの委員会でさえまくりだったのはオレ☆

アスカ・カズヒロ、ストップモーション。

カオル　説明しよう。このカズヒロは、表でも裏でも、このクラスの実権をにぎるクラスのリーダー、つまり『キング　カズ』を目指している。しかーし、そのカズヒロには、宿命のライバルがっ☆

アスカ・カズヒロ、元に戻って。

アスカ　だからさ、わかったってば。もうそれでいいじゃん。
カズヒロ　よくなーぃっ！　オレのキングへの道は誰にも邪魔させないっ。（ポーズ）
カオル　こーゆー思い込みの強いヤツって、厄介なんだよ。
カズヒロ　ぬぅおおおぅ！　許せん、ミナミ！
アスカ　また始まったよ。

アスカ・カズヒロ、再びストップモーション。

カオル　再び説明しよう。ミナミとは、このクラスで本当に実力のあるヤツ。カズヒロはいろんなことで、このミナミ負けるのがすごく悔しいのだ。でも、ミナミは全然、相手にもしてないんだけどねーアスカ・カズヒロ、元に戻って。

カズヒロ　今日こそは、オレ様こそが、クラスキングだと、ミナミに思い知らせてやるぅ!!

アスカ　めんどーだなー。あっ、ミナミ！

ミナミ登場。

ミナミ　あれー委員会早く終わったんだ。

アスカ　そーなんだー、だって……

カズヒロ　オレの手にかかればチョロイもんさ。

ミナミ　あ、そ。

カズヒロ　（ガクっと）なんだー、もっと驚けよ。

ミナミ　えっと、と、う、うわ。（わざとらしい）

カズヒロ　その驚きじゃないっ。

ミナミ　びっくりんこ♪（ふざけて）

アスカ　あははは、やだーミナミったら、ウケルるぅ！

ウキョウ登場。

ウキョウ　ミナミ――大変だよー！

カズヒロ　どーしたんだ、ウキョウ？　そんなヤツよりオレにまかせろ！

ウキョウ　あ、カズヒロ。

ミナミ　ウキョウ？

ウキョウ　倉庫の裏にかくしたボール、先生に見つかっちゃったよ。

アスカ　それって、昼休みに校庭の隅で拾った、あの謎のボール？

ウキョウ　そーだよ、時々何故か出てくる○○中の伝説のボール！　持ってると、思い通りのコトが起きるってウワサのボールだよ！　せっかく後で遊ぼうと思ってたのに。

ミナミ　先生って、何先生？

ウキョウ　それが……よりによって、セワ先生に。

全員　セワ先生かー!!!

アスカ・カズヒロ・ウキョウ・ミナミ、ストップモーション。

カオル　またまた説明しよう♪　セワ先生とは、このクラスの担任の先生。とてもいい先生ではあるが……その名前の通り、すごーく世話好きで、セワ先生が関わると問題がややこしーくなることは有名である。

アスカ・カズヒロ・ウキョウ・ミナミ、元に戻って。

ウキョウ　どうしよう、ミナミ。もう絶対ボール返ってこないよ。

ミナミ　うーん、困ったな。

カズヒロ　よーし、いいアイディアがひらめいたぞぉ！　オレって天才かも。（すでに自分の世界）いや、すっげー天才！　絶対天才！　オレにかかれば、こんな問題チョロイぜ！（ポーズ）
ウキョウ　あの、セワ先生は……
カズヒロ　（ミナミに）おまえなんかにゃ、ムリムリ。よーし、まかせとけ――！（走り去る）
アスカ　あの人、アブなくない？
カオル　というより、イっちゃってる人でしょ。
ウキョウ　セワ先生、誰が隠したかは、まだわかってないんだよ。カズヒロ、大丈夫かな？
ミナミ　さあ、どうだか。
アスカ　なんであんなにミナミに対抗するかな？
ウキョウ　明日、クラスで人気投票しようって盛り上がってたから。
カオル　まさか、一位ねらってる？
アスカ　やるだけムダだよね。ナンバー1は、ミナミに決まってるのに。
ミナミ　え、そうかなぁ？　別にどーでもいいんだけどさぁ。
ウキョウ　あ、でもカズヒロの必死な姿も案外いいかも♪
ミナミ　何？
ウキョウ　ボールもセワ先生から取り戻して、ヒーローになったりして？
ミナミ　うるせぇな！（ウキョウをおさえこむ）
ウキョウ　いて――っ、でででででっ!!!　ギブギブギブ！　オレが悪かった！　口がスベった！
アスカ　やめなよ、どうしたのミナミ？
ミナミ　オレは目覚めた！　オレは、オレは、新世界の神になる!!　カズヒロなんかに負けるかぁ――（走り去る）
アスカ　ちょっとー、どーなってんの？　いつもはクールなミナミが。なにあのハイテンション？
カオル　ある意味本性出したな。
ウキョウ　いてぇ。なんなんだよ。

セワ先生登場。

セワ先生　ちょっとアスカさん！
アスカ・ウキョウ・カオル　セワ先生！
セワ先生　聞きたいことがあります。
アスカ　わ、私、別に、ボールのことなんてなーんにも知りません。
セワ先生　ボール？　やっぱりボールなのねっ!?　これで三人目。うーん、これは何かあるわね。先生は、さっきの委員会のことでちょっと、聞きたかっただけ。でもこうなったら、まずはボールの問題を解決しなくっちゃいけませんん。さっ、アスカさん、来なさい。カズヒロとミナミも、職員室で待たせてるのよ。話はたっぷり聞かせてもらうわ。

アスカ　せ、先生、ウソです、誤解です、関係ないです。

セワ先生　それは話を聞かないとわかりません。さあ、早く！

アスカ　あぅ――――せんせぇ――――ごーかーいーですぅ――――……

アスカ、セワ先生に引っ張られて行く。

カオル　ありゃりゃりゃりゃ。

ウキョウ、カバンからボールを取り出す。

ウキョウ　やっぱ、このボールすごいや。おもしろいくらい、思い通り☆「セワ先生、委員会でプリント足りなくて、アスカさん困ってましたよ」って言っただけなんだけどな。ふふ。アスカもあれじゃ疑われるよな。このボールは倉庫の裏に隠すふりして、自分のカバンにちゃっかり入れちゃったけどね。カズヒロ・ミナミ・アスカ、セワ先生まで引っかかったし。おもしろかったー☆ほら、ボールは守ったよって言って、明日の人気投票は、オレが一番♪すべて、計・画・ど・お・り♪♪♪

セワ先生、再び登場。

セワ先生　ウキョウさん、話があります。（ウキョウ、あわててボールを隠す）

ウキョウ　え、何ですか？　僕、よくわかりません。

セワ先生　何かみーんな、あなたからの情報のようね？

ウキョウ　そ、そんな……

セワ先生　いいから、来なさい！

ウキョウ　なんでぇ――――そんなぁ――――……

ウキョウ、セワ先生に引っ張られて行く。

カオル　さて～みなさん♪　やっぱり悪いコト、腹黒いコトはいけませんねぇー（ボールを持って）さて、最初の質問、覚えてますか？　私の正体、わかりましたぁ？　私は、みなさんには見えて、ウキョウたちには見えてなかったんですよ♪　そう、私はこの〇〇中学校の守り神、ユーレイのカオルなんですよ！　時々、このボールを使ってイタズラしてますけどね☆これ、私の仕業♪　今度、あなたの学校にも、ボールを持って行きますから、よろしく！

全員登場「今日はありがとうございました！　演劇部楽しいですよ!!」

――おしまい――

演出メモ

上演当時の各校で一緒に
演劇部の顧問だった先生方より

『ありがとうポッピーノ』演出メモ

島野頼子
元相模原市立田名中学校演劇部顧問

田名うさこ氏の代表作であり、既に出版され（『中学校創作劇集２０１０』晩成書房）全国の数多くの学校で上演されている作品である。

舞台は散らかりきっている主人公「わたる」の部屋。引っ越し業者の段ボール箱がいくつかあると便利である（その後出てくる小道具がしまえる）。とはいえ、活動域が狭くなってもいけないので、その点は考慮にしないといけないため、大道具・小道具係はそれら「ゴミ」（＝小道具）を、役者の邪魔にならないように、同時に「ピコ」「ポコ」人形やゲーム機のように途中で登場人物が手に触れるモノを、演出も含めて、一つひとつどのあたりに置くか考え、試行錯誤の末、設置場所を決定していった。いかに自然に必要なモノに手が届くか、考えたのである。

演技指導の面では、台詞だけ見ればどこにでもいるちょっと無気力な中学二年生を、いかに「嫌な子」に見せるか、が課題であった。主人公を演じる生徒はどちらかと言えば真面目で誠実な生徒が多い。そのためか、存外無気力で周囲をいらだたせる男子を演じることが難しい。身近にいないという現状があるのかもしれない。また「わたる」自身、もともと周囲に信頼されている面も見受けられる。だからこそ今の彼の状態を周囲が受け入れられないという含みがあるため、またラストの素直さにつなげる部分も残すため、「嫌な子」のリアリティの追求が中途半端になる場合がある。ただ、「わたる」が「嫌な子」でなければ、うるさい女子軍団の方だけが「嫌な子」になってしまう面がある点は気をつけたい。女子軍団はともかく明るく元気にキャピキャピと、現代っ子らしさを出させた。もちろん、「りり」と「わたる」の温かな関係は中学生には心くすぐる場面となるので、照れずに大事に表現してほしい。友人の「やすお」たちはおどけた様子で思い切り主人公を元気づけ、学校に来させようとする、本当に「いいヤツ」を演じさせたい。家族思いの姉「ゆり」は感情豊かに、反対に母「さよ」は、難しい役所だが、芯の強さを押し殺す演技力が望まれる。ピコ・ポコの生み出している幻の会話であっても「そうね、そうするね。」は照れ隠しであり、「さよ」には子どもたちが一番である姿勢を、教員としては、示させたい。

最後に、「ピコ」「ポコ」については純粋さと息の合った掛け合いを大事にさせた。「わたる」のことを思って、怒るシーンはあっても終始明るく、軽く、自由に、舞台を飛び跳ね、楽しんで演じることが望ましい。総じて悩んでいる「わたる」以外は明るく「普通」を演じさせたい。

どの作品にも言えることだが、演じる人々がこの作品を愛し、楽しんで演じることで、作品が生きてくるのである。

（初演＝二〇〇八年十一月、相模原市演劇発表会）

■作者メモ……………………………田名うさこ

その年、勤務校での家庭が離婚・再婚が多く、特に夏休み明けに学年で四十件以上という事態になり、不安定な生徒が続出した時、いろんな境遇の生徒をなんとか励ましたいと思って書いた作品です。ぬいぐるみの力を借りて、本来のあるべき姿を取り戻そうと苦労するワタルに自分を重ねて、「コメディなのに泣けた」と言ってもらえた作品でもありました。『中学校創作劇脚本集２０１０』に掲載していただき、全国の多くの中学校で上演していただき、ポッピーノたちは今もどこかで元気にダンスをしていてくれていると信じています。

『あなたとショッピング』演出メモ

平野弘子
元相模原市立大野南中学校演劇部顧問

家族が一台のテレビを前に集まり、同じ番具を視て、一家団欒をしていた時代は、いつの頃でしょうか？　この作品を初めて観た時、懐かしい、お茶の間の風景を思い出しました。

舞台は平日の夕方の家庭のリビング。テレビショッピングが大好きな姉妹、マイとリオがイトヨシのテレビショッピングを観ながらつっこみを入れている。コミカルな会話が続きますが、実は姉妹の悲しい家庭の事情がありました。今、母親が危篤状態なのです。姉妹の父が亡くなった後、気丈に娘たちを育てて頑張ってきた母親が、すっかり燃え尽きてしまったのか、昏睡状態となってしまったのです。そして、姉妹と母親の共通の楽しみがテレビショッピングだったのです。テレビの向こうでイトヨシの軽妙な会話が続くなか、姉妹同士の思いやりや気遣いが台詞の中や、行間にも見え隠れするように話は進行していきます。最後に母との思い出がやがて奇跡をおこす、そんな素敵なストーリーです。

田名うさこ氏の演劇脚本は、中学生への教育的配慮がしっかりとされており、説教くさくなく、しっかりメッセージや励ましを与えてくれる作品ばかりです。途中、クスクス笑っても、最後は泣ける、温かいストーリーで誰もが安心して観ることができます。この作品も、いつの間にか、引き込まれて気がついたら最後まで観てしまう、そんな力を持った魅力的な作品で、校内でも多くの生徒や、先生方からの評判が大変よかったです。

演劇を、道徳や学活の授業、職員の研修、委員会の昼の放送など様々な教育活動にも取り入れている氏の今後のご活躍を、長年、職場を共にした同僚として祈っております。

（初演＝二〇二一年五月、相模原市創作劇発表会）

■作者メモ……………………田名うさこ

私の父は高齢まで入院はしましたが、比較的元気でゆっくりとその日を迎えて亡くなりましたが、それでも親を失うことはいい年齢の自分にとっても覚悟はしていたとはいえ、相当なショックでした。その一方で、まだ小中学生なのに、幼くして親と死別をしながら、気丈にひたむきに生活している生徒とも、学校では多く関わってきて、いつも感心させられてばかりでした。大事な家族をある日突然失うことは、いつ誰に起きてもおかしくないことと、どう日々をのりきり、家族として再生していくのか、日常の家族の会話をテレビショッピングを交えながら、描いてみたいと思って創作した作品です。

また、ロックダウンで買い物が十分できなかった時、テレビショッピングは私にとって一時期心の潤いでした。父を失って元気なく一人暮らしをしていた母の誕生日にテレビショッピングチャンネルで母が喜びそうなものを見つけた時は本当にありがたかったです。そんな個人的な思い入れもあって書いた作品で、二〇二二年の『演劇と教育』三十四月号にも掲載させていただき感謝しています。実際に家族を支えて生活をしている、いわゆるヤングケアラーも多い中、「家族の幸せ」を考えていただけたら嬉しいです。

『妄想ケイコさんの華麗な一日』演出メモ

島野賴子
元相模原市立田名中学校演劇部顧問

基本舞台は主人公の家。食卓かリビングか。ケイコさんとトモが普段生活している場所を下手のやや奥に設営した。上手の空間から中央、下手前が「妄想場面」の活動域となる。友人の場面や教室の場面転換は照明等で処理した。明転（舞台を暗闇にしない中での舞台転換）で、妄想場面の終わり、教室場面の自分の椅子運びを行い、ストップモーションを効果的に使うことができた。ラストの場面は五年後の外出シーンとなるため、暗転を用いた。トモの着替えをどうするか。いかに時間を短くできるかが課題であった。暗転の間にＢＧＭから台詞の前半を録音して流し、ライトと同時に「ケイコさ〜ん」と叫ばせるのも一つの方法である。

演技指導では明るく元気に溌剌とをモットーに取り組んだ。ケイコさん以外は等身大のどこにでもいる中学生の集団であり、トモのように言いたいことが言えない状況を味わった経験を持つ者も少なくない。それらの経験をデフォルメして元気に演じきることを求めた。先輩グループやリカグループにしても一枚岩ではなく個々の人柄や関係性もあり、リアリティを持ってこの世界を作ることができた。実際、意地悪な役は、現実では押し通したくてもわがままを押し通すことなどできないためか、多くの生徒が生き生きと楽しく演じられる。

ケイコさんは「スーパーおばあちゃん」としての元気さと年とともに訪れる（可能性のある）症状との戦いなど細やかな演技が求められる。特にラストの場面で、認知症の症状を自然と明るく、けれど観客にわかるように演じる必要がある。プライバシーに関わったり、失礼に当たるかもしれないが、体験のある生徒などがいれば、話を聞き、さらに演出上のアドバイスをもらえるとよい。トモもケイコさんも互いに隠し事はあるものの、それ以外の部分では明るく元気に溌剌と楽しみ、観客に痛快感を味わわせてほしい。

（初演＝二〇一三年十一月、相模原市演劇発表会）

■作者メモ……………………田名うさこ

当時入院していた父が認知症を発症し、言葉のやりとりが不自由になった時、「もし自分がこうなると予想していたら、何か準備するのではないか？」と考え、父を介護していた明るくたくましく生きる母をモデルに創作した劇です（実際に母の名前ケイコと孫の名前トモ（姪）は本人たちから拝借しました）。いろいろ忘れてしまう自分と戦いながら、預かった孫をできる限り責任を持って、鍛えようとする祖母は派手な衣裳で明るくパワフルに演じ、けなげで自信の持てないトモも、最後は元気よく演じてほしいです。

『〜オクリモノ〜』演出メモ

元相模原市立田名中学校演劇部顧問　島野頼子

こちらも『中学校創作劇集２０１４』に収録され、多くの学校で上演された作品でもある。モチーフの一つとして田名うさこ氏もディケンズの小説『クリスマス・キャロル』を挙げている。主人公「なつ」が、自分の過去を振り返り、愛と友情を再確認し、厳しいことも待ち受ける未来を生きる勇気を取り戻す作品である。

幕開きは、生と死の狭間、「命のボーダーライン」にいる子どもの休憩所、子どもたちが入り込む世界。導き手であるハル、アキ、フユの三人（?）のいる空間をどのような空間にするか。初演では下手、中央、上手の奥に三つの低い山を平台で作り、中央を囲むような形で設営し（平台の上は現実ではない世界）、ホリゾントとサスペンションを使ったオーソドックスな設定で行った。ベッドの出し入れはライトで処理し、時間経過以外の暗転は極力なくしている。

演技指導の面では、まず子どもの「純粋な残酷さ」をいかに出させるかに苦労した。中学生には、どうしても細やかな感情が入ってしまうのである。主人公は等身大の十五歳の中学生、思春期の悩みを抱えながらも周囲にモデルも多く、中学生には演じやすい。しかし、子どもとなると経験してきたはずなのに、たとえ小学校四年生であったとしても、感情が細分化していない単純さを十四、五歳で思い出すことは難しく、感情が入ってしまう。感情をなくし、大きく動く以外は行わない、「そぎ落とし」の練習を繰り返し、明るく純粋、単純であるほど残酷な子どもの世界を表現した。また、小学校四年生のシーンは保育園の子どもたちより自我に目覚めている「おしゃまさ」を出させるよう走り方から練習した。自然に歩く、走る、普通の動作をその年齢に応じて表現することの難しさを子どもたちは体験できた。

次に「母（よしみ）」である。母の愛を心から表現することは経験のない分難しい。配役に際して演技力があり、精神面、部活動に対する姿勢が常に安定している生徒を就けることが望ましい。また「フユ」に関してもそうとは知れず見守っている感を出させることが大切だが、「導き手」でもあるため、不可思議な超人的な存在であり、冷静さを出せることを第一義としたい。どんでん返しはお楽しみである。

「導き手」は白い天使のようなイメージの衣装を行い、幻の子どもたちも天使のイメージで統一したが、演出の方法としてはテーマカラーを決めるなどして個性を際立たせる衣装も考えられる。また、感情をさらに押し殺す演出や、舞台の設営自体高低差をつけたり、ベッドは見立てだけにするなどさまざまな工夫が楽しめる作品である。

（初演＝二〇一二年十一月、相模原市演劇発表会）

■作者メモ……………………………田名うさこ

ディケンズの『クリスマス・キャロル』をモチーフに、受験と向き合う時期に不慮の事故で意識不明になった主人公が、自分の短い人生を三つの年齢にわけて振り返り、次の道をどう選ぶか、という進路選択も共に考えてほしいと願った作品です。なつの戸惑い、母親の愛情、友達の率直さを織り交ぜながら、自分ひとりでここまできたのではないこと、されたことは覚えているけれど、自分がしたことは人間は忘れやすいことも含めた展開にしてみました。暗くならずに明るく演じてほしいと思います。

『タカシとチヒロの夏休み』演出メモ

島野頼子
元相模原市立田名中学校演劇部顧問

舞台は夏祭りを行う神社の境内。中央に階段、下手奥に低めの高台、上手奥にベンチ。場面転換は時間の経過のみで照明により処理した。

幕開きは実は五年前の夏祭りの夜。道に飛び出した「タカシ」が事故に遭った祭りの日である。楽しい祭りの風景を初演では音楽に合わせて皆で踊る形を取ったが、二〇一五年夏の大会では、ダンスを以前より習っている生徒二人による「ダンス・バトル」の形にした。ダンサー以外は客席も含めてそのダンスの観客となることに成功できた。さまざまな形で夏祭りの楽しい雰囲気を醸し出してもらいたい。

演技指導の面では、脚本だけでは「チヒロ」が嘘つきで評判の「悪人」には感じられない。二〇一五年の夏の発表前には「ヤヨイ」グループにどんな嘘をつかれて腹を立てているのか考えさせ、共通理解の上で取り組んだ。初演の発表時にはいた生徒が卒業していたため、主人公を現三年生に変更したが、他は大きな配役変更はせずに新たに新入部員（一年生）を加えて上演している。「チヒロ」を演じた生徒は初演の際、演出を担当していたため、「チヒロ」に対する理解も深く、台詞は入っており、違和感なく取り組めた。飄々としている主人公。弟といるときは本気で優しい、素直な姉になる主人公。取り巻く人物たちも皆明るく前向きな人柄である。主人公との関係性の中で、感情をぶつけ合い、物語が進められている。それぞれグループ毎でより明るく、元気に、そして心の動きが観客に伝わるように、練習を重ねていった。グループ毎の場面では、さまざまな盛り上げ方が考えられるので、演じる人たちが楽しみながら、工夫して演じてもらいたい。

この脚本は田名うさこ氏自身が、御尊父を亡くされたことなどの家族との悲しい別れという辛い体験を背景に描かれた作品である。夏の夜を飾る美しい花火はお盆の時期、日本では鎮魂の思いも込められているという。「タカシ」を送ることにより「チヒロ」は一歩踏み出せる。嘘と現実の狭間から抜け出せるのである。一点、「ワタル」は「タカシ」の存在に気づいているか。田名うさこ氏の意向に沿い、見えないけれど存在を感じているという設定にしたが、「タカシ」の存在の有無をぼかす演出・設定も可能である。「ワタル」は「タカシ」を全く認知せず、心の壊れた「チヒロ」を支えているという設定にし、「タカシ」は魂（霊体）とも「チヒロ」が罪悪感と悲しみから心の中で生み出している幻影とも取れる状態で演じることもできると考える。

（初演＝二〇一四年十一月、相模原市演劇発表会）

■作者メモ……………………………田名うさこ

今ではあまり体験ができなくなってしまった夏祭りの懐かしい情景を花火と共に再現しながら、大切な魂を送り出して、自分を見失わないように生きていく主人公とそれを支える幼馴染みの友達の切ない日常を描いたものです。私事ですが、産まれた後すぐに亡くなってしまった私の弟のタカシとその年に逝ってしまった父への鎮魂の思いで書いた作品となりました。田名中学校が神奈川県大会にこの作品で発表し、数年後に相模原市立共和中学校も（私は転勤後ですが）再度、県大会で発表してくれた作品でもあります。

『よろず相談フライデー』演出メモ

島野頼子
元相模原市立田名中学校演劇部顧問

「ケンジ」が「ナナエ先生」の振りをする。「ケンジ」と「アツシ」の刑事ごっこをする。田名うさこ氏の特徴でもある劇の中に「芝居」が入る脚本である。

初演では「ケンジ」と「ナナエ先生」を同じ生徒が演じた。「ケンジ」の「ナナエ先生」には、わざとらしく高い声を上げさせ、オーバーアクションでデフォルメした演技を求めた。また、さらに「アツシ」との刑事ドラマの「ごっこ遊び」。こちらもそれぞれの役割を　オーバーアクションでデフォルメさせ、いわゆる商業演劇の「お決まり」の「お笑い」の要素を入れ、楽しく演じるようにさせた。ケンジ、アツシ、だけでなく、保健委員の女子集団も含めて、「間」を研究し、気づかず気づき、わざと騙され、だからこそ明らかな表情の変化を大切にさせ、リアルタイムの女子中学生らしさを際立たせた。中でも破天荒に明るいユリカをアニメに出てくるキャラクターのようにではなく、素直に中学生として表現することは、なかなか難しいと思われたが、演技者に期待通りの読解力と表現力があり、アニメキャラクターにならず、笑いの中にしみじみと考えさせる部分を残したラストへとつなげることができた。若干、女子の事情がわかりづらい面があるが、虚々実々、それらを含めて、いかようにも演出できる作品である。また、「ケンジ」と「ナナエ先生」は別の生徒が演じても、それはそれで楽しいと思われる。

小道具としては、現実に保健室で作成した月目標やパーテーションなどを借用し、あるとかわいいぬいぐるみなどの小物類は生徒が持ち寄り、大きな発表会では用いなかったが、かつて衣装で使用した裏地の生地をテーブルクロスに利用したりして、実際の保健室のような空間作りに成功した。また、空想の証言者のモザイクに卵のパッケージを利用するという田名氏のアイデアもなかなかおもしろかった。

（初演＝二〇一五年十一月、相模原市演劇発表会）

■作者メモ……………………**田名うさこ**

昭和のＴＶ番組「太陽にほえろ！」を刑事シーンでは活用し、自分も懐かしく楽しめる作品のひとつです。人にはそれぞれ事情があり、誰かにそれを聞いてもらうだけで、気持ちを切り替えて前に進めることもあるので、学級担任がよく行う教育相談をカジュアルにした話を創作してみました。保健室というセミパブリックな場所（公共まではいかなくても誰かしらが行き交うような）も中学校演劇では多用されるので、あえて挑戦してみました。

『ヘルメンGO！』演出メモ

米良ゆり子
相模原市立共和中学校演劇部顧問

場所はある中学校の生徒会室。長テーブル二台に椅子が四脚のみのシンプルな舞台である。登場人物は、生徒会特別ボランティア組織「ヘルプメン」のメンバー四人と相談者の三人＋入会希望者一人。中学生だけの構成で演技が繰り広げられる。一場一幕で、暗転もなく話は進んでいく。

最初の見どころは、幕開け直後。青く薄暗い中に「ミッションインポッシブル」のお馴染みの曲が流れ、サングラスをかけた二人組のシルエットが周囲の様子をうかがいながら現れる。照明が真っ赤にかわり、リズミカルな音楽に乗って、スパイさながらの二人の動きがミステリアスにシルエットで浮かび上がる。ここで思わず観客は、これから何が起こるのだろうと引き込まれていくにちがいない。

二つ目の見どころは、前出とは打って変わり、バリバリの生徒会メンバーのナオとリョウ、紅一点のしっかり者のトモと、何故かいつもちょっとずれているジュンとの、軽妙なやり取りだ。愛すべき存在のボケ担当のジュンを演じるのが、担当になった生徒にはなかなか難しかった。わざとらしくならない程度にずっこける。ところどころで、本音をぽろりと言って叱られる。スマートなナオやリョウ、トモ役と比較すると、格好悪い役と感じていたようだったが、何度も練習して、台詞と動きが自然に出てくるまでが大変だったが、学校の文化祭での初上演は、ジュンのセリフが何度も大爆笑となった。

演技に関しては、身近にいる等身大の中学生を、いかにリアリティを持たせて演出するかが課題であった。相談者の悩みも、現実にあるであろうと思われるものばかりだ。長年中学校の教員として生徒と関わってきた、田名うさこ氏ならではの着眼点だと言える。傍から見れば優秀なアイ。でもどんなに頑張っても一番になれないストレスが溜まっている。仲良しだった友達と仲違いをしてしまったユミ。どうしたら仲直りできるか悩んでいる。ミオは、難病に罹った従姉妹のために、幼馴染のナオが誰を好きなのかを調べに来る。三者三様の悩みにメンバーたちは真剣に相談にのり、ヘルプメンのアドバイスで自分なりの答えを見つけ出す相談者たち。メンバー内の恋愛事情も垣間見えたりしながら、相談者の悩みを解決し、最後には新しい仲間が加わるというハッピーエンドで終了する。

中学生が演じやすい、楽しくて爽やかな作品と言える。

（初演＝二〇一六年十月、共和中学校文化祭）

■作者メモ……………………**田名うさこ**

もし生徒会にこんなお助け部門があったら、救われるし、楽しいのでは？と思って創作した作品です。実際に今まで教育相談をしてきた中でも多かった類似の悩みを取り入れてみましたが、演じたキャストが憑依したようになりきってくれて、おかしな設定にも関わらず、自然な展開になってびっくりしました。また、当時の生徒たちに「こんなふうに気になったことをすぐに伝えたり、相談できるところが身近にあったら利用する？」と聞いたところ、「同世代でも全く知らない人だったら、かえって利用するかも。」と答えた生徒が多く、それにも考えさせられました。大人でなくても、友達でなくても、受け入れてくれる人がいるなら、それはそれで安心なのかな、誰か頼れる存在がいてくれたら、やはり嬉しいのかなといろいろ考えさせられました。

『カメカメ大作戦』演出メモ

島野頼子
元相模原市立田名中学校演劇部顧問

教室の場面と道の場面をどのように舞台で作り分けるか。三〇～四〇分の中学校演劇で、舞台が切れる「暗転」は三回入ると苦しくなる。どうしてもの時間経過などがない限り暗転は置きたくない。また、入れるにしても短く、BGM等音響などで処理するか、常に悩む。昨今は「明転」でシルエットが浮かぶ中での場面転換が主流となってきているが、大人数の教室の場面での明転処理は訓練がいる。この『カメカメ大作戦』で得策とは思われない。中割幕では後ろに行き過ぎる。机・椅子のない活動域でばかり演技するのもリアリティの点で問題がある。また道の場面で、ホリゾントが使えないことも痛い。

初めて、『カメカメ大作戦』を上演した際は中割幕を利用した。二回目は角椅子のみで演じたりもした。演出段階では、オーソドックスだが、土手を設営してその上で道をとも考えるが、「ヒロ」と「カメ太郎」、あるいは子どもたちとの絶妙な掛け合いを舞台奥で展開するのは得策ではなく、やはり舞台前方に道は設定したいところである。よりよい演出を考えてもらいたい。

演技指導に関しては「カメ太郎」をはじめとして主人公以外の個性豊かな登場人物をいかに自由にのびのびとハッチャケて演じさせるかがポイントになる。ウジウジ悩む主人公以外は皆元気な人物＋カメである。周囲が明るく元気であるほど主人公のウジウジ感は際立つのである。

最初の子どもたちにいじめられているカメのぬいぐるみにはたこ糸をつなげ、下手から引っ張った。案外リアルに動くので試してみてほしい。「カメ太郎」は派手なアロハシャツを着て、甲羅のようなリュックに緑の軍手。右手に「カ」左手に「メ」の文字をいれたものをつけて、魔法にかかるときの合い言葉でそれを見せた（リュックや軍手は顧問の一人が作製した）。

中学生の好きな要素、恋愛・友情・本音と建て前・家族関係等、が詰め込まれた作品であり、生徒は楽しく演じることができる作品である。

（初演＝二〇〇九年十一月、相模原市演劇発表会）

■作者メモ……………………田名うさこ

もしも自分が言いたいことを不思議な力を借りて言うことができたら？　人の本音がわかったら？という少しおとぎ話のテイストを入れて、現実は厳しいけれどやさしい、というメッセージも含んでみました。その年の演劇部員はなぜか演劇部なのに内気な生徒が多く、もっと自己主張してほしい、変わってほしい、という願いで書いた作品です。その後、自分が転勤した学校でも再度、再再度上演したり、他の中学校の演劇部でも上演をリクエストしていただいた発散型の作品で、多くの方に楽しんでもらえたらと思います。

『ワンワン大作戦』演出メモ

米良ゆり子
相模原市立共和中学校演劇部顧問

人間と犬との関係は、歴史的に見ても非常に長いものがある。特に昨今では空前のペットブームもあり、犬や猫などのペットは家族の一員として迎えられている。ここに登場する二組のミホとサンディ、ユキとハッチも深い愛情と絆で結ばれた飼い主とペットである。『ワンワン大作戦』という題名にあるように、ミホとユキに飼われている二匹の犬たちが大活躍するストーリーである。

１場の設定は公園。ベンチが二つ置かれている。そこへ主人公のミホと犬のサンディがやってくる。サンディは可愛い小型犬のイメージなので、そのイメージを壊さないように小柄な生徒を起用した。色々な役を演技で表現するのが演劇の醍醐味ではあるが、外見や演者の持つ雰囲気もやはり考慮したい。小型犬の身軽で可愛らしい動きをどう見せるかにも工夫がいるからだ。ミホの足にじゃれつく犬の動きや、跳ねたり回ったりする様子を長めに観せているのは、後半に人間の姿で生まれ変わったのがサンディだと分からせる伏線にもなっている。

ミホとユキは仲の良い友達だったが、夏休み前に仲違いをしてしまう。ミホに悪気はなかったものの、悪意を持ったラインのおかげでますます関係がこじれてしまった。それらの様子が回想シーンとして1場に挿入される。公園のベンチはそのままで、暗転もなく学校の廊下でのシーンがベンチの前で展開される。場面転換を暗転を使わず行うことで、話が途絶えることなく、また、次の公園の場面にもスムーズにつながるようにした。

サンディとハッチは、ミホとユキを庇って車にはねられて死んでしまう。目覚めたら、そこは？　転生を司るゴッドとゴッドに仕える天使ならぬ秘書のいる世界だった。ゴッドは美しいが厳格な女神にし、秘書二人には黒いケープと帽子を被せて、コミカルな動きと軽い発言を連発するキャラクターにした。女神と秘書の対比が際立つほど、ノリツッコミの面白さが増すのだが、秘書二人のテンポの良い掛け合いがなかなかうまくいかず苦労した。

この脚本の面白いのは、人間に生まれ変わった二匹の性別が入れ代わっているところである。可愛いはずのサンディは中学生くらいの男子に、ハッチは女子になってしまう。そこで、雌のサンディ役をは男子に、雄のハッチ役は女子にやらせることにした。前半の演者と代えることで生まれ変わった観も増し、可愛らしいサンディの仕草や喋りを男子がやることで面白さが強調される。再び公園で会ったミホとサンディとのドタバタでは、サンディは変態扱いされてしまいショックを受ける。ラインでかつてユキを「ぼっち」に陥れた、アイとエマに怒ったハッチ役の女子が詰め寄るシーンでは、どう本気度と迫力を出すか練習を重ねた。そしてハッチがアイたちに投げかける台詞には、田名うさこ氏が今の若者たちに伝えたいメッセージが込められている。

飼い主とペットの間の愛情や強い絆を描きながら、若者の間でよくみられるライントラブルについても考えさせられる作品である。

（初演＝二〇一八年十一月、相模原市演劇発表会）

作者メモ……………………………………田名うさこ

昔実家で飼っていた愛犬のサンディをとうとう登場させてしまった作品です。今は残念ながらペットはいませんが、私の中の唯一無二のペットだったサンディを進行役にさせて、学校でも多くのトラブルの原因となるラインについても考えてもらいたいと思って創作した作品です。生まれかわったサンディ役の男子生徒がとても愛らしく演じてくれました。ペットを通して、人との関わりを考えてもらえれば、と思って創作しました。

『ひーたんとマンボ』演出メモ

米良ゆり子
相模原市立共和中学校演劇部顧問

学校でミスパーフェクトと言われていた「ユリ」。突然降り掛かった「高次脳機能障害」に苦しみながらも、家族の深い愛情に支えられて後ろを見ずに生きていこうと勇気を取り戻す作品である。

基本の舞台は主人公の家のリビング。中央に昔風の丸いちゃぶ台、奥にソファーを置いて、家族がいつも自然と集まるような温かみのある場所にした。この脚本では、ユリのミスパーフェクトぶりや、障害によってユリの様子が変わったことを示す学校の再現部分が多く入ってくる。そのため場面の転換は照明によるものとし、暗転で舞台の流れを切らないように工夫した。

この作品で特筆すべきは、曾おじいさん「ひーたん」の存在だろう。八十歳近くまで世界中を放浪しながら珍しい動物を撮るカメラマンをしていたり、戦時中に特攻隊員だったりする過去を持つ。ひーたんの身上は「マラカスを振って『マンボ』を踊る。そうすると元気が出る」というもの。九十歳に近いが飄々としていて面白くて元気！ ユリたちの父親が亡くなった時も、ユリが交通事故に遭って障害を負った時も、家族を支えてきた。そんな人生経験豊富なひーたんをどう演じさせるか。老人の動きや声のトーン、話し方。身近に老人がいないという現状もあり、中学生が波乱万丈の人生を送ってきた老人を演じるには難しいものがある。人物観察をする、真似てみる、いろいろ試して役作りをさせた。

また、田名うさこ氏の実の伯父様の体験による戦時中の話（再現⑥）が、劇中に「芝居」として挿入される。ひーたんの父親をひーたん役の生徒が、若かりしひーたんを弟のワタル役の生徒が演じた。戦争を知らない生徒たちには、村人たちから責められる父親の辛さや、突然特攻隊員に志願しなければならなくなった若者の理不尽さや恐怖に葛藤する心情はなかなか理解できない。配属された基地で上官に「非国民」と激怒されて殴られる場面も、当時の戦争の狂気を示す重要なシーンも、薄っぺらな演技になりがちだった。まずは形から入るためにも、兵隊の服装を調べて再現する、キビキビとした動きや話し方を繰り返し練習させる、当時の映像を観てみるなどをした結果、迫力ある演技にかなり迫ることができた。

数ある田名うさこ氏の作品の中でも、この作品には特別な思いが込められているであろう。作者が以前聞いた伯父様からの驚きの戦争体験、数年前にごく近い身内の方を襲った「高次脳機能障害」。どちらもうさこ氏の人生に深く関わっている。マンボの陽気な曲で始まり、力を合わせて苦難を乗り越えようと家族皆でマンボを踊って幕が下りる。いつも前向きに明るくパワフルに活躍しているうさこ氏を彷彿とさせる作品である。

（初演＝二〇一八年八月、神奈川県中学校創作劇発表会）

■作者メモ……………………………………田名うさこ

当時伯父から聞いた特攻隊の実際の話に驚きました。しかも箝口令がしかれ、五十年以上誰にも言わなかった真実を私に伝えてくれた時、「いつかこの話を演劇にしたい」と思っていました。夫がくも膜下出血を起こして一命を取り留めた時も、その時一般的にはあまり知られていない「高次脳機能障害」を発症し、私自身もゼロから学び、知らなかったことばかりで愕然としました。そんな二つの要素を入れて県大会用に創作した劇でしたが、はからずも観てくださった人を励ますような物語となり、亡くなった伯父のおかげと思っています。

『ピーターパンとラストシーンを』演出メモ

梅田えりか
元相模原市立大野南中学校演劇部顧問

冒頭は、劇中劇から始まる。舞台は、病院の談話スペースであり、背中合わせに置かれた椅子のみが舞台装置である。必要最低限のものを使いながらも、それが不自然ではない状況設定にすることで、かえって登場人物の動きや関係性へと注目が集まる。

劇中劇は、病院に入院している子どもたちが楽しめるような、わかりやすいバトルものである。やり取りから、仲の良い演劇部員たちの様子と、「ユメ」の妹の「ミライ」の病状が重いことが伝わる。

演技においては、やはり「ミライ」が、小学五年生に見えるよう、子どもらしさを表現しながらも、姉を気遣い、一生懸命想いを伝えようとしている、その健気さを演じられるかが重要である。

そして、やはり「ピーター」の演技力である。いかにピーターパンらしく、非日常の存在としてファンタジー然としているかが、求められる。衣装は、他の人物のものより本格的であると説得力が増すかもしれない。田名うさこ氏の他の作品を知っている者ほど、突然登場し、他の人物からは見えていないピーターパンをファンタジーのキャラクターとして信じやすいだろう。それでこそ、種明かしのインパクトがある。女子生徒が演じる場合は、男子の仕草であることへの意識を。

また、コミカルな役の「ケン」や、ミッションを成功させようと試行錯誤するやり取りを、思い切り明るく、楽しく演じることで、重いテーマであっても作品全体が明るくなるだろう。

最後、回り舞台のように、置かれた椅子を中心に全員が舞台上で回転し、背景で演じ続ける演出は、とても効果的であり、秀逸である。それは次の回転で舞台が「十年後」になることへの自然な流れもつくる。十年後の部員たちの活躍も、我がことのように嬉しくなる脚本のプレゼントである。そして、見えない「ミライ」に語りかける「ユメ」と、笑顔の「ミライ」が、深い感動を誘う。

「ミライ」や「ユメ」を演じる中学生自身も、自らの中のネガティブな感情や悲しみや不安と向き合いながら、明るく前向きに生き抜こうとする役を演じ切ることによって、カタルシスを得ているように感じられた。そしてそれは、舞台を観る観客もまた同様である。

この作品は、見終わった後、もう一度見たくなる作品である。

そして、誰か大切な人を亡くしたことのある人にとってのみならず、全ての人にとって、忘れることのできない作品となるだろう。観劇後、大切な人に、改めて想いを伝えたくなる作品である。

（**初演**＝二〇二〇年一月、相模原市創作劇発表会）

■作者メモ……………………………田名うさこ

自分が年齢を重ね、親や親族、友人などが逝ってしまったことで、改めて「生きている時に何をしたいか？」と考えるようになり、命を失うことを受け入れた子どもを中心に書いた創作です。病気、災害、事故などで生きたくても生きられなかった人が大勢いることが、一般の中学生には伝わりにくいところはありますが、ぜひ身近に感じてもらえるよう簡単なセリフが多く、わかりやすく演じられるように考えてみました。今出会えた人との関係は永遠ではないけれど、出会えたことに感謝して毎日を送りたいです。

『この空のどこかで』演出メモ

元相模原市立大野南中学校演劇部顧問 **金津弘郎**

舞台の基本設定は八月上旬の明るい夕方の公園。道具は舞台中央にベンチを一つ配置するシンプルなものである。背景は最初がオレンジがかった青、後半に向けて徐々にオレンジの度合いを強め、最後の夕焼けの場面へ持って行く。緞帳があがると同時に冒頭はストップモーション。日常の風景と掛け合わせることで、死そのものによる時間停止、大切な人の死による残された者の時間も、止まってしまうという意味が込められている。

演技について、鍵となるのはトモ、カイト、リョウ、イト、サヤの五役であろう。この話は観劇者に「途中で種明かし」して印象に残す展開となっている。そのため、トモ役は種明かしまで、別段普段通り、しかしどこかに影（闇）を抱えている雰囲気を演技に出させたい。リョウとサヤについては、常に「トモのために」「トモを支えていく」という意識を持って演じさせると、演技が自然となるだろう。リョウはトモを支え、ときに励ます、気の良い頼りになる男子、サヤはカイトに多少意識があることもあわせて押さえさせたい。イトは死神である。粛々と任務をこなす仕事人という雰囲気を出させたいので、話し方もできる限り抑揚なく、感情を感じさせないように、事実を淡々と語らせるとよい。カイトは自分が死んだことに対する意識が全くないので、とにかく無邪気な小学五年生を演じれば良いだろう。

「種明かし」後はイト以外の四役は別れに向けて、葛藤・迷い・戸惑い・苦しみを、しっかり露わにして演技をさせたい。トモについては随所で多少ヒステリックに演技させるのも良いだろう。この相克をはっきり表現することで、この話のテーマでもある「親しい者の死と区切りをつけ、ささやかな希望を抱いて、前を向いて生きる」というメッセージをよく伝えることができるのではないだろうか。他の登場人物(トモの同級生たち)は等身大の、自然な中学三年生を意識して演じれば良い。そうすることで、トモの存在・心の機微をよりさらに際立たせることができるだろう。

この台本は、「これまでお別れしたすべての人にさよならをする」という想いを込めて田名うさこ先生が書き上げた作品である。私自身にとっても、演劇未経験ながら、同部顧問として、(途中からながら)初めて携わった思い入れのある作品でもある。中学生にとって、「死」はまだ触れたことの少ない、とても重い、さりながら大切なテーマであろう。初演時は練習に入る前に、「死」について考え、議論する時間を作ったと伺った。「死」とはどういうものなのか、どんな意味があるのか、遺された者はどのような気持ちとなり、どのように区切りをつけ、未来に向けて歩み出すのか、演技者の中でしっかり考えやイメージを持たせて演技させたい。その成否により、出来上がる演劇の重厚さが格段に変わるのではないだろうか。自分たちの演技の力量を存分に発揮して、劇を作り上げていってほしい。

(初演=二〇二二年一月、相模原市創作劇発表会)

■作者メモ……………………………田名うさこ

身近な人の死を受け入れながら、そこからどうやって次のステップへ前向きに進めるのか、生きていれば仕方のない別れをまだ未経験者の多い中学生にも、別れを経験してきた大人にも、客観的に振り返ってもらいたいという思いで創作しました。私自身の弟や父、親友などとの別れを思い出しながら書いたので、創作途中で何度も泣いてしまいましたが、きっと先に亡くなった人は、後に残した大切なひとたちに「希望を持って生きてほしい」と望んだはずだと信じて書きました。観終わったり読み終わった方が少しでも、光を感じてもらえたら嬉しいです。

『なんとかなあーる!』演出メモ

元相模原市立大野南中学校演劇部顧問　金津弘郎

舞台の基本設定は放課後の学校の中庭。道具関係は「この空のどこかで」と同様に、舞台中央にベンチを一つ配置するシンプルなものである。照明は冒頭シーンがダンス練習の場面のため、緞帳が上がると同時にミラーボールを用いて表現し、その後は背景を、夕方を表現するために最初は青地に少しオレンジがかった形に、最後の下校場面はオレンジを強めに設定した。音響については、二〇二二年夏の初演時はダンスのBGMにQUEENDOM／チキチキバンバンを用いた。なお、このときのダンスは演劇部内のダンス経験者に依頼し、三〇秒ほどの振り付けを考えてもらった。このように、特定の振り付け、使用楽曲はないので、そのときの生徒のレベルに応じて、ダンスは各自、自由に作り上げてほしい。

演技指導については、「とにかくエネルギッシュに振り切れる」ことを意識した。主人公のミカはテンポが遅く、周りに迷惑をかけるキャラクター。自信もないが、気楽でノーテンキ。初演時は主役の生徒が実際に似ているところがあり、すんなりと馴染んだが、実際、しっかり者が演じることが多いだろうから多少苦労するかもしれない。ただ、実際の学校生活では、どのクラスにも一人くらいはそういう生徒がいるだろうから、同級生の似ている者をイメージさせると良いだろう。劇全体を通して、他の演者はとにかくミカを貶め、いじめ抜くことを徹底したい。ダンス練習の場面では全メンバーそれぞれふつふつと怒りを高めさせ、最後の言い合うところは全員で殴り合うくらいの勢いでけんか、大噴火させると劇全体が良くなっていく。冒頭からランをとにかくイヤミに見せることも、その後のランの「豹変」を際立たせるうえで重要となる。それぞれのメンバーが何に対して怒りやストレスを抱いているか、考えさせると演じやすくなると思われる。後輩たちの場面も同様に、後輩役にとにかくイヤミで無礼極まりなく演じさせたい。実際、生徒は（悪趣味だが）ノリノリで演じるので、振り切れても悪気のない失礼な感じを出せるだろう。「神」ことタカシは、「神」の時は神々しく、「タカシ」の時は中学生らしく、メリハリをつけて演じさせると良い。登場時のミカとのやりとりはできる限り大げさに、猛烈にアピールする演技をして次の場面につなぎたい。

この作品は前作『この空のどこかで』の反動で、「とにかくはっちゃけながら楽しく演じよう」ということで、田名うさこ先生が生徒の謎な（笑）要望も入れながら書き上げた作品である。感情のアップダウンは激しいが、基本的には笑うための、コメディーチックな作品なので、演者にはとにかく楽しく、明るく演じてもらいたい。それによって、この作品は生き生きとした劇になるだろうから、ぜひその楽しさを味わってもらいたい。

（**初演**＝二〇二二年七月、相模原市演劇発表会）

■作者メモ……………………………………田名うさこ

前作『この空のどこかで』が悲しすぎて、私も生徒たちも辛くなってしまったので、「次はとにかく明るい作品で！」というリクエストに応えて、明るい学園友情ものを創作しました。ファンタジーかと思いきや、すべてリアルな世界でのできごとに対して、ウクライナの紛争についても投げ入れ、生徒たちからの謎の要望の「はにゃ?」というセリフも入れてまとめてみました。ちょうど学校にタブレットが導入され、全生徒が一台ずつ持ち帰って利用できるようにもなったので、練習時間が短い中、タブレットに踊りが得意な生徒二名に協力してもらって、手本のダンス動画を作り、演劇部の生徒のみが観られるように設定して各自が家で練習し、週末の部活動であわせて踊る練習をする、という合理的な方法にも挑戦してみました。明るく、生命感に溢れて、はちきれた演技をしてほしい作品です。

『ドッキリシマショウ』演出メモ

元相模原市立田名中学校演劇部顧問　**島野頼子**

生徒からやりたい要素を出させて、田名うさこ氏がまとめ上げた作品である。

新入生歓迎会などで繰り返し演じられている。特に準備や舞台設営などせずにできる楽しい作品である。

全ての登場人物が強烈で個性的な人物である。カオル（実はユーレイ）、カズヒロ、アスカ、ミナミ、ウキョウ、セワ先生、誰をとっても一筋縄ではいかない、腹に一物も二物も持っている、コメディーには絶対出てきそうなデフォルメの利いた人物ばかりで、生徒は自由に楽しく演じることができ、遊び心満載である。時代に応じて、いろいろなユーモアも入れられるので、まずは、この作品世界を楽しみ、自由に発想し、演じてもらいたい。

部活動の練習として、部員を幾つかのグループに分け、エチュードとして利用するにもよい作品である。実際に、部員を二つに分けて演じさせると、かなり違う解釈や演じ方が出て、非常におもしろかった。中学生はこのような話が大好きである。

ボールは、運動部の持ち主不明の物を借りたりしたが、新聞紙を丸めて堅いボールを作りアルミホイルをぐしゃぐしゃにして巻きつけ、キラキラしたボールを使ったこともある。単純だが不思議なボールに見えた。

（**初演**＝二〇〇八年四月、相模原市立田名中学校新入生歓迎発表会）

■作者メモ……田名うさこ

生徒から言ってみたいセリフをいくつかリクエストされ、はちゃめちゃな展開の発散型の七分程の小作品です。特に仮入部時に毎年使われ、最初は二、三年生がやってみせ、仮入部中の一年生にもお試しで演技練習するのに適している台本です。私の勤務校では、五月末に一年生の初発表にこの脚本で上演し、二、三年生は別の作品を上演というパターンが定番になっています。生徒たちもお気に入りで、部内でのおしゃべりに、この作品のセリフをわざと使って話すという演劇部的なお遊びにもよく登場しています。

また、長年演劇部の顧問をしてきましたが、生徒たちから初めて「書いてほしい」と言われ、ものすごく軽い気持ちで書いた、田名うさこの初期作品でもあります。目指したのは「ありそうでない話」ですが、意外にも生徒の心を打ち、他中の文化祭でも上演していただきました。創作劇を始めた当初、田名中学校に勤めており、教材の片隅にいつもうさぎのイラストを描いていたので、まさかその後も続くとも思わず、ペンネームも深く考えずに決めて『田名うさこ』がスタートした頃の作品です。

おわりに

島野頼子　元相模原市立田名中学校演劇部顧問

中学校（教室）の生徒を見ていると、昔は「お話」としてありきたりだった複雑さを抱えた家庭を背負っている子どもたちが、今では現実にさまざまな事情を抱えた、小説よりも多くの事情を背負っている子どもたちがたくさん存在している。田名氏の作品には常に、それでも明るく前向きにいきる健気な生徒たちへの応援の声が根底に流れている。「仲間はここにいる」、そして「あなたは愛されている、必要とされている」と。子どもたちの健やかな成長のために演劇的表現活動が、これからも大いに役立つことを確信している。

解説

生徒さん思いの作品群

劇作家　篠原久美子

横浜で、中学演劇の創作コンクールの審査員を何度かしていますが、そのなかでも、田名うさこさんの作品は「よくできているな」、「温かいな」といつも思います。演劇部の生徒さんたちの意見を聞きながら創られるという作品群は、おおむね二つのタイプの作品があるように思われます。一つは等身大の中学生たちの、よくある悩みから始まる作品です。

「主人公の悩みから始まる作品」は中学演劇では数多く見られますが、田名うさこさんの場合、その解決の仕方が「魔法で一気に解決する（その後問題が起こる）」というものではなく「導き手によってトレーニングをしながら本人が成長する・気づく」という構造を用いていることが特徴で、いかにも生徒想いの先生らしい作品だと思います。

もう一つは、生徒さんたちが「やりたい」ということを実現したのだろうなと思える作品群です。

いずれの作品も、生徒さんたちの意見をよく聞いていらっしゃるのか、あるいは生徒さんたちをよく見ていらっしゃるのか、ストンと思春期らしい本音の言葉が台詞として飛び出してくるところが楽しめます。作劇としてのまとまりも良く、最初に提示された問題（主人公の悩みなど）を、四〇分の上演時間の中で段階的に解決する形になっています。当たり前のことのようですが、限られた時間の制約の中で、複雑な設定を盛り込み過ぎず、ワン・アイディアを間延びさせずに、最初に投げた問題をちゃんと着地させるということは簡単ではありません。そこにはやはり、中学演劇の書き手としての確かな技術力を感じます。

なにより毎回、立派だなと思うところは、演劇部員の全員を、役名をつけて舞台に上げるということを、工夫を凝らしてやり遂げていらっしゃることです。もちろん、演劇は演技者だけでできるものではなく、スタッフもまったく同じように、舞台セット・衣装・照明・小道具・音響・制作のチラシまで目に見えるものとして、全てが一つの作品の出演者として機能しているものですが、やはり中学演劇では「演技者として舞台に出たい」と思って入部して来られる生徒さんがほとんどのようです。その願いを叶えながら、段階的に主人公が成長していく姿を描く作品や、また、明らかに生徒さんたちが「やりたい」と言われたに違いない題材をうまくまとめられた作品群は、まさに、生徒さん思いの作品群と言えると思います。

その作品群について一本ずつご紹介したいと思います。ネタバレもありますので、まだ作品をお読みになっていらっしゃらない方はご注意ください。

『ありがとうポッピーノ』

母親の再婚と引っ越しに、もやもやとした気持ちを抱えながら、学校に行けずにいる「わたる」は、心配する身近な人々にもつい、つっけんどんな態度で接してしまいます。その態度を改めさせ、接し方を教えるのが「ぬいぐるみの恩返し」であることが、この作品の面白いところです。まさに「導き手がトレーニングをして主人公が成長する」構造ですが、おとなに同じことを言われたのではこれほど素直にきかないだろう中学生が、思わず素直にきいてしまうのは「ぬいぐるみ」という、童心を思い出させる存在だったからでしょう。何度も上演され、人気になるのが頷ける作品です。

『カメカメ大作戦』

いつも人に何かを頼まれて断れないヒロが、小学生たちにいじめられている亀を助けたことをきっかけに、「人の本音を聞きたい」という願いを叶えられる作品です。これは一見、「魔法で悩みが解決する」パターンのように見えますが、実はこれはヒロの本当の望みである「頼まれても嫌なことは断れるようになりたい」ということそのものを叶えてはおらず、そういう意味ではこれもまた「段階的な気づき」になっています。またこの作品は、本音を言わせるために「カメ」と相手に言わせなければならないといった縛りや、大人びた小学生の会話など、ユーモアにあふれた楽しい作品でもあります。

『～オクリモノ～』

「自分なんて消えたい」。やや繊細で自信のない少年・少女達が一度は抱えたことのある悩みですが、この悩みで始まる作品は中学・高校演劇でもかなりの数があります。その主人公が実際に死にかけたことで命の大切さや愛されていることに気付くという作品もまた多いのですが、この作品の特徴は、主人公が子どもの頃に「友達を助けている側だった」と気づかされることにあります。「ダメな私でも愛されていた」と存在に気づく作品や「私はダメなんかじゃなかった」と能力に気づく作品の多い中で、「ダメではない自分をいつのまにかダメだと思い込んでいた」という記憶のすり替えが、思春期特有の実体のない自己評価の低さに繋がっていると着目したところが、普段からよく生徒さんたちを見ておられる先生ならではの作品と思いました。

『妄想ケイコさんの華麗な1日』

「導き手」が、実に魅力的なスーパーおばあちゃんという、楽しく軽快な作品です。「自分の意見を言えない」という現代の若者らしい悩みを持つトモに、「妄想の中でトレーニングをする」という、抜群に演劇的な手法で展開されていきます。ケイコさんの解決方法も小気味よく、個性的でありながら現実的なところも素敵です。主人公の成長やクライマックスの盛り上がりとしての、ケイコさんへの死の予感もちゃんと作りながら、この愛すべきスーパーおばあちゃんを死なせなかった作劇術は鮮やかで、観客の心も生徒さんたちの心も裏切らない温かさに満ちていると思いました。

『タカシとチヒロの夏祭り』

この作品は何度か上演も観ていますが、いつも評判の良い舞台になっています。つい嘘をついてしまうことで友達とうまくいかない主人公のチヒロが、お祭りの中で、実は嘘をつき始めたのには「起点」があることが分かってきます。それを気づかせるのは友人のワタルですが、このワタルもまた、弟の死を認めたくないチヒロの嘘に合せるという優しい嘘をついています。これはいわゆる「幽霊もの」とは少し異なり、「嘘の存在」としてのタカシが舞台に出ていることが演劇的で秀逸なのですが、その別れにおいては、本当に幽霊のような存在としてのタカシが実在したような美しいシーンになっており、論理的な意味付けよりも、情として、死者の魂の実在を願う優しさと、「死を認める」という儀式の切なさに満ちた、優しい作品に仕上がっています。

『よろず相談フライデー』

今年の最新作ですが、これまでの作品の中でも設定にひとひねり加わっており、また面白い作品を書かれたなと思います。今回の主人公はやればできるのになんとなくさぼってしまうケンジ。「よろず相談フライデー」という、保健の先生によるカウンセリングがあり、これによって問題を解決するのかと思いきや、ケンジ自身が、先生になりすまして友人たちのカウンセリングを行うという、ひねりのきいた展開になります。問題を抱えている人間が他者の問題の相談に乗ることによって、友人たちの抱えている事情や悩みが分かり、自分自身を見つめ直すという構成だけでもよくできていますが、更に、それを友人たちも分かっていて乗ったというところで、もうひとひねりしているだけではなく、中学生男子が先生に成りすますことの不自然さを上手く補完もしています。上演されることが楽しみな作品です。

田名うさこさんの特徴として、最初に「導き手によってトレーニングをしながら本人が成長する・気づく」と書かせていただきましたが、こうして一つ一つの作品を見せていただきますと、改めて、その導き手はいつも、友達、ぬいぐるみ、お祖母ちゃんといった、生徒さんたちにとって、いわゆる「上から目線」になることのない親しい存在になっていることに気づかされます。そこに、子どもたちが自らの気づきによって成長してほしいと願う、「教育現場での演劇」としての、田名うさこさんの温かさを垣間見る思いがいたします。

これからも、田名うさこさんのますますのご活躍をお祈りすることに加え、この脚本集の出版をきっかけに、これらの作品の上演や、自分も書いてみようと思われる先生方や生徒さんたちが増えますことを、心よりお祈り申し上げます。

二〇一五年十月二十日

※二〇一五年に執筆を依頼しましたので、当時までの脚本について書いていただきました。（田名うさこ）

あとがき

相模原市立田名中学校に二〇〇七年に赴任し、演劇部の顧問になった時、当初たったふたりの部員しかいなかった一年演劇部の生徒マイさん、ナナミさんから「先生、お願いだから、私たちのために脚本を書いてください！　先生の脚本でお芝居をしたいんです！」と、何度断っても諦めずに頼みこまれました。自分自身は大学時代に演劇部に入り、趣味としては大好きな世界で、観劇だけはいろんなジャンルで楽しんでおり、それまでの赴任校でも演劇部の顧問として既成の脚本で上演はしてきました。しかし、全く脚本などは書いたこともない自分に何の根拠もなく、かなり強制的に依頼されて、とても気が重く脚本創作をスタートしたのがきっかけでした。気がつけば年に一、二本の脚本を書くのが当たり前のようになり、学校を異動しても、そのまま脚本の創作を続け、現在に至ります。今は、この機会をくれた、今はもう社会人になったあのふたりに感謝の気持ちで一杯です。一中学校教員の私に違う世界を楽しむことを教えてくれた「演劇」といろんなことに気がつかせてくれた、これまで出会った演劇部の生徒たち、応援してくださった保護者のみなさん、協力してくださった先生方（創作以前も）にありがとうの気持ちしかありません。もしこの脚本のどれかを読んで、少しでも人生を楽しめるヒントになってくれたら、本当に嬉しいです。

そして、自分にとって最後の赴任校となる大野南中学校で関わった生徒たちとは、改めて「中学生っていいなあ」と思わせてもらえることばかりでした。コロナ禍で県大会に出場したものの、十五名の部員中体調不良等で発表三日前に十名しか参加できない状況になった時、自分は絶望感しかなく、大会出場の辞退をまず考えました。でも、生徒たちは動ぜずに、「セリフは一晩で覚えて来るので、どうか代役を廻して、出場させてほしい！」と強い意志で訴えられました。まさかと思いましたが（いつも覚えるのに時間がかかる生徒までもが）五人が二役をやり、残り五人はその分穴のあいたスタッフをさらに兼業して引き受け、なんとか大会に出場・発表することができました。好きなことに純粋に爆進して、一生懸命がんばる中学生の姿は改めてすごいと感じましたし、この年代の生徒たちとずっと関わって生きてこれて幸せでした。

また、劇作家として、さらに演劇発表会の審査員・指導講評者として、ご活躍され見識の高い篠原久美子さんに脚本の講評を頂くことができて、本当に嬉しかったです。さらに一緒に演劇部の顧問を務めてくださった先生方、島野頼子先生、渋谷麗子先生、米良ゆり子先生、梅田えりか先生、平野弘子先生、星野生久子先生、金津弘郎先生、みなさんのご協力に感謝の言葉しかありません。多くの先生方に作者以外の目線での演出メモを書いて頂き、ありがとうございました。客観的な視点で脚本を再確認してもらえて、自分自身もとても勉強になりました。また、作品のイメージをぐっと膨らませて、素晴らしいイラストを描いてくださった、美術科の原聡美先生、ありがとうございました。また、出版にあたっては、晩成書房の水野久さん、大変お世話になりました。

いろんな方々のお力を借りてようやく仕上がったこの脚本集を何かの形で手にとってくださったあなたの力になれることがあれば、幸いです。私の人生を豊かにしてくれた「演劇」に出会えて本当に幸せでした。

今まで出会えたすべての方々と出会えたすべての中学生たちに感謝をこめて。

二〇二三年一月

田名うさこ

上演の手続きについて

本書の作品を上演される方は、晩成書房あてに「上演届」をお送りください。

郵送の場合　〒101-0064 東京都千代田区神田猿楽町 2-1-16-1F　晩成書房

E メールの場合　mail@bansei.co.jp

上演許可書について

上演にあたって「上演許可書」が必要な場合には、「上演届」にその旨を記し、返信用封筒を沿えて郵送でお送りください。

上演届 見本

年　月　日

晩成書房 宛

上演団体：(団体名・学校名)

住所（〒　　－　　）

電話番号　（　　）

メールアドレス

代表者名（所属）

上演届

『ありがとうポッピーノ―田名うさこ中学校演劇脚本集』収載の作品について、下記の通り上演いたします。

記

1 **作者名**：　田名うさこ

2 **作品名**：

3 **上演日時**：

4 **上演会場**：

5 **入場料**：〔無／有（　　円）観客予定人数（　　人)〕

6 **上演目的**：(文化祭/発表会など)

7 **その他**（脚本変更の有無など）

上演許可証（　不要　・　要：返信用封筒同封　）

プロフィール

田名うさこ（たな・うさこ）

本名：柏木晴美
相模原市立中学校に勤務し、演劇部の顧問として長年活動。
相模原市中学校演劇発表会から代表として、神奈川県中学校演劇発表会、創作劇発表会に自脚本で出場多数。
演劇的な手法を取り入れた職員研修や生徒の委員会活動にも携わっている。

※作者と直接連絡を取りたい場合には、
以下のメールアドレス宛てに連絡してください。
tanausako@gmail.com

ありがとうポッピーノ
田名うさこ 中学校演劇脚本集

二〇二三年一〇月二〇日 第一刷印刷
二〇二三年一〇月三〇日 第一刷発行

著　者 田名うさこ
発行者 水野　久
発行所 株式会社 晩成書房
〒101-0064 東京都千代田区神田猿楽町二－一－一六
電　話 〇三－三二九三－八三四八
FAX 〇三－三二九三－八三四九
印刷・製本 株式会社 ミツワ

乱丁・落丁はお取り替えします
ISBN978-4-89380-520-1 C0074
Printed in Japan